Ulrich Meyer

Das läuft schief in unserem Land

Ulrich Meyer

In Zusammenarbeit mit
Rudolf Sander und Nora M. Estevez

Das läuft schief in unserem Land

Ein Plädoyer für mehr Herz, Anstand und Verantwortung

riva

Bibliografische Information der Deutschen Nationalbibliothek:
Die Deutsche Nationalbibliothek verzeichnet diese Publikation in der Deutschen Nationalbibliografie; detaillierte bibliografische Daten sind im Internet über http://d-nb.de abrufbar.

Für Fragen und Anregungen:
info@rivaverlag.de

1. Auflage 2015

Nymphenburger Straße 86
D-80636 München
Tel.: 089 651285-0
Fax: 089 652096

Redaktion: Kerstin Weber, Rosenheim
Umschlaggestaltung: Laura Osswald, München
Umschlagabbildung: © SAT.1/Arne Weychardt
Satz: Carsten Klein, München
Druck: GGP Media GmbH, Pößneck
Printed in Germany

ISBN Print: 978-3-86883-539-7
ISBN E-Book (PDF): 978-3-86413-735-8
ISBN E-Book (EPUB, Mobi): 978-3-86413-736-5

Weitere Informationen zum Verlag finden Sie unter
www.rivaverlag.de
Beachten Sie auch unsere weiteren Verlage unter
www.muenchner-verlagsgruppe.de

Allen Kolleginnen und Kollegen,
die akte *in über 20 Jahren zu einer Fernsehmarke gemacht haben,*
die ihrem Publikum wichtig ist

Inhalt

Einleitung

Manchmal sind es die scheinbar banalen Aktionen, die zeigen, was in diesem Land schiefläuft: Da parken zwei ihre Autos so rücksichtslos, dass sie einfach vier Parkplätze einnehmen; da blockiert einer die ganze Kreuzung, weil er unbedingt noch über die Ampel kommen und keine 90 Sekunden warten will; da fallen beim vorher groß angekündigten bundesweiten Blitzer-Tag immer noch 93 000 Raser auf, die auf Nachfrage alle angeblich ihre hochschwangeren Frauen ins Krankenhaus bringen oder überlebenswichtige Termine einhalten müssen. Das Motto ist immer dasselbe: Ich zuerst. Die anderen sind mir egal. Nach mir die Sintflut.

Das sind nur kleine Beispiele, aber sie machen klar: In Deutschland könnte so vieles so viel besser laufen, wenn wir etwas weniger an uns selbst dächten – und mehr an andere und gerne auch etwas mehr voraus. Am besten selbstständig und verantwortungsbewusst, ohne ständige Anweisungen, ohne ständige Überprüfung. Jüngst besuchte Dagmar Wöhrl, die ehemalige Staatssekretärin im Bundeswirtschaftsministerium, ein Flüchtlingslager in ihrem heimischen Wahlkreis Nürnberg-Nord und war ganz erstaunt über die unmenschliche Unterbringungssituation. Sie habe den Eindruck, erläuterte sie live im Fernsehen, die behördlichen Organisatoren seien von dem Ansturm überrascht gewesen. Überrascht? Sehen die keine Nachrichten, lesen die keine Zeitung? Wie verstehen die ihren Job? Wer hat da versagt?

Wann immer wir Missstände entdecken, wann immer etwas aus dem Ruder läuft, egal ob durch das Verhalten von Amtsträgern oder Privatleuten, ertönt der Ruf nach besseren und schärferen Gesetzen. Als ob wir gerade in Deutschland nicht schon genug Regeln hätten! Was wir brauchen, ist etwas ganz anderes: Wir brauchen mehr Mut zu mehr Herz, zu mehr Anstand, zu mehr Verantwortung. Und zwar jeder Einzelne von uns, privat wie beruflich. Denn wenn wir immer stärker auf Ellenbogen und auf Abstand setzen, wenn wir die Ohnmachtsgefühle anderer übersehen und das Wegschauen zur Gewohnheit wird, gefährden wir bald alles: Demokratie, Wohlstand, Sicherheit – kurzum: unser aller Zukunft.

Das gesellschaftliche Klima hat sich spürbar verändert, es ist kälter geworden in unserer schönen Republik. Die Eliten des Landes wirken oft seltsam losgelöst vom Rest Deutschlands. Arrogant, unersättlich, gierig und abgehoben – das Gemeinwohl scheint nicht selten gar keine Rolle mehr in ihrem Denken zu spielen. Stattdessen hinterziehen sie hemmungslos Steuern und bereichern sich, wo sie können. Wie viele vermeintliche Vorbilder haben wir in den vergangenen Jahren fallen sehen! Auf der anderen Seite hat sich der Überlebenskampf der Menschen am unteren ökonomischen Rand verschärft. Ja, es gibt sie, die Hartz-IV-Dynastien, die sich über Generationen hinweg von der Gemeinschaft aushalten lassen. Aber das ist eine Minderheit. Die Mehrheit, nämlich Millionen von Menschen, arbeitet hart und fleißig und müht sich notfalls mit zwei, drei Jobs ab, um überhaupt – und am liebsten aus eigener Kraft – durchzukommen. Die Kluft zwischen »oben« und »unten« wird größer, nicht nur gefühlt, sondern auch faktisch. Und dazwischen fürchtet sich die Mittelschicht, die sich in Bedrängnis geraten sieht, vor den großen Herausforderungen der kommenden Jahrzehnte. Es scheint vorbei zu sein mit dem sozialen Frieden der alten Bundesrepublik, um den uns so viele außerhalb unserer Grenzen jahrzehntelang beneidet haben. Es brodelt. Deswegen überrascht es auch nicht wirklich, dass ganze Heerscharen von Bürgern bei Wahlen ihren Frust ablassen – oder gar nicht mehr hingehen.

Die Sendung *akte*, die ich seit 20 Jahren für Sat.1 produziere und moderiere, ist ein guter Seismograph für diese Entwicklungen, weil wir hier das Ohr ganz dicht an Millionen normaler Bürger haben. Wir spüren in den kleinsten gesellschaftlichen Verästelungen Probleme und Unmut – wenn sie uns ihre Ärgernisse anzeigen, sind das kleine Eruptionen, die sich an anderer Stelle und manchmal erst viel später zu großen

Stößen und Protestwellen auswachsen können: So lange wir diese Verbrauchersendung machen, so lange gibt es auch die Rubrik »akte hilft«, die schon bald so wichtig geworden ist, dass wir die ganze Sendung neu untertitelt haben: »Reporter kämpfen für Sie«. Unsere Zuschauer bitten uns um Hilfe, wenn bei ihnen nichts mehr geht, wenn sie bei ihren Krankenversicherungen, den Telefonprovidern, den Vermietern, den Behörden nicht weiterkommen. Weit über 100 000 Briefe, Faxe und Mails haben uns in diesen zwei Jahrzehnten erreicht. Und meine Redaktion setzt alles daran, die Probleme zu lösen – wie bei dem gelungenen Überzeugungskampf mit einer Gebäudeversicherung, die von einem Elternpaar einen zweistelligen Millionenbetrag zurückforderte, weil deren Söhne beim Kokeln im Herbstlaub versehentlich eine Kirche abgefackelt hatten. Oder wie bei der erfolgreichen Auseinandersetzung mit dem Telefonanbieter, dessen Kunde in Spanien seines Handys beraubt worden war, mit dem die Diebe Gebühren in Höhe von fast 90 000 Euro zusammentelefonierten. Nicht immer hatten wir Erfolg, aber oft. Und die Menschen wissen: Sie können sich auf uns verlassen, wir hören zu.

Natürlich machen wir uns da nichts vor: *It's just TV*, wie die Amerikaner sagen, es ist nur Fernsehen. Aber das kann mehr, als man denkt. Und es weiß so einiges über den Zustand eines Landes und über die Teile seiner Bevölkerung, über die man weder etwas in den bunten Zeitschriften noch in den seriösen Blättern liest: die normalen Leute, die sogenannte schweigende Mehrheit. Sie sind das Rückgrat und der Bauch dieses Landes. Sie, die zuverlässig und so unermüdlich vor sich hin arbeiten, die aber auch auf manche Verlockung hereinfallen und in manche Falle tappen, sodass sie erst recht nicht mehr wissen, wie sie mit all den Herausforderungen fertig werden sollen. Denn die Zeiten haben sich dramatisch gewandelt, was erst recht deutlich wird, wenn wir unseren Alltag mit dem unserer Eltern vergleichen. Worauf kann man sich heute denn noch verlassen! Wie oft wird man alleingelassen mit seinen Problemen! So schallt es uns von unseren *akte*-Zuschauern entgegen.

Und so kamen wir auf die Idee dieses Buches – und auf sein Grundmuster, das auf den Belangen unserer Zuschauer basiert: Aus den zahlreichen Zuschriften, die uns tagtäglich erreichen und die wir analysieren, ordnen, bearbeiten, haben sich die 14 Kapitel dieses Buches ergeben. 14 Kapitel, die zeigen, was schiefläuft in unserem Land – und wie wir die Situation vielleicht verbessern können. Der soziale Friede und der Wohlstand, auf denen unsere Gesellschaft vor allem ruhen, mögen bereits bröckeln, aber noch sind sie das Fundament, das alles trägt. Der Reichtum unseres Landes federt glücklicherweise viele Konflikte ab. Aber wir alle spüren, wie diese Kräfte schwinden. Die Gesellschaft driftet auseinander. Die Gegensätze treten stärker hervor. Der Wind wird rauer, der Ton aggressiver. Egoismus, Neid, Kälte und unverhohlene Habgier sind Werte, die plötzlich Oberhand zu gewinnen scheinen. Das fühlt sich nicht gut an. Das beunruhigt viele – zu Recht! Aber noch haben wir alle Fäden in der Hand. Denn noch haben wir die ökonomische Kraft, noch ist der Gemeinsinn vorhanden, den es braucht, um die Weichen für eine zuversichtlichere Zukunft zu stellen, um uns auf die Werte zu besinnen, die den Kern unseres Miteinanders definieren sollten, egal wie es wirtschaftlich gerade um uns steht. Es geht um die Bindungskräfte eines jeden echten Gemeinwesens, das mehr sein will als nur ökonomische Zweckgemeinschaft. Doch wir dürfen nicht warten, bis die Kluft in unserer Gesellschaft unüberbrückbar geworden und die Wirtschaft nicht mehr so leistungsfähig ist. Fachleute warnen längst davor, dass es nicht mehr lange so weitergeht. Deshalb müssen wir jetzt handeln, bevor unser Reichtum so schwindet, dass es nur noch einzig und allein um den nackten Verteilungskampf geht und alle Werte, die eine Gesellschaft lebenswert machen, über Bord geworfen werden: Bevor also die Deutschen immer weniger werden, um die hier hergestellten Waren zu kaufen, immer weniger werden, um das zu bezahlen, was die Elterngeneration an Schulden aufgehäuft hat, immer weniger werden, während die internationalen Anforderungen immer mehr, immer größer, immer teurer werden. Deshalb ist es jetzt Zeit zum Umdenken!

Wir brauchen ein anderes Miteinander – ehrlicher, verantwortungsvoller, anständiger, sorgender. Und das ist keineswegs nur die Aufgabe der da »oben«, sondern die Aufgabe von uns allen. Wir alle müssen jetzt über unseren Schatten springen. Bevor diejenigen, die sich in unserem Land unsicher, ausgenutzt und ohne Lobby fühlen, sich irgendwann andere Leitbilder und Fürsprecher suchen. Weil dann die Stunde extremer Parteien schlagen kann. Deshalb müssen wir Verantwortung übernehmen für unsere Handlungen und deren Folgen, aber auch für andere. Wir dürfen einander nicht länger links liegen lassen, Dinge einfach so geschehen lassen. Stattdessen müssen wir uns mehr umeinander kümmern, denn nur zusammen lassen sich die Schwierigkeiten und Härten der Zukunft meistern.

Arbeitswelt: Von fürsorglichen Patriarchen und Lohnprellern

1. War früher wirklich alles besser?

Für meinen Vater hat der Zweite Weltkrieg zehn Jahre gedauert: Erst 1949 kam er aus russischer Kriegsgefangenschaft zurück, da war er 29. In jenen Tagen war das ein durchaus typisches Schicksal. Er nahm das unterbrochene Studium wieder auf, lernte in einem Zugabteil von Osnabrück nach Melle durch Zufall eine junge, hübsche Dame kennen, sagte ihr schon beim Aussteigen: »Ich werde Sie heiraten« und gründete tatsächlich bald eine Familie mit ihr, meiner Mutter. Davon hatte er schon in dem Lager in Sibirien geträumt: Er wollte endlich sein Leben leben und sein Kriegstrauma bekämpfen.

Mein Vater verkaufte Büromaschinen, erst als Selbstständiger, dann als Angestellter einer amerikanischen Firma. Das war damals ziemlich ungewöhnlich, die meisten Väter hatten deutsche Chefs. Aber dadurch wurden mein Bruder und ich sehr früh mit den kulturellen Unterschieden zwischen Amerika und Deutschland konfrontiert und lernten amerikanische Eigenarten kennen, die uns schwer beeindruckten. Dass es tatsächlich Menschen geben sollte, die zum Mittagessen Coca-Cola tranken, konnten anfangs weder mein irritierter Vater noch wir zu Hause fassen. Oft lamentierte er darüber, wie wenig die Amerikaner den deutschen Markt verstünden und einfach nicht einsehen wollten, dass seine Kunden auf Produkte Wert legten, die einwandfrei und für ewige Zeiten funktionierten. Dass man das auch anders sehen konnte, machte ihn ratlos.

Der Arbeitgeber unseres Vaters war für uns kaum greifbar, allein schon wegen der enormen Distanz, die uns immer auch ein bisschen träumen ließ: Der Stammsitz des Unternehmens lag an der amerikanischen Westküste. Ich sehe noch den Eintrag im Notizbuch meines Vaters vor mir, seine akkurate Handschrift, in der er mit seinem Füllfederhalter Adresse und Telefonnummer des Headquarters notiert hatte: San Leandro, Kalifornien. Damals war das von Köln mehr als eine Weltreise entfernt. Der Arbeitgeber unseres Vaters blieb also unsichtbar, wir wussten zwar um seine Existenz, bekamen ihn aber nie zu Gesicht. Erst Jahrzehnte später bin ich dort einmal vorbeigekommen und dachte an dem Ortsschild: Hier ist das also … San Leandro … Wahnsinn …

Mein Onkel Ulrich machte derweil ganz andere Erfahrungen. Er arbeitete als Journalist bei einer Zeitung, die von der *Neuen Osnabrücker Zeitung* übernommen worden war. Wenn ich mit ihm durch »seine« westfälische Stadt ging, eröffnete sich mir eine faszinierende Welt. Er war bekannt wie ein bunter Hund, und die Menschen vertrauten ihm, dem erstklassigen, engagierten Lokaljournalisten, der mir zu jedem Gesicht eine Geschichte erzählen konnte: Weißt du, was der Bürgermeister den ganzen Tag macht? Was der da vorne mal gewonnen hat? Und der da hinten für einen Sport treibt?

Doch dann wurde der nette Onkel Ulrich gegen Ende der 60er Jahre plötzlich arbeitslos, aus heiterem Himmel, wie es schien. Er war das unschuldige Opfer eines Aufkaufs, wodurch gleich mehrere verdiente Mitarbeiter – aus Gründen, die mit ihnen persönlich erst einmal nichts zu tun hatten – gemäß Sozialplan auf die Straße gesetzt wurden. Diese Ungerechtigkeit und die damit verbundene Demütigung hinterließen nicht nur bei Onkel Ulrich, sondern in der ganzen Familie ein bitteres Gefühl. Das war fies, das war neu, das kannte man von deutschen Arbeitgebern bis dahin noch nicht. Bis zu diesem Zeitpunkt waren alle auf der Wirtschaftswunderwelle gesurft, alle in eine Richtung: kraftvoll aufwärts. Die erste schwere Rezession von 1966 war eine Zäsur in der Nachkriegsgeschichte der Bundesrepublik und veränderte das bis dahin fruchtbare Zusammenspiel zwischen Arbeitgebern und Arbeitnehmern, die viel und gerne gerühmte »Sozialpartnerschaft«, für immer.

Der westdeutsche Nachkriegsunternehmer war in den meisten Fällen ja keine Gesellschaft, sondern ein real existierender Mensch, der väterliche Eigentümer, der sich fürsorglich um die Schicksalsgemeinschaft seines Betriebes kümmerte. Denn so wurde das tatsächlich empfunden, als Schicksalsgemeinschaft. Der Arbeitgeber beeinflusste das eigene Leben so stark, dass man ihm allein schon deshalb Glück und Erfolg wünschte, weil man wusste, dass der eigene Erfolg und das eigene Glück – und das seiner Familie – davon abhingen. An dieser logischen Grundkonstellation hat sich bis heute nichts geändert, an dem Gefühl der Gemeinschaft und des Miteinanders schon.

Die Idee der Chefs war damals: Der Arbeitnehmer sollte gerecht behandelt werden, er und seine Familie sollten sich wohlfühlen. Es gab Werkswohnungen und Werkssiedlungen, Urlaubs- und Weihnachtsgeld und Lohnfortzahlung im Krankheitsfall. So wurde der Bevölkerung die Soziale Marktwirtschaft schmackhaft gemacht. Der Kapitalismus mit Herz schien nur Gewinner zu kennen und sollte neidische Blicke gen Osten, wo man sich im real existierenden Sozialismus versuchte, erst gar nicht aufkommen lassen. Die Gegenleistung für das soziale Verhalten des Unternehmers, die garantierte Stabilität des Arbeitsplatzes und faire Löhne, waren tief empfundene Loyalität und voller Arbeitseinsatz. Ein Versprechen auf Gegenseitigkeit, ein Schwur, auf den man sich unbedingt verlassen konnte und der den Betriebsfrieden langfristig sicherte.

Im Grunde arbeiteten auch die Arbeitnehmer in der Privatwirtschaft lange Zeit mit dem Bewusstsein von Beamten: Hier bleiben wir bis zur Rente. Warum auch wechseln? Gebrochene Arbeitsbiografien gab es praktisch nicht, im Regelfall wurden die verdienten Kollegen nach vielen Jahrzehnten der Treue mit Handschlag und einem Blumenstrauß oder sogar einer goldenen Uhr in den Ruhestand verabschiedet. Das Unternehmen brachte einem bei, was man können musste, notwendige

Fortbildungen wurden vom Arbeitgeber organisiert, die Gewerkschaften sorgten dafür, dass alles in einem ordentlichen Rahmen ablief und niemand vergessen wurde.

Das war mehr als nur der Gründungsmythos der jungen neuen Bundesrepublik. Das war tatsächlich ein identitätsstiftender Faktor für das arg gebeutelte Land nach den Schrecken der Naziherrschaft und des verheerenden Krieges. In meiner Heimatstadt Köln liefen die Arbeiter aus den Ford-Werken selbst nach Schichtende und am Wochenende noch stolz mit ihrer blauen Ford-Pflaume am Hemd durch die Stadt. Sie wollten zeigen, zu wem sie gehören, wollten sich von der Masse abheben. Selbst in den damals schon hoch industrialisierten Großbetrieben gab es kaum ein Gefühl von Entfremdung, dafür aber jede Menge aufrichtig empfundenen Werkstolz. Das ging natürlich nicht nur den Ford-Arbeitern so. Im ganzen Land nannten sich die Arbeiter nach ihren Arbeitgebern: Es gab die stolzen Kruppianer, die nicht minder stolzen Siemensianer und so weiter …

Was Werkstolz für Arbeitnehmer bedeuten kann, hatte mir meine Mutter schon sehr früh an einem persönlichen Beispiel erklärt: Ihr Vater, mein Opa, war Prokurist einer Baufirma in Melle, damals noch Kreisstadt bei Osnabrück. An den Wochenenden liebte er es, meiner damals 16-jährigen Mutter voller Begeisterung und unermüdlichem Eifer »seine« Baustellen zu zeigen und zu erklären, was da Großartiges entstehen würde. Was meine Mutter schon aufgrund ihres Alters wohl nur halb so interessant gefunden haben dürfte wie er selbst.

Stellenweise war es in der jungen Bundesrepublik tatsächlich gelungen, dieses Geborgenheitsgefühl des starken und vorbildlichen deutschen Mittelstands auf die Großindustrie zu übertragen. In kleineren patriarchalischen Betrieben und Handwerkskreisen war – und *ist* – der Zusammenhalt ja grundsätzlich stärker und kaum Entfremdung von der eigenen Arbeit auszumachen. So entstehen belastungsfähige soziale Gefüge, so entstehen gesunde, positive Arbeitsverhältnisse. So entstehen gemeinsamer Stolz und ein Gefühl des Miteinanders. Eine Basis, auf der man auch Krisen besser und menschlicher abfedern kann.

Die starke Identifikation mit dem Betrieb und das damit einhergehende faire Miteinander waren entscheidende Faktoren beim Aufbau der sogenannten Deutschland AG, von der man viele Jahre lang bewundernd sprach. Umso stärker war der Schock der 66er-Rezession, umso nachhaltiger waren die Wellen, die in der Folge das Land erschütterten. Der Traum vom ewigen Aufschwung und von Vollbeschäftigung war vorbei. Plötzlich wurden laufend Menschen »freigesetzt«, wie es beschönigend hieß, Arbeitslosigkeit wurde zur permanenten Bedrohung, alles geriet ins Stocken. In nur wenigen Jahren vom Vorbild für die Welt zum kranken Mann von Europa – die Geschwindigkeit, mit der sich der ökonomische Wandel vollzog, war atemberaubend. Auf einmal wurde Deutschland zu einem ganz normalen Land mit ganz normalen Unternehmen und ganz normaler Arbeitslosigkeit. Und mit einer ganz neuen Sicht auf die Arbeitgeber.

2. Willkommen in der Realität!

Es mag ihn hier und da noch geben, den fürsorglichen Unternehmer, den verantwortungsbewussten Patriarchen, der die soziale Verantwortung für seine Schutzbefohlenen ernst nimmt und genau so wichtig findet wie das Erreichen angemessener ökonomischer Ziele. Doch selbst ohne übertriebene Sentimentalität lässt sich eindeutig festhalten: Dieser Typus ist mittlerweile die absolute Ausnahme.

Aus den Personenunternehmen der Nachkriegszeit wurden schnell Kapitalgesellschaften mit angestellten Managern – das war die erste Stufe des Wandels. Die nächste: der Auftritt ausländischer Investoren im ganz großen Stil. Als Kuwait Anteile von Daimler Benz aufkaufte, sorgte das noch bundesweit für Schlagzeilen: Arabisches Geld trifft auf schwäbische Mentalität – wie soll das gehen, fragten sich viele. Was rückblickend geradezu rührend erscheint. Doch zunächst passierte und änderte sich gar nichts. Erst sehr viel später fingen immer selbstbewusstere Investoren an, hinter den Kulissen auf die Politik des jeweiligen Unternehmens Einfluss zu nehmen. Und mittlerweile haben wir uns daran gewöhnt, dass Hedgefonds und Pensionskassen aktiv mitmischen und die Topmanager, die Verantwortung für Zehntausende von Arbeitsplätzen in Deutschland und aller Welt tragen, vor sich her treiben oder am Nasenring durch die Manege ziehen. Das wäre in der Arbeitswelt meines Vaters undenkbar gewesen. Doch heute geht der Druck immer in die gleiche Richtung: Wettbewerbsfähigkeit steigern, Renditen erhöhen, Kosten senken, Leute abbauen – als würde die Möglichkeit, Neues zu entwickeln, um Arbeitsplätze zu schaffen, gar nicht existieren. Aber das ist der schwierigere Weg – verbunden mit dem Risiko des Flops und dem eigenen Karriereknick.

Ein Gefühl, das lange Zeit nur die Arbeiter in den großen Werkshallen zu spüren bekamen, hat sich in den vergangenen Jahren auch über die Teppiche der deutschen Büroflure geschlichen und machtvoll breitgemacht: Wir alle sind bloß lästige Manövriermasse, tendenziell zu teuer, zu alt, zu unflexibel und wahrscheinlich auch nicht mehr lange hier. Viele Chefs nähern sich ihren Mitarbeitern, die sie stets als Untergebene betrachten, allein nach dem Prinzip des Zitronenauspressens – oft ist es das einzige, was sie überhaupt beherrschen. Da ist es umso dreister, dass parallel zu dieser archaischen Ausbeutungsmethode eine geradezu unerträgliche Verschleierungsrhetorik in die Managementsprache Einzug gehalten hat. Immer neue nichtssagende Floskeln und Wortschöpfungen sollen ein »Wir sitzen alle in einem Boot«-Gefühl stärken oder heraufbeschwören, das im grotesken Gegensatz zur täglich erlebten Wirklichkeit steht. In Rundschreiben und Firmen-Newslettern besingen blumige Worte das Arbeitsparadies, während sich die Arbeitnehmer, die innerlich schon vor langer Zeit gekündigt haben, wieder in ihre Bürohölle schleppen. Angst statt Solidarität, Argwohn statt Begeisterung, Desinteresse statt herzliches Miteinander – so empfinden und erleben viele ihre Arbeit. Und zwar nicht nur diejenigen, die mit schlecht bezahlten Jobs zu überleben versuchen, sondern durchaus auch jene, die ihr Geld in Unternehmen mit wohlklingenden Namen verdienen. Und, ja, diese Einstellung und Atmosphäre findet man auch in unserer Branche, in den großen und kleineren Medienhäusern, egal ob sie Druckerzeugnisse herstellen oder TV-Sendungen machen: Wir bilden da trotz aller berufsmäßiger Schlaumeierei keine Ausnahme.

Kurzfristig kann eine solche Galeerenpraxis durchaus funktionieren und einen Laden nach vorne bringen, aber mittelfristig geht das zwangsläufig in die Hose. Leute heulen, Leute werden krank, Leute wechseln bei der nächstbesten Gelegenheit ihren Job. Das führt zu erheblicher Unruhe und Ineffizienz, zu höheren Kosten und noch schlechterer Laune. So lässt sich kein Unternehmen auf Dauer erfolgreich führen, und anstrengend ist es obendrein für alle Beteiligten. Trotzdem ist genau das in diesen Zeiten oftmals Betriebsrealität. Traurig, aber wahr.

Ich persönlich bin in Bezug auf die Arbeitswelt ein großer Anhänger des patriarchalischen Systems, das – wohldosiert – durchaus erfolgreich und für alle Seiten gewinnbringend sein kann. Nur die Mitarbeiter, die ihre Tätigkeit wertgeschätzt sehen, die sich sicher und behütet fühlen und den Eindruck von gelebter Fairness haben, werden sich mit ihrem Betrieb identifizieren und alles für ihn geben. Das kann ich aus eigener Erfahrung bestätigen: Als ich meine TV-Firma noch alleine geführt habe, kümmerte sich eine Hausdame um das Wohl der Mitarbeiter: Sie kochte frischen Kaffee, erkundigte sich nach dem Befinden der Belegschaft und versuchte, persönliche Wünsche zu erfüllen – wer zum Beispiel mittags etwas zu essen haben wollte, dem beschaffte sie es. Das sorgte für eine harmonische Arbeitsatmosphäre und hatte zugleich den Vorteil, dass sich niemand für zwei oder drei Stunden in die Mittagspause verdrückte. Ebenso wie der Zigarettenautomat auf dem

Flur nicht nur den Rauchern den Weg zum nächsten Kiosk ersparte, sondern auch verhinderte, dass jemand nur wegen der Zigaretten seine Arbeit unterbrach. Alle waren happy und fühlten sich wohl. Natürlich klappen solche Arrangements nur in sehr kleinen Unternehmen, aber man kann hier deutlich sehen, wie sehr ein positiver Teamgeist alle motiviert und antreibt.

Die Größe des Arbeitgebers ist entscheidend für das Gefühl des Arbeitnehmers. Je größer, desto unübersichtlicher, und deshalb klammert sich – wie im Krieg – ein jeder an die kleinste fassbare Organisationseinheit, die das Überleben zu sichern hilft: seine Gruppe, seine Abteilung, seine Fertigungshalle. Die kleinste Bezugszelle, in der man gerade noch alles nachvollziehen und sich zurechtfinden kann, wird zum intimsten Schutzraum im Wahnsinn stürmischer Gezeiten. Wenigstens dort begegnet man sich noch menschlich und kann einander vertrauen. Hoffentlich. Denn die Schachzüge der Akteure werden im Laufe des rasanten globalen Wirtschaftswandels immer undurchsichtiger, ihre Forderungen immer unglaublicher. Nicht nur, wenn sich ihre vermeintlichen Problemlösungen als Fehlentscheidungen herausstellen.

Die Arbeitnehmer verstehen oft gar nicht mehr, was mit ihnen, ihrem Arbeitsplatz und ihrem Unternehmen passiert, welchen Sinn und Zweck die ständige Unruhe hat oder auch nur haben könnte. Und weil sie meist auch erst als Letzte erfahren, wie es mit ihnen weitergeht, haben sie stets das ungute Gefühl, inmitten der viel beschworenen Informationsgesellschaft die Dummen zu sein. Sie kommen sich vor wie Spielbälle, die von den Ereigniswellen mal hierhin, mal dorthin gespült werden, weil ihnen niemand etwas wirklich erklärt. Das schafft ein Gefühl der Unsicherheit, der Instabilität, des Misstrauens, auch des Fatalismus und der Entfremdung, deren Folgen man wahrscheinlich gar nicht düster genug beschreiben kann.

Weil niemand mehr für irgendetwas Zeit hat, laufen selbst diejenigen ins Leere, die sich mit den besten Absichten ans Werk machen. Vor einigen Jahren beschwerte sich in der *akte*-Redaktion der Chef einer Reinigungstruppe, der eine öffentliche Schul- und Sportanlage bei Berlin hatte reinigen sollen und nun offenbar Regressforderungen befürchtete: Seine Fachkräfte waren motiviert und entschlossen angerückt, nur um nach kürzester Zeit festzustellen, dass sie mit den mitgebrachten Geräten und Mitteln den roten Spezialbelag nicht sauber kriegen würden. Niemand hatte ihnen einen Hinweis auf die Besonderheiten des zu reinigenden Materials gegeben. Vielleicht ein Managementfehler, vielleicht gar keine böse Absicht, sondern nur der normale Lauf unkontrollierter Prozesse. Bestimmt hat eine Kommission vor vielen Jahren verbindlich festgelegt, wie dem Straßenschmutz auf diesem Belag beizukommen ist – und die mit x Unterschriften beschlossene Anweisung irgendwo in einem Aktenschrank oder Tresor unauffindbar gesichert. So standen am Ende alle belämmert da und ärgerten sich gemeinsam über die verschwendete Zeit und die ebenso vergebliche wie vermeidbare Liebesmühe. Das ist kein Einzelfall. Schlecht gebriefte Mitarbeiter sind eine häufige Quelle von Fehlern und Unmut. Ausbaden müssen es oft die Schwächsten im Glied am Ende der Informationskette. Mit mehr Zeit, mehr Herz und mehr Verantwortungsgefühl der unmittelbar Vorgesetzten ließen sich viele solcher Vorkommnisse vermeiden. Aber dazu braucht es Mut – den Mut der Manager, diesen Mangel zu erkennen, klar zu benennen und abzustellen.

In modernen Unternehmen spielt der angestellte Manager die Rolle des sichtbaren Arbeitgebers, auch wenn er gar nicht der Eigentümer ist und bei den Beschäftigten selten einen guten Ruf hat. Der Manager ist oft nur für wenige Jahre da, stellt gerne alles auf den Kopf und ist gedanklich schon einen Posten weiter, wenn die Belegschaft noch die Scherben seiner geschäftigen Betriebsamkeit aufzukehren versucht. Und mit seinem Nachfolger beginnt der Wahnsinn von vorne …

Der Grund für die zunehmende Entfremdung ganzer Belegschaften von ihrer Führung und umgekehrt ist meist ein ganz einfacher: die

Entlohnung. Der strukturelle Abstand der Top-Führungsgehälter zum Gehalt der Arbeitnehmer hat sich in den vergangenen Jahren rasant vergrößert – und zwar, so der Eindruck, völlig unabhängig von der Leistung und der Tatsache, wie es dem jeweiligen Unternehmen gerade geht. So haben die Vorstände der DAX-30-Unternehmen zwischen 2004 und 2014 ihre Gehälter um satte zwei Drittel gesteigert. Eine Steigerungsrate, die ihren eigenen Angestellten und allen anderen normalen Arbeitnehmern nur absurd vorkommen kann. Im Durchschnitt verdient so ein Vorstandsmitglied heute 3,2 Millionen Euro jährlich, die Vorstandsvorsitzenden stolze 5,3 Millionen. Viele von ihnen sind der breiten Masse allerdings unbekannt. Es ist ja nur die Spitze des Eisbergs – die besonders großspurig und abgehoben auftretenden Millionenscheffler wie der frühere Bertelsmann-Sonnengott Thomas Middelhoff, die Abfindungseinstreicher wie Ex-Mannesmann-Chef Klaus Esser oder die kaltschnäuzigen Machtmenschen wie der einstige Alleinherrscher der Deutschen Bank, Josef Ackermann mit seinem »Victory-Zeichen« vor Gericht –, die bei den Menschen den tiefen Eindruck hinterlässt: Vorstände und Manager gehören zu einer arroganten, nur am eigenen Profit interessierten Kaste, die sich weder um die Arbeitnehmer von heute noch um das Unternehmen von morgen wirklich sorgt – Hauptsache, die Story für die Börse heute stimmt kurzfristig.

Dabei ist das Gleichgewicht völlig aus den Fugen geraten, denn es stellt sich die Frage: Wo ist die Chance aller anderen, so »angemessen« entlohnt zu werden? Wenn dann aber bekannt wird, dass der Chef des im M-DAX notierten Pharmakonzerns Stada, der Nachahmerpräparate anbietet, bereits heute Altersansprüche hat, die sich auf insgesamt 35,3 Millionen Euro belaufen, fällt einem nicht viel Positives dazu ein. Der Mann verdient dieses Geld auch mit den Medikamenten, die unser Gesundheitssystem bezahlt – unglaublich …

Einen ähnlichen Eindruck kann man auch von der neuen, immer größer und bedeutender werdenden sozialen Schicht gewinnen, die das

Leben Hunderttausender Arbeitnehmer stärker beeinflusst, als es den meisten wohl bewusst ist. Die Rede ist von den Erben großer Industrievermögen und Aktienbestände, die mit ihren Erwartungen und Forderungen immensen Druck auf Vorstände und dadurch auf die gesamte Unternehmenspolitik ausüben. Die Zahl derer, die nicht von ihrer eigenhändigen Arbeit, sondern allein von ihrem Erbe leben, wächst permanent. Es gibt tatsächlich Firmen, von deren Gewinn 1000 Menschen profitieren, ohne einen Handschlag dafür zu tun. Natürlich ist es deren Ziel, noch mehr Profit erwirtschaftet zu sehen. So entsteht der Eindruck, dass die stetigen Forderungen nach steigender Umsatzrendite allein dazu dienen, neue Ferienvillen und Privatflugzeuge auf Kosten des Unternehmens und der dort Beschäftigten zu finanzieren. Selbstverständlich gab es auch früher sehr reiche Menschen, aber die traten deutlich diskreter auf. Viele Mitglieder der heutigen Erbengeneration jedoch haben kaum noch Scheu, ihren Reichtum auszustellen, und zeigen in allen Blättern vom *Manager Magazin* bis *Bunte* ganz deutlich: Wir kriegen den Hals nicht voll! Was den normalen Betrachter auf den Gedanken bringt: Die leben auf meine Kosten im Überfluss! Die handeln verantwortungslos, ohne Rücksicht auf das Gemeinwesen!

Diese Stimmung macht niemandem gute Laune. Und in einem solchen Klima hätte es auch das Wirtschaftswunder im Nachkriegsdeutschland wohl eher nicht gegeben.

Viele Jobs sind unsicher, die Zukunft ist unsicher, nur eines scheint sicher zu sein: Das wird immer mehr Leute betreffen. Die Erfahrungsscheide verläuft deutlich entlang der Generationengrenzen. Die sogenannte Generation Praktikum ist bereits ohne jede Illusion auf den Arbeitsmarkt gestoßen. Sie erwartet nichts mehr oder nicht viel. Sie weiß um die Härte, die Ungerechtigkeit, sie kennt das Gefühl bleierner Unmöglichkeit nur zu gut, und zwar in einem Ausmaß, von dem sich ältere Arbeitnehmer überhaupt kein Bild machen können und viele Gewerkschaftsfunktionäre wahrscheinlich auch nicht. Wie oft sind diese jungen Menschen bereits abgespeist worden: Vielleicht kannst du hier mit deiner tollen Ausbildung und deinen wirklich hervorragenden Zeugnissen noch dein x-tes Praktikum machen, für das wir fast nichts zahlen, und wenn du dann noch zu ein paar unbezahlten Überstunden bereit bist, haben wir für dich auf jeden Fall ein Plätzchen. Aus genau diesem Grund ist sich diese desillusionierte Generation aber auch bewusst, dass sie nichts erreicht, wenn sie nichts fordert. Was von den Älteren oft als arrogant oder unrealistisch missverstanden wird. Dabei ist das Gegenteil der Fall ist: Es ist die Lehre, die sie aus der Realität, ihren eigenen Erfahrungen gezogen haben.

Die gebrochene Arbeitsbiografie ist für sie die Regel, nicht die Ausnahme – wenn sie überhaupt den Einstieg schaffen. Es gibt für sie keinen lebenslangen Arbeitsplatz mehr, weder als reales Angebot noch als Wunsch. Der fürsorgliche Unternehmer ist für sie ein Märchen aus vergangenen Tagen, selbst die Idee des fairen Arbeitgebers muss ihnen schon vorkommen wie eine Utopie. Und da die Arbeitnehmervertreter auch allzu oft einfach nur die Position derer verteidigen, die schon länger einen Job in der Firma haben, fallen große Teile einer ganzen Generation durch jedes Raster. Wer so behandelt wird, lernt automatisch in den Kategorien der ICH-AG zu denken – es bleibt ihm ja gar nichts anderes übrig. Die Vereinzelung in einer entsolidarisierten Arbeitswelt ist ihre profane Alltagserfahrung. Der Übergang ist ihr Dauerzustand. Von einem Arbeitgeber zum nächsten – auf diese Weise entstehen wahrscheinlich sehr viele wechselhafte Gefühle, bloß nicht das von Loyalität.

Daneben gibt es die inzwischen alternde Generation der geburtenstarken Jahrgänge, welche die Erfahrung eines solchen Wildwuchses nicht machen musste, sondern noch die »gemütlichen« Verhältnisse mitbekommen und genossen hat. Diese Generation sitzt meist fest in ihren Jobs, verdient gutes Geld und hat bloß noch ein paar Jahre bis zur Rente. Doch auch diese Menschen sind verunsichert und verängstigt von den Stürmen um sich herum und zittern sich dem Ende ihres

Erwerbslebens entgegen, wollen unter keinen Umständen etwas falsch machen oder auffallen, um den Endspurt nicht noch zu versauen. Denn sie wissen, dass entgegen allen Beteuerungen ein Arbeitsloser über 50 praktisch kaum noch Chancen hat, wieder einen Job zu finden. Selbst die Agentur für Arbeit fördert nicht einmal jeden zehnten Arbeitslosen in dieser Altersstufe.

Aber wenn wir in Zukunft alle bis 67 oder gar bis 70 arbeiten sollen, muss es ja auch Geschäfte und Unternehmen geben, die uns dann als Arbeitnehmer überhaupt noch wollen. Die meisten Menschen ahnen instinktiv, dass dies eine Illusion ist. Wir wollten es einmal genauer wissen und haben für unsere Sendung *akte* »Den ältesten Arbeitnehmer« gesucht – mittels einer Stichprobe in Köln. Von einer Kreuzung ausgehend sind wir in einem Radius von 250 Metern in jeden Laden, in jede Werkstatt, um zu sehen, ob wir jemanden im »kritischen Alter« finden. Das Ergebnis unserer spontanen und zugegebenermaßen nicht sehr repräsentativen Umfrage an diesem Tag war: grundsätzlich Fehlanzeige. Nur in einem Bekleidungsgeschäft trat eine alte Dame von 85 Jahren hinter dem Tresen auf uns zu, die ihrer Tochter zwei Tage pro Woche zur Hand ging. So viel zur Arbeit im Alter.

Noch nie waren so viele Menschen in Lohn und Brot wie in diesen Jahren. Auf den ersten Blick ist das ein unglaublicher Erfolg und ein Grund zum Jubeln. Aber der Jobaufschwung fand mit 2,5 Millionen Stellen nicht in der Großindustrie oder im Mittelstand statt, sondern vor allem im Niedriglohnbereich. Hier herrschen nicht selten so prekäre Arbeitsverhältnisse, dass die Beschäftigten zu Zweit- und Drittjobs gezwungen sind, um irgendwie ihr Überleben zu sichern. Trotz harter Arbeit kaum die Miete zahlen zu können, dieses Schicksal teilen auch viele Feuerwehrleute, Polizisten oder Krankenschwestern in den Großstädten unseres Landes. Aber im Niedriglohnsektor nimmt das Problem noch einmal eine ganz andere Dimension an. Wer 160 Stunden Fulltime malocht und niemandem auf der Tasche liegt oder liegen will, wer kein

Sozialsystem ausnutzt und alles dafür gibt, ohne fremde Hilfe seine Existenz zu meistern, und dann am Ende eines harten Arbeitsmonats feststellt: Ich komme trotz bescheidenster Ansprüche an Unterkunft und Leben mit meinem Lohn nicht über die Runden – den packt nicht nur das Gefühl von Ohnmacht, sondern auch von Sinnlosigkeit. Und das ist in diesem reichen Land allzu häufig der Fall. Wem es so ergeht, fragt sich natürlich irgendwann, warum er nicht gleich zu Hause bleibt und sich vom Staat alimentieren lässt.

Aus den vielen Zuschriften, die wir in der *akte*-Redaktion erhalten, wissen wir, dass es sich dabei oft um jene Menschen handelt, die aus dem ersten Arbeitsmarkt schon raus sind und sich durch Eigeninitiative eine zweite Chance erarbeitet haben. Und zugleich spüren, dass sie realistischerweise an dem allgemeinen Aufschwung nie adäquat teilhaben werden, trotz ihres Fleißes. Um dem Ganzen die Krone aufzusetzen, müssen sie mitansehen, wie völlig abgehobene Manager absahnen, ohne sich um andere Schicksale zu scheren, müssen sich »Den Gürtel enger schnallen«-Parolen anhören und den Ruf nach mehr Eigeninitiative, die sie längst gezeigt haben – ohne dass sich ihre Situation verbessert hätte. Und das Schlimmste: Sie sehen keine Möglichkeit, aus diesem Loch herauszukommen, keine Beispiele von anderen, denen das gelungen wäre.

Alle einschlägigen Statistiken bestätigen dieses extreme soziale Ungleichgewicht in Deutschland – die Gesellschaft ist nicht durchlässig, ein Aufstieg trotz aller Sonntagsreden kaum möglich. Das Ergebnis ist Fatalismus und das Gefühl einer Zwei- oder Dreiklassengesellschaft, deren einfachster Nenner auch im Jahr 2014 »Die da oben, wir hier unten« zu sein scheint. Es ist die Manifestierung eines modernen Kastenwesens. Diese verhärteten Strukturen haben eine enorme Ressourcenverschwendung zur Folge, da man das Potenzial der Arbeitswilligen nicht abrufen kann. Und zugleich macht sich das Gefühl breit: Arbeitgeber und Gewerkschaften lassen mich im Stich, der Staat auch, ich bin ganz allein. Die tägliche Erfahrung: Niemand will mich, ich bin überflüssig, niemand schätzt mich, ich bin allen lästig, lässt Frust und Wut entstehen. Eine nicht zu unterschätzende Gefahr – denn wenn sich der hier aufgestaute Unmut einfache Lösungsansätze und andere Ventile sucht, kann das auch die Stabilität unseres politischen Systems erschüttern.

Gerade in den unteren Lohn- und Gehaltsgruppen treffen fleißige und redliche Menschen oftmals auf Arbeitgeber, die ihnen ohne jede Vorwarnung für ihre Leistungen einfach kein Geld bezahlen. Immer wieder berichten Zuschauer quer durch die Republik von Lohnprellern aus allen Geschäftsbereichen. Im Regelfall sind sie Opfer kleinerer Unternehmen wie Zahnarztpraxen, Werbeagenturen, Handwerksbetriebe oder Fuhrunternehmen. Ein Busfahrer eines Privatunternehmens aus der Uckermark etwa bekam monatelang nur 200 statt der vertraglich vereinbarten 1800 Euro und wusste nicht mehr ein noch aus. Eine Katastrophe für die ganze Familie. Da die Gegend strukturschwach ist, traute er sich aber nicht, seine Rechte einzufordern, aus Angst, sofort den Arbeitsplatz zu verlieren. Viele Geschädigte fühlen sich in solchen Situationen verlassen und hilflos und wissen nicht, an wen sie sich wenden sollen. Ursache der unrechtmäßigen Lohnprellerei ist allerdings nicht immer reine Böswilligkeit – oft steckt die schiere ökonomische Not der Arbeitgeber dahinter. Und wie so oft beißen den Letzten die Hunde: in diesem Fall ist es der eigene Arbeitnehmer.

Doch wenn ich von meinem Arbeitgeber nur noch Druck, aber keine Sicherheit und keine Fairness mehr erwarten kann, dann bin ich im Gegenzug auch weniger loyal – das ist die Kehrseite der Medaille. In einer solch unsteten und beunruhigenden Atmosphäre des Wandels ist das Unternehmen schon lange keine Schicksalsgemeinschaft mehr, eher eine Kampfzone, in die so manche schon morgens mit Magenschmerzen einrücken. Und wenn Solidarität kein gelebter Wert mehr ist, ist das genau der Boden, auf dem sich das Mobbing-Virus am liebsten ausbreitet.

Dabei darf man die bisweilen ganz »normalen« Ellenbogen, die in jedem gesunden Betrieb zu einem gesunden Konkurrenzverhältnis gehören, nicht arg vorschnell als Mobbing brandmarken. Diese Tendenz wird von den Medien einerseits unterstützt, indem sie sich pausenlos und teilweise undifferenziert mit dem Thema befassen – und damit so manchem aktiven Mobber ganz nebenbei auch noch bestes Anschauungsmaterial liefern. Doch andererseits ist es auch extrem wichtig, auf Mobbing aufmerksam zu machen und die Betroffenen zu ermutigen, sich dagegen zu wehren. Denn echtes Mobbing – das es in allen Berufssparten und Bildungsschichten gibt – kann einen Menschen geradezu zerstören. Viel zu oft ahnen die Verantwortlichen nicht einmal, was sich in den unteren Etagen ihres Unternehmens wirklich abspielt. Ein weiteres trauriges Indiz für die Praxisferne und Abgehobenheit einiger Manager, zu denen solche wichtigen Signale aus dem Bauch des Walfischs gar nicht mehr durchdringen. Oder sie tun sie mit leichtfertig hingeworfenen Floskeln wie »So ist unsere Branche eben!« ab. Umso größer sind dann das Erschrecken und die Betroffenheit aller, wenn sich die Opfer an die Medien wenden und ihre Not offenbaren.

3. Was muss sich ändern?

Man kann die Uhr nicht zurückdrehen. Die tatsächliche oder auch nur so empfundene Kuschelatmosphäre des fürsorglichen Personenunternehmers der Nachkriegszeit ist nicht wiederherstellbar. Aber darum geht es auch gar nicht. Es geht vielmehr um einen fairen Umgang miteinander, um mehr Herz und praktische Vernunft – und echte Chancengleichheit. Wobei letztere derzeit so utopisch erscheint, dass man besser von »echten Aufstiegschancen« reden sollte. Denn auch die gibt es im Deutschland des Jahres 2014 nicht oder nur in beschämend geringem Maße. Unsere Gesellschaft ist lange nicht so fair und durchlässig, wie uns das gerne weisgemacht wird.

Fairness ist der Kitt, der unser Gemeinwesen zusammenhält. Wenn aber die unteren Einkommensschichten nicht mehr in der Lage sind, von ihrer Arbeit ordentlich und in Würde zu leben, und sich zugleich der Abstand zu den Top-Verdienern ins Monströse auswächst, ist eine Schieflage entstanden, die zu einer weiteren Entfremdung von der Arbeit und zur inneren Abkehr von diesem Staat beiträgt. Da die Arbeitgeber von sich aus keinen Handlungsbedarf sehen, ist es eine ernste politische Aufgabe, diesen Missstand anzugehen und ihm gegenzusteuern.

Zur Fairness gehört auch, dass Menschen im Niedriglohnsektor nicht nur von ihrem Einkommen leben können, zudem muss der Unterschied zwischen Sozialhilfe und Lohn deutlich und spürbar sein. Der Ehrliche und Fleißige darf nicht der Dumme sein. Nichts verbittert so sehr wie das Gefühl, dass man nicht gerecht behandelt wird. Deswegen muss auch mehr Transparenz in Sachen Lohnpreller hergestellt werden. Es braucht ein klares Meldesystem für diese schwarzen Schafe – im Jobcenter oder bei der Gewerbeaufsicht –, damit solchen Chefs nicht noch mehr ahnungslose Arbeitnehmer zugetrieben werden!

Welche guten Absichten auch immer bei der Entwicklung dahintergesteckt haben mögen: Das bestehende Schul- und Ausbildungssystem bietet kaum reale Aufstiegschancen für Kinder aus bildungsfernen oder generell sozial schwächeren Schichten. Das ist unfair, das ist ineffizient, ja, das ist ein Verbrechen an unserer gemeinsamen Zukunft. Hier müssen sich die Experten dringend zusammensetzen und schnell nach neuen Förder-Wegen suchen, die – bitteschön! – endlich zielorientiert sind und nicht zu allererst dem Bundesländer-Eigensinn, genannt Föderalismus, dienen.

Und nicht zu vergessen: Die Erbschaftsteuer – politisch ein sogenanntes heikles Thema. Niemand will sich die Finger daran verbrennen. Aber warum eigentlich? Weil es vom politischen Gegner blitzschnell in eine gefährliche populistische Waffe verwandelt werden kann. Wer das Thema anpackt, steht schnell als der Ausbeuter der »kleinen Leute«

dar. Das ist Quatsch. Niemand will ernsthaft an der »Oma ihr klein Häuschen« ran, niemand will über jene überschaubaren Erbschaften von Einfamilienhäusern im Wert von ein paar Hunderttausend Euro reden. Und: Niemand will dem Kleinunternehmer an den Kragen, der, um die Erbschaftsteuer aufbringen zu können, das geerbte Mietshaus verkaufen müsste, für das seine Eltern viele Opfer gebracht haben, um es bauen zu können, und das als Zukunftssicherung gedacht war. Und auch derjenige ist nicht betroffen, der – nur um die Steuer zahlen zu können – seine Mini-Firma schließen müsste, mit der Folge, dass seine wenigen, älteren Mitarbeiter plötzlich ohne Job dastünden.

Wir reden hier über vererbtes Industriekapital, das wahre Macht bedeutet, wir reden über Vermögen, das substanzielle Teile unserer Wirtschaft kontrolliert und damit das Schicksal Hunderttausender von Menschen. Wir reden über riesige Kapitalmassen, die den Erben ohne jede Leistung in den Schoß fallen und von ihnen genauso weitervererbt werden. Und die bestehenden Gesellschaftsgrenzen und eklatanten Chancenungleichheiten werden gleich mitvererbt. Das ist in höchstem Maße ungerecht, und da muss die Politik natürlich ran. Bei Vermögenswerten in Höhe von grob zwei Billionen Euro, die in den kommenden Jahren weitergereicht werden, darf die Politik nicht länger kneifen.

Die einst richtige gewerkschaftliche Idee zur »Vermögensbildung in Arbeitnehmerhand« ist leider großflächig unter die Räder gekommen. Doch wo nur noch mit bescheidenen Lohnzuwächsen zu rechnen ist, müssen neue Wege gefunden werden, um die Beschäftigten am gemeinsam geschaffenen Wert zu beteiligen. Die Argumente sind alt und trotzdem gut: Wer Anteile an der eigenen Firma hält, fühlt mehr Werkstolz, ist loyaler, arbeitet lieber und besser. Die Gewerkschaften haben sich zu lange zu sehr zurückgehalten, die Schere zwischen arm und reich, zwischen Top-Verdienern und Normal-Verdienern ist weiter aufgegangen. Es ist an der Zeit, das in einem vernünftigen Maße wieder zu korrigieren.

Und es ist höchste Zeit, dass sich die demokratischen Parteien diese Aspekte der sozialen Gerechtigkeit wieder verstärkt auf die Fahnen schreiben. Denn wenn sie es nicht machen, machen es vielleicht andere, radikalere Gruppierungen. Und das kann nicht in unserem Interesse sein.

Mobbing trifft nicht immer nur die anderen, sondern findet gerne auch im Nebenzimmer, in der eigenen Abteilung, im eigenen Werk statt. Das zu registrieren, das zu verhindern, ist eine Führungsaufgabe ersten Ranges. Wir alle gestalten jeden Tag aufs Neue unser Miteinander, wir alle wirken tagtäglich an der Arbeitsatmosphäre mit, aber den Ton gibt der Chef vor. Er ist dafür verantwortlich, was sich in seiner Firma abspielt, welches Klima entsteht, was geduldet wird und was nicht. Um einen klaren Verhaltensrahmen abzustecken, bietet sich ein sogenanntes Mission Statement für den Umgang untereinander an: Darin formulieren Chef und Angestellte in klaren Worten, welcher Geist in der Firma herrschen soll, wie sich Mitarbeiter und Führungskräfte begegnen wollen. Natürlich ist Papier geduldig, und viele hübsche Worte schützen im Ernstfall nicht vor Grausamkeiten, aber wenn die Regeln einmal benannt sind, lassen sich Verstöße einfacher verfolgen. Allerdings müssen die Chefs auch wirklich gewillt sind, diese Politik konsequent durchzusetzen. Und auch die Betriebsräte müssen sich der Problematik noch viel stärker bewusst werden und feste Anlaufstellen für Mobbingopfer bieten – und natürlich auch selbst stets ein offenes Ohr haben.

Das Alter ist für viele eine ökonomische Gefahrenzone. Nicht nur weil die staatliche Rente bei den meisten nicht reichen wird und der Kampf gegen die Versorgungslücke droht, sondern auch, weil es schon vor Renteneintritt ernsthafte Probleme gibt. Wer jenseits der 50 seinen Job verliert, hat kaum Chancen, noch einmal ins Arbeitsleben einsteigen zu können – das ist trotz aller öffentlich beteuerten guten Absichten und Erklärungen die ernüchternde Realität. Doch wie soll das mit der Idee zusammenpassen, dass wir alle am besten bis ins hohe Alter arbeiten?

Bislang herrscht fast überall das Senioritätsprinzip: Wer älter ist, wer länger dabei ist, verdient mehr Geld. Das führt zwangsläufig dazu, dass die ältesten Beschäftigten immer die teuersten sind. Auch wenn sie aufgrund ganz natürlicher Einschränkungen vielleicht nicht mehr so leistungsfähig sein mögen wie jüngere Kollegen – ihre Erfahrung, Routine und Gelassenheit gleichen das wieder aus. Aber, das muss man ehrlich sagen, eben nur zu einem gewissen Teil, und nicht vollständig. Der Kostendruck bleibt. Die Folge: Die Unternehmen stellen ältere Arbeitslose einfach kaum mehr ein.

Hier brauchen wir eine neue Flexibilität, und zwar von allen Seiten. Arbeitgeber müssen mehr Verständnis für gebrochene Arbeitsbiografien haben. Eine freiwillige Auszeit – egal ob Sabbatical oder Kinder – oder auch ein unfreiwilliger Wechsel des Arbeitsplatzes gehören für Jüngere schon lange zum Alltag. Was weder sie noch ältere Job-Wechsler zu schlechteren Arbeitskräften macht. Darüber hinaus müssen Senioren Abschied nehmen von der Vorstellung eines kontinuierlich wachsenden Einkommens bis zum 70. Lebensjahr. Das ist leider unrealistisch, unökonomisch – und kontraproduktiv. Gewerkschaften, Arbeitgeber und der Staat müssen sich an eine Neuregelung wagen, die eine faire, altersangemessene Gehaltsrückstufung – bei vielleicht geringerer Wochenarbeitszeit – ermöglicht. Und das aus gutem Grund: Damit die Älteren in Zukunft auch *wirklich* die Chance haben, so lange zu arbeiten, wie sie arbeiten wollen – wenn sie denn wirklich wollen.

Banken und Finanzen: Von »Bankbeamten« und »Bankstern«

1. War früher wirklich alles besser?

Der Gang zur Stadtsparkasse Köln war für mich als kleiner Junge in den 60er Jahren eine aufregende Sache. Links der Hund, in der Mitte meine Mutter, rechts ich, so betraten wir durch eine Schwingtür das Reich des Geldes, das mit seinen Glaskanzeln und dem schwarzen Marmor an den Schaltern einen beachtlichen Eindruck auf mich machte. Und irgendwo wartete stets der nette Herr Heinrichs, der sich sofort Zeit nahm, wenn er meine Mutter erspähte, was ich sehr nett fand. Herr Heinrichs sah ein bisschen aus wie Billy Wilder, machte aber keine Scherze. Einmal zeigte er mir sogar den großen Tresor, in dem aber weder gestapelte Goldbarren noch große Haufen Bargeld herumlagen, was mich doch etwas enttäuschte und an meinem Bild von der Stadtsparkasse kratzte. Trotzdem blieb Herr Heinrichs eine durch und durch vertrauenerweckende Persönlichkeit, die meine Mutter mit großer Autorität und Kompetenz beriet oder ihr bedenkenswerte Empfehlungen mit auf den Weg gab.

Das war die unzweideutige Rollenverteilung: Man ging nicht als umworbener Kunde zu seinem Geldhaus, sondern wurde beim »Bankbeamten vorstellig«. Das Treffen fand, so glaubte ich zu spüren, nicht auf Augenhöhe statt, sondern man sah sich einer Art Prüfungssituation ausgesetzt, die man hoffentlich bestehen würde, um endlich wieder gehen zu können. Nur wenn man dem scharfen, aber gerechten und wissenden Blick standhielt und die präzisen Fragen des Geldmannes befriedigend beantwortete, bekam man das Geld, das man brauchte. Aufgrund der Gespräche, die ich mitbekam, glaubte ich sogar, dass er nur dann das Geld von dem Konto rausrückte, das einem selbst gehörte! Ich hatte noch Jahre später den irregeleiteten Eindruck, dass Bankbeamte bei jedweder Verwendung fremder Vermögen selbstverständlich ein großes Mitspracherecht hatten, ja, sogar so etwas wie Entscheidungsgewalt ausübten.

Dabei darf man nicht vergessen, dass meine Elterngeneration, also die jungen Familien der frühen Bundesrepublik, in ihrem Finanzgebaren tief geprägt war von den schlimmen Erfahrungen ihrer eigenen Eltern nach dem Ersten Weltkrieg. In den Erzählungen meiner Großmutter klang das Ereignis der Hyperinflation von 1923 (dem Jahr des gescheiterten Hitlerputschs in München vor der Feldherrenhalle) viel furchterregender als das Gemetzel auf den Schlachtfeldern des Ersten Weltkrieges. Die Tragödie von 1914 bis 1918 war in einer Kreisstadt wie Melle bei Osnabrück ja nur als fernes Grollen wahrgenommen worden. Es gab noch keine Bomberflotten und deswegen in Deutschland kaum zivile Opfer. Wer nicht an der Front kämpfte, erlebte den Schrecken selten unmittelbar am eigenen Leib, anders als später im Zweiten Weltkrieg mit seinen Flächenbombardements. Deswegen war der wahre Horror für meine Großmutter die galoppierende Geldentwertung. Ihre Geschichten haben sich gerade uns Kindern tief eingebrannt. Wenn Oma erzählte, wie sie freitags mit Opas Lohntüte in der Hand zum Markt stürmte und das Geld, kaum dort angekommen, schon weniger wert war als noch eine halbe Stunde zuvor bei der Auszahlung – das fanden wir schon sehr unheimlich. Wir stellten uns dann immer vor, wie unsere geliebte Oma rannte und keuchte, während in ihrer Tasche all diese komischen Geldscheine raschelten, auf denen so absurd viele Nullen gedruckt waren, dass wir die Zahlen schon gar nicht mehr benennen konnten.

Diese Erfahrung führte zu einem äußerst ausgeprägten Sicherheitsdenken in finanziellen Dingen, das meine Großeltern und genauso meine Eltern und ihresgleichen prägte: Man macht keine Schulden. Man spart. Man kauft sich nur etwas, wenn man das Geld beisammenhat. Man lebt nicht über seine Verhältnisse. Man kauft sich keinen Unsinn. Man verleiht nicht einfach so Geld an irgendwen. Man hält alles zusammen, denn es kann sonst morgen schon wieder weg sein. Das viel besungene Wirtschaftswunder nach dem Zweiten Weltkrieg war nicht zuletzt auch ein Resultat dieser soliden, heute bei sehr vielen fast schon als spießig geltenden Finanzpraxis einer ganzen Generation.

Die Bank war ein Hort der Autorität, der Rechtschaffenheit, des soliden Wirtschaftens und der Vernunft. Je nach Charakter und Finanzlage hatte man, wie gesagt, manchmal vielleicht ein bisschen Bammel vor den Treffen mit den Mitarbeitern, aber es gab keine grundsätzliche Kritik an der Institution Bank oder ihren Vertretern. Wobei man nicht vergessen darf, dass man als Normalsterblicher mit »echten« Banken kaum je in Kontakt kam. Es gab in dieser Hinsicht eine Art Zweiklassengesellschaft: »Bank« hieß im praktischen Leben der überwiegenden Mehrheit aller Bundesbürger einfach »Sparkasse« oder »Raiffeisenbank«. (Übrigens erstaunlich, wie eine ganz aktuelle Fernsehwerbung der Sparkasse sich gerade diesen Unterschied imagefördernd zunutze macht!) Die anderen Geldhäuser, die Deutsche und die Dresdner Bank oder wie sie alle hießen, das war eine andere Welt. Die waren vielleicht für Selbstständige und Handeltreibende, aber eigentlich vor allem für Unternehmen, als Familie brauchte man die nicht.

Die Vertreter dieser fernen, vornehmen Bankenwelt spielten im öffentlichen Bewusstsein praktisch keine Rolle und tauchten auch in der normalen Presse kaum auf. Das war eine elitäre Szene, in der Dinge verhandelt wurden, die niemand verstand und von denen nur wenige wussten. Diese Geschäfte hatten nichts mit uns zu tun, mit niemandem eigentlich, den man kannte. Die Vertreter dieses Universums spielten in einer ganz anderen eigenen Liga, die fast einer Geheimloge zu gleichen schien. Es gab nur einige wenige herausragende Figuren wie etwa den schon immer legendären Hermann Josef Abs, den früheren Vorstandsvorsitzenden der Deutschen Bank, oder den Bankier und CDU-Finanzexperten Robert Pferdmenges, die mit ihren Krawatten und steifen dreiteiligen grauen Anzügen bekannte Erscheinungen waren. Ich weiß noch genau, wie entsetzt und entrüstet mein Vater einmal von einem Geschäftsessen nach Hause kam, bei dem er einen Banker in einem Kölner Restaurant getroffen hatte, mit einer Flasche Rotwein für 1500 DM auf dem Tisch. Das fand mein Vater geradezu abartig. Na, da muss der Rubel ja rollen, sagte er verächtlich, und wir alle schüttelten ungläubig die Köpfe. Das war Sodom und Gomorra, nicht unsere Sparkassenwelt.

Damals hatte man noch nicht den Eindruck, dass in Wahrheit die Deutsche Bank und ihre Konkurrenten die Geschicke jenes Gebildes steuerten, das wir später viele Jahre lang als Deutschland AG bezeichnen sollten. Ihre Aktivitäten liefen im Verborgenen ab und waren nur für Spezialisten erkennbar. Man ahnte damals, dass auch Geldhäuser wahrscheinlich irgendwie Gewinn machen mussten, aber aufgrund der eigenen Erfahrungen und angesichts des Auftretens des wahrnehmbaren Teils der Branche wäre niemand je auf die Idee gekommen, den Banken brutale Profitmaximierung zu unterstellen. Dazu waren die einfach zu fein! Man kannte ja nur so Leute wie den netten Herrn Heinrichs aus unserer Filiale der Stadtsparkasse Köln, die anderen waren unsichtbar. Heute dagegen werden Banker selbstverständlich als sichtbare, wichtige, mächtige Akteure des Wirtschaftsgeschehens wahrgenommen, die nicht nur in Wirtschaftspresse und Fachorganen Beachtung finden.

2. Willkommen in der Realität!

Es gibt wohl kaum einen Berufsstand, der in den vergangenen 15 Jahren einen so dramatischen Imageverlust erlitten hat wie der des Bankers. Wir haben einen Absturz aus größter Fallhöhe erlebt, der seinesgleichen sucht. Vom unbescholtenen, redlichen »Bankbeamten« – der zwar nie verbeamtet war, aber oft respektvoll, als Ausdruck höchster Wertschätzung, so genannt wurde – hin zum verachteten »Bankster«, dem Gangster näher als dem einst seriösen Banker. Was für eine Schmach, was für ein Trauerspiel, was für ein Versagen.

Gerechterweise muss man natürlich differenzieren – zwischen den Raffzähnen in den Investment-Abteilungen auf der einen Seite, die wohl schon von ihrem Aufgabenbereich her skrupellos sein müssen, um leichten Herzens mit Milliarden und sogenannten Finanzprodukten zu jonglieren, die sie selbst kaum einem Menschen erklären können. Und auf der anderen Seite den kundennahen Mitarbeitern, die einem am Schalter gegenüberstehen und die vielleicht zu den Tausenden von Leuten gehören, die bei der Commerzbank und anderen Banken in immer kürzeren Zeitabständen ihren Job verloren haben. Diese Unterscheidung treffen die meisten Menschen ganz instinktiv, aber das Banken-Image ist insgesamt ein schlechtes. Woran allzu oft eben jene Banken und ihre Repräsentanten selbst schuld sind. Allerdings hat sich in der allgemeinen Wahrnehmung die alte Einteilung in solide, bodenständige Sparkasse/Raiffeisenbank einerseits und abgehobene »echte Bank« andererseits erstaunlich gut gehalten. Aber die Grenzen hier sind fließend.

Denn wenn die Gier von den Vorständen gedeckt wird, ja, sogar gewünscht zu sein scheint, ahnt selbst der wohlwollende Betrachter, dass die einzelnen Verfehlungen kein Zufall, sondern Teil eines sehr bewusst angelegten Systems sind. Wenn dann auch noch schlechte Erfahrungen von einzelnen Kunden mit groben Verfehlungen der Bankhäuser selbst zusammentreffen, über die alle Medien ausführlich berichten, dann fühlt sich der einzelne Sparer und Anleger in seinem Misstrauen sofort bestätigt. Alles Ganoven, völlig klar – wie sonst wäre es zu erklären, dass Bankchefs sich mit undurchsichtigen Manövern und den ihnen anvertrauten Geldern andere Geldhäuser zu höchst merkwürdigen Preisen einverleiben oder plötzlich an der Formel 1 beteiligt sind? Alle werden über einen Kamm geschoren. Da helfen auch keine flotten Werbespots mehr. Ist das Urvertrauen weg, hat jede Beziehung einen Riss, den selbst gewiefte Therapeuten kaum noch kitten können.

Wie tief dieser Riss ist, zeigt sich gerade dann, wenn mal etwas schiefgeht und der Kunde eigentlich besondere Zuwendung bräuchte – und nicht genau das Gegenteil. Das lässt sich beispielhaft schön anhand eines kleinen, ganz alltäglichen Ereignisses zeigen, von dem uns immer wieder von unseren *akte*-Zuschauern berichtet wird: Wenn deren ec-Karte geklaut und missbraucht wird, unterstellen die Geldhäuser oft automatisch, dass man selbst daran mindestens eine Mitschuld trage. Die Bank kommt damit im Regelfall durch, weil sie sich auf ein BGH-Urteil aus dem Jahr 2004 berufen kann – deshalb steht sie für den entstandenen Schaden nicht oder nur in geringem Umfang ein. Für den Kunden ist das ein derber Schlag ins Gesicht. Die allermeisten wissen, dass man die PIN-Nummer nicht auf der Karte notiert, und achten sorgsam auf getrennte Aufbewahrung. Aber das bis eben noch nette Geldhaus begegnet den Geschädigten mit Argwohn und Abwehrhaltung. Der unbescholtene Kunde wird praktisch zum Verdächtigen. Erste Unterstellung: Er hat sich die Nummer mitklauen lassen. Zweite Unterstellung: Die Nummer stand auf der Karte. Dritte Unterstellung: Er steckt womöglich mit den vermeintlichen Dieben unter einer Decke.

Dieser unbegründete Generalverdacht hat eine nachhaltige, verheerende Wirkung. Erster Eindruck: Die behandeln mich wie einen Feind. In der Sekunde der Krise kündigt mir meine Bank praktisch die Partnerschaft auf. Getrieben von ihrer Rechtsabteilung tritt das Unternehmen nun hinter das eigene Logo zurück und wiegelt und riegelt ab. Das zu erfahren ist erschütternd. Niemand hilft, niemand kann angerufen werden, im schlimmsten Fall kommuniziert man mit einem Callcenter – und spricht dann garantiert erst recht nicht mit jemandem, der helfen will. Alles ist nur noch verantwortungsfreie, professionell abwimmelnde Fassade ohne menschliches Antlitz. Manche Häuser gehen auch gleich ganz forsch und mitleidslos in die Offensive und speisen selbst ihre langjährigen Kunden mit Standardfloskeln ab wie »Lesen Sie sich lieber erst mal unsere Geschäftsbedingungen durch, denen Sie schließlich mit Ihrer Unterschrift zugestimmt haben, dann werden Sie schon sehen …« Doch das Einzige, was man in solchen Fällen immer *sofort* sieht, ist ein brutaler Vertrauensverlust. Diese Art der Behandlung bestätigt die übelsten Befürchtungen.

Der dramatische öffentliche Image-Absturz hat vor allem auch etwas mit einem radikal gewandelten Selbstverständnis der Geldhäuser zu tun. Früher waren es Institute, die mit ihren Mitteln die wirtschaftlichen Aktivitäten der anderen erst ermöglichten. Plötzlich wurden daraus in einem teilweise atemberaubenden Tempo ganz »normale« Unternehmen, die ihr eigenes Wohl über alles und alle setzten, um maximalen Gewinn zu erzielen.

Diese Verschiebung war und ist für viele neu und ein Schock, der sehr tief sitzt. Was ist bloß aus »den Banken« geworden? Das waren doch eben noch hilfreiche, vertrauenswürdige, geradezu selbstlose und der Gesellschaft verpflichtete ehrwürdige Dienstleister, eine feste Säule unserer Wirtschaftsordnung und unseres Gemeinwesens. Und jetzt? Da sehen wir plötzlich nur noch durchtriebene und maßlose Akteure, die gehetzt und hemmungslos kalte Profitcenter betreiben. Schlimmer noch. Wir sehen aufgrund des völlig übertriebenen Gewinnstrebens (»Eigenkapitalrendite mindestens 25 Prozent« forderte vor nicht allzu langer Zeit einer der ganz bedeutenden Bankherren) drohende Gefahr für unser aller Wohlergehen, denn die Akteure scheinen jederzeit in der Lage und gewillt, zugunsten einer noch höheren Rendite das ganze System, also uns alle, mit in den Abgrund zu reißen. Banker agieren unverhohlen rücksichtslos, ja, asozial, in einem Ausmaß, das man nur noch ablehnen kann: Sie privatisieren die Gewinne und sozialisieren in der Krise ihre selbst verschuldeten Verluste – ohne Scheu oder Scham.

Diese Dreistigkeit hat die Menschen spätestens nach dem dramatischen Lehman-Brothers-Crash von 2008 schier fassungslos gemacht. Das war niemandem mehr zu erklären, auch nicht in den salbungsvollsten Worten. Der darauf folgende Vertrauensverlust hat sich tief eingegraben und stark verfestigt – wobei bislang auch niemand wirklich ernsthaft dagegengesteuert hat. Das wiederum verstärkt den Eindruck, dass sich hier eine kleine, elitäre, hochbegabte, aber gewissenlose Minderheit die Taschen vollstopft. Und diese Wahrnehmung ist nicht nur auf fehlende oder inkompetente PR-Berater der Branche zurückzuführen – hier stinkt der Fisch tatsächlich vom Kopf her.

Wenn der Staat inzwischen die Banken auch noch mit vielen Steuermilliarden, die anderswo fehlen, vor dem Zusammenbruch rettet und die Manager dieser Häuser trotzdem noch hohe Gehälter einsacken oder allen Ernstes gerichtlich um Auszahlung von Leistungs-Boni in Millionenhöhe kämpfen – dann fühlen sich alle ehrlichen Bürger verschaukelt und ohnmächtig. Solche Aktionen untermauern das Bild des weltentrückten Großbankers, der nichts Gutes im Schilde führt und die Allgemeinheit nur dann wahrnimmt, wenn er sie ausnehmen kann. Und das leider auch noch mithilfe des Staates, was das Ohnmachtsgefühl der Bürger noch verstärkt: Wenn hart arbeitende Privatleute schlecht wirtschaften, müssen sie letztlich Privatinsolvenz anmelden; wenn redliche Mittelständler ins Trudeln geraten, gehen sie pleite und ihr Vermögen meist mit ihnen unter. Aber wenn Banken unverantwortlich zocken, rettet sie der Staat? Wer soll das verstehen oder gutheißen? Und riesige Boni in Verlustjahren sind einfach *nie* nachvollziehbar – erst recht nicht dann, wenn der Steuerzahler vorher geschröpft wurde. Wobei man der Gerechtigkeit halber hinzufügen muss, dass die Öffentlichkeit Millionengehälter bei Managern durchweg kritisch betrachtet, selbst wenn sie über besondere (nach außen unsichtbare) Begabungen verfügen und Verantwortung für Zehntausende Arbeitsplätze tragen. Dass dieselbe Öffentlichkeit dagegen absurde Summen für hochtalentierte Fußballprofis oder risikoentschlossene Formel-1-Rennfahrer, die ihrer Profession vor aller Augen in endlosen TV-Liveübertragungen nachgehen, wohlwollend akzeptiert – logisch ist das natürlich auch nicht.

Wobei – aber das nur ganz am Rande – gerade diejenigen, die sich über die Geldgier der Manager erregen, auch in ihrer eigenen Gier grenzenlos sind. Zum Beispiel beim Lotto. Als ich als kleiner Junge jeden Freitag den penibel abgeschriebenen Lottoschein abgeben musste, lag der Höchstgewinn bei 500 000 Mark, umgerechnet etwa eine Viertelmillion Euro. Aus heutiger Sicht überschaubar, damals der Wahnsinn, der Träume von sofortiger Kündigung, Südsee und einem Leben unter Palmen befeuerte. Seither hat sich der Spitzengewinn – Achtung! – ver-152-facht. Der Höchstgewinn im Lotto liegt inzwischen bei etwa 38 Millionen Euro – für einen einzigen Spieler! Ich fände es viel sinnvoller, den Höchstgewinn zu deckeln und stattdessen viel mehr Mitspieler zu einfachen Millionären zu machen! Das wäre sicher nicht weniger attraktiv. Aber die Diskussion ist durch: Geldgier steckt nämlich in allen.

Mit Logik kann man auch das Geschehen auf den internationalen Finanzmärkten nicht mehr erklären. Da werden schon lange Produkte gehandelt, deren genaue Inhalte und Funktionen selbst dem durchschnittlichen Banker verborgen bleiben. Top-Mathematiker gehen nicht mehr in die Forschung, sie gehen lieber zur Deutschen Bank und anderen Häusern, um dort an noch komplexeren Papieren herumzuknobeln. So ungeniert durften sie sich noch nie austoben, so viel Geld konnten sie mit ihrem Wissen noch nie verdienen. An die Konsequenzen denkt wohl erst mal niemand von ihnen, an den Sinn fürs Große und Ganze auch nicht, dafür werden sie schließlich nicht bezahlt.

Deswegen wirken wesentliche Teile des Finanzmarkts wie eine außer Kontrolle geratene Geheimwissenschaft, deren Urheber aber keinesfalls Verantwortung für die Folgen ihres Handelns übernehmen, wenn daraus etwas anderes entsteht als Profit. Für diese Gehirnathleten ist es ein spannendes Spiel auf abstrakter Ebene, fernab menschlicher Bedürfnisse oder realer Bezugsgrößen. Und wenn dann alles zusammenbricht und sie leider feststellen, dass es doch noch eine echte Welt gibt, die sie zum Wanken bringen, stecken sie in heuchlerischer Unschuld die Hände in die Taschen und hoffen, dass irgendwer die Scherben zusammenkehrt – damit sie endlich weiterspielen können wie unbedarfte Schulkinder.

So entsteht das Gefühl, als Einzelner, aber auch als Gesellschaft zum Spielball einer egomanischen Elite geworden zu sein. Denn selbst ohne die Algorithmen zu verstehen, mit denen diese Nerds in Nadelstreifen irre Summen bewegen und einstreichen, ahnt jeder rechtschaffene Normalbürger, jeder ehrbare Kaufmann und jeder hart arbeitende Arbeiter oder Angestellte: Diese Schussfahrt in die Spekulation, in die Welt der hemmungslosen Zocker und Drahtseilartisten – die kann nicht gut gehen, die wird irgendwann zu einem noch größeren Crash führen und uns den ganzen Zauber heftig um die Ohren fliegen lassen. Und die Leute fragen sich: Was ist das für ein Staat, der das zulässt? Der es selbst dann noch zulässt, wenn er das Problem bereits erkannt hat? Der die Urheber solcher absehbarer Katastrophen und Systemkrisen im Nachgang auch noch mit Summen unterstützt, die überall sonst, wo es um das Wohlergehen ganz normaler Leute geht, nie aufzubringen sind? Wer hier keine verständlichen und nachvollziehbaren Antworten hat, der spielt auch mit dem Urvertrauen in unsere Gesellschaftsordnung.

Doch die Entfremdung von einem ganzen Berufsstand nimmt nicht nur im abstrakten globalen Spiel ihren Lauf, sondern auch am ganz konkreten Schalter vor uns. Die Veränderungen kamen schleichend, aber deswegen sind sie nicht weniger dramatisch. Wir Kunden haben nicht nur gelernt, schlecht besetzte Schalter und gestresste Mitarbeiter zu ertragen, wir bekamen auch noch immer mehr Aufgaben aufgehalst, die früher ganz selbstverständlich für uns erledigt wurden. Jetzt sollen wir uns die Kontoauszüge selbst ausdrucken und Überweisungen gefälligst eigenhändig zur weiteren Bearbeitung einscannen. Man freut sich, wenn wir uns konsequent für das Online-Banking entscheiden und nicht die

Schlange vor dem Schalter verlängern. Und wir machen bereitwillig mit. Wie entzückt wohl ein Restaurantbesucher wäre, wenn er sich in der Küche das Essen selbst zubereiten und dann auch noch im Gastraum servieren müsste?

Als Dank für so viel Entgegenkommen gibt es ein praktisch zinsloses Sparbuch oder – gegen überteuerte Aufschläge – auch einen mittelmäßigen Fonds, natürlich aus dem eigenen Haus. Und wer auf die dumme Idee kommen sollte, seinen Dispo zu überreizen, der lernt seine Bank erst so richtig kennen. In diesem Fall haben sie alle nur eine Devise, egal bei welchem Institut man auch sein mag: keine Gnade! Die abstrus hohen, meist zweistelligen Zinsen, die sie dafür verlangen, stehen in keinem Verhältnis und werden auch nie sachlich und nachvollziehbar begründet. Warum das so ist? Ganz einfach: Eine solche Begründung gibt es nicht. Gegen Abzocke dieser Art gehen mittlerweile zum Glück die Gerichte vor. Auf ein selbstständiges Umdenken der Branche, die den Sparern auf der anderen Seite nur Mikro-Zinsen gewährt, wartet man jedoch vergeblich. Ein faires Miteinander geht anders.

Während sich die Geldhäuser selbst gern als Partner stilisieren, die uns väterlich-freundlich begleiten, präsentieren sie sich zugleich bei jedem wichtigeren Geschäft als undurchschaubare Bürokratie-Monster. Als ich einmal die alten Bankunterlagen meines verstorbenen Vaters durchblätterte, fiel mir sofort ins Auge, mit wie viel weniger Aufwand die Transaktionen damals verbunden waren: weniger Sätze, weniger Papier, weniger Unterschriften, weniger Kleingedrucktes. Die Masse an Dokumenten, die der Kunde von einst bewältigen musste, war eindeutig beherrschbarer als heute. Eine Din-A4-Seite, alles erläutert, Unterschriften, fertig. Nicht ein Dutzend Blätter und Hinweise und Kleinstgedrucktes.

Doch heutzutage wollen und müssen sich (Gesetze!) die Institute nach den vielen schlechten Erfahrungen etwa bei der Kreditvergabe besser gegen alle möglichen Eventualitäten, Situationen und Ansprüche absichern. Dieses Mehr an Regelungen und an Papier führt aber zu einem Informationsüberangebot, das den Kunden erschlägt und hilflos zurücklässt. Und voller Argwohn. Denn sofort liegt die Vermutung nahe, dass dahinter Taktik steckt: Der Unterzeichner soll sich in Sicherheit wiegen. Scheitert das Geschäft jedoch, werden die Bankexperten garantiert nachweisen, dass der dumme Kunde selbstverständlich aufgeklärt wurde, aber leider in seiner grenzenlosen Beschränktheit auf den drei Kilometern Papier die entscheidenden, meist auch noch unverständlichen zwei Zeilen einfach überlesen hat. Bedauerlich, natürlich, aber ganz bestimmt nicht die Schuld des ehrwürdigen Geldinstituts.

Der *akte*-Redaktion liegen Fälle vor, in denen Kunden mit zahlreichen Unterschriften einen Kreditvertrag abgeschlossen haben, um dann irgendwann später zu Hause plötzlich festzustellen, dass darunter offenbar auch ein Bausparvertrag ist – wovon ihnen niemand etwas gesagt hat. Das merken sie erst, wenn das betont freundliche Bestätigungsschreiben der Bausparkasse im Briefkasten liegt: »Vielen herzlichen Dank!« Möglicherweise dient der Bausparvertrag der Absicherung des gewünschten Kredites, aber wenn die Erklärung dafür einfach ausbleibt, kann man sich ja vorstellen, wie das bei den Betroffenen ankommt.

Die typische Überforderungssituation: Die wenigsten von uns sind Finanzexperten. Wenn man plötzlich Geschäfte abwickeln will oder soll, die nicht alltäglich sind, nimmt man sich nicht immer die Zeit, die eigentlich notwendig wäre, um die Sache wirklich zu durchdringen – schließlich will man gegenüber dem Banker ja auch nicht als blöd dastehen. Den Bankleuten selbst ist ihr eigener kryptischer Fachjargon und die dahinter stehende systemimmanente Logik selbstverständlich sonnenklar. Möglicherweise verstehen sie gar nicht, was man daran nicht verstehen kann! Oder sie halten es absichtlich so undurchschaubar, um den Kunden von allzu lästigen Fragen abzuhalten. Dazu kommt der permanente Druck von oben. Auch und gerade Banker müssen ihre Umsatz- und Gewinnziele einhalten! Oberste Priorität der Mitarbeiter ist die Risikominimierung für das eigene Institut, nicht das Wohl des angeblich so geschätzten Kunden. In dieser kundenfernen Atmosphäre fühlen sich nicht nur ältere Menschen regelmäßig über den Löffel balbiert und alleine gelassen. Oftmals finden sich selbst umsichtigste Zeitgenossen unverschuldet in einer unangenehmen Situation wieder.

Aus der *akte*-Praxis: Eine Kunde hat einen Kredit aufgenommen und gleichzeitig aus weiser Voraussicht für den Fall von Arbeitslosigkeit oder Krankheit eine Restschuldversicherung abgeschlossen. Sollte er nicht mehr in der Lage sein, den Kredit zu bedienen, springt die Versicherung ein. Denkt er. Nach einer gewissen Zeit erkrankt der Angestellte an einem schweren Burn-Out-Syndrom. Er kann nicht weiterarbeiten, das Geld reicht nicht zur Tilgung des Kredits. Zum Glück ist er versichert. Aber was passiert? Dem Betroffenen wird mithilfe des Kleingedruckten nachgewiesen, dass psychische Krankheiten von der Leistungspflicht ausgeschlossen sind – generell und von vornherein. Das Resultat: eine private Tragödie und ein zutiefst verbitterter Mensch.

Gier und Maßlosigkeit sind schlimme Krankheiten, aber sie befallen nicht nur Banker. Auch ein nicht unbeträchtlicher Teil ihrer Kunden ist davon infiziert. Und somit schaukeln beide Seiten einander hoch und schaffen ein Klima, das am Ende niemand gewollt haben will. Die ersten Nachkriegsgenerationen sind mit einer völlig anderen Erwartungs- und Forderungshaltung aufgetreten, nicht zuletzt aufgrund der Erzählungen ihrer Großeltern und Eltern über die bereits erwähnte Inflation 1923 und über die sogenannte Stunde Null nach 1945. Man hatte ein ganz anderes Verständnis für den Wert des Geldes und mehr Einsicht in die Begrenztheit der eigenen Möglichkeiten. Das Gefühl dafür, was man sich wirklich leisten kann und was den eigenen Umständen angemessen ist, das ist uns abhandengekommen – und daran tragen viele Schuld.

Als Kind habe ich meinen Vater oft auf seinen Spaziergängen mit unserem Hund begleitet. Einmal hielt er ganz plötzlich an einem dieser typischen Kölner Büdchen an, wo man Zeitungen, Zeitschriften, Getränke und allerlei Krimskrams kaufen konnte. Kurz davor hatte er mir zu meiner Verblüffung gesagt, ich hätte heute einen Wunsch frei. Damals sammelte ich, ganz ähnlich wie die Kinder heute, die mit Panini-Alben groß werden, Fußballbildchen. So ein Tütchen war eine Riesensache, für mein normales Taschengeld von ein paar Groschen bekam ich gerade mal zwei davon. Aber an jenem Tag kaufte mein Vater mir sage und schreibe 20 Tütchen. Der Himmel tat sich auf! Dass jemand so viel Geld haben konnte, um so viele Bilder auf einmal zu kaufen, das wollte mir nicht in den Kopf! Zu Hause öffnete ich Tütchen für Tütchen, es hörte gar nicht mehr auf. Den ganzen Tag war ich damit beschäftigt, rund 100 Bildchen lagen auf dem Boden, ein Riesenschatz, der mich schier überwältigte. Ich war völlig überdreht. Diesen Augenblick überschäumenden Glücks habe ich für immer in meinem Herzen gespeichert. Das Gefühl: Mehr geht nicht, mehr kann ein Mensch nicht bekommen, mehr kann man nicht erreichen. Jedes Mal, wenn ich heute Eltern an der Supermarktkasse vor den Regalen der sogenannten Quengelware erschöpft mit ihren Kindern kämpfen sehe, weil die Kleinen einfach nicht einsehen wollen, warum sie das alles nicht jetzt sofort haben können, denke ich an diesen Tag zurück.

Generell ist die Anspruchs- und Erwartungshaltung an das eigene Konsumniveau heute eine andere, und das Verhältnis zu Geld und Schulden hat sich radikal verändert. Früher waren Kredite für den normalen Konsum praktisch tabu. Das machte »man« einfach nicht. Doch im Laufe der Jahre nach dem Zweiten Weltkrieg ging ein ganzes Volk in eine Art intensive kapitalistische Lehre und begann langsam zu verstehen, dass der Wirtschaftskreislauf auf dem ständigen Zufluss neuer Mittel beruht. Schulden sind ein wesentlicher Bestandteil dieses Kreislaufs, sei es als Investition in die Wirtschaft oder als Investition in den eigenen Verbrauch. Es scheint, als hätten alle diese Lektion nicht nur sehr gut verstanden, sondern wollten sie jetzt auch noch – typisch deutsch – radikal übererfüllen.

Heute nimmt jeder für alles einen Kredit auf, egal, wie seine tatsächlichen finanziellen Möglichkeiten aussehen. Wir sind das Land des Ratenkredits geworden, heute kaufen, heute genießen, zahlen irgendwann, wird schon klappen, irgendwie, toi, toi, toi. Selbst bei jungen Leuten nimmt eine generelle »Ich-habe-mir-das-jetzt-verdient-und-will-nicht-mehr-warten-müssen«-Haltung zu: Das Geld zum Abstottern kann ich doch noch die nächsten 45 Arbeitsjahre verdienen, also, was soll's? Ich will den Konsum JETZT, alles andere ist spießig und langweilig. Die Tendenz, das eigene Leben in unverantwortlicher Art und Weise aufzublasen – mit Eigenheim, Ferienwohnung, Weltreise, zu großem Auto oder Drittwagen –, ist weitverbreitet. Man verlässt den realistisch planbaren Bereich. Aber das stört niemanden. Solange es noch gut geht.

Mehr noch: Sie passt ins »Größer-weiter-steiler«-Wachstums-Evangelium, diese Haltung. »Ich kann gar nicht einsehen, warum ich am Zuckerguss der Welt nicht teilhaben soll. Ich will alles, und ich will es sofort.« Diese Einstellung wird auch noch politisch und medial befeuert: Mehr ist besser, Bescheidenheit ist altmodisch, wir brauchen Konsum und Wachstum! Wenn die Bevölkerung schon schrumpft, dann sollen aber wenigstens die Ausgaben der Verbliebenen explodieren. Wie soll das sonst funktionieren mit den Wachstumsraten, die wir alle brauchen, um auf diesem hohen Niveau weiter leben und klagen zu können?

Aber weil das alles ja dann doch irgendwie echtes Geld kostet, das sich nicht endlos vermehrt und nicht endlos zu leihen ist, müssen es eben immer mehr Schnäppchen und Billig-Outlets sein, um die Wünsche der Endlos-Shopper überhaupt noch erfüllen zu können. Auch daher resultiert die beklemmende »Geiz ist geil«-Atmosphäre, die nicht mehr nach dem Wert fragt, sondern nur noch nach dem »MEHR«, die uns permanent Angebote offeriert, denen niemand widerstehen kann. Gier und mangelnde Selbstbeherrschung sind heute integraler Bestandteil unseres Wirtschaftens und die Quelle unseres permanenten Finanzbedarfs, der uns wiederum in die Arme der Banken treibt, denen wiederum alle gerne eben jene Gier und Maßlosigkeit vorwerfen.

»Shopping« ist für viele ein legitimer Zeitvertreib, den meine Großmutter noch nicht kannte. Einkaufen nur aus Spaß? Aus Lust auf etwas Neues? Nicht, weil man etwas dringend braucht, sondern nur, weil es diese tollen Glückshormone produziert, die uns mit verklärten Augen durch die Auslagen eilen lassen? Das wäre dieser äußerst verantwortungsbewussten Frau nicht zu erklären gewesen. Man kann darüber streiten, inwieweit wir an dieser Stelle unserer gesellschaftlichen Entwicklung wirklich von »Fortschritt« reden können oder sollten.

Ohne falsche Sentimentalität lässt sich feststellen: Die Furcht und die Vorsicht, die das ökonomische Handeln unserer Eltern noch maßgeblich bestimmten, gilt heute nicht mehr als angemessene Handlungsmaxime. Einerseits ist die neue Unbeschwertheit zu begrüßen, andererseits führt sie bei nicht wenigen Menschen zu einer verantwortungslosen Sorglosigkeit und einer maßlosen Überschätzung der eigenen Kapazitäten. Der Risikolevel, auf den sich viele einlassen, ist für die meisten schlicht und ergreifend zu hoch.

Wenn Kredite plötzlich nicht mehr bedient werden können, weil das Schicksal in – gar nicht so abwegiger – Form von Jobverlust oder Unfall oder Scheidung einen Strich durch die Rechnung macht, ist das Geschrei meist groß. Oft funktionieren die privaten Finanzpläne nur, wenn alles optimal läuft, so unrealistisch und scharf sind sie kalkuliert. Aber das Leben verläuft meist nicht »optimal«. Und das ist kein Expertenwissen, das sagt einem der gesunde Menschenverstand – aber der setzt sich leider immer seltener durch. Die Folgen sind oftmals fatal. Die Stichworte heißen Schuldenfalle, Privatinsolvenz, Abhängigkeit, Pfändungen, Familiendramen, Depressionen – bis hin zum Selbstmord.

Aber wofür das alles? Der Konsumismus hat die Menschen unersättlich gemacht und verwehrt ihnen ein zufriedenes, ausgeglichenes Dasein im Hier und Jetzt. Er verstellt den Blick auf das Wesentliche und hindert uns daran, für andere da zu sein. Und doch entschädigt er anscheinend etliche Zeitgenossen für den weitverbreitet empfundenen Verlust der Sinnhaftigkeit ihres Seins. Und wann immer Zweifel an diesem Shop-til-you-drop-Lifestyle aufkommen mögen, brauchen wir nur in die bunten Klatschmagazine zu schauen, die das Feuer unserer Unzufriedenheit mit Leidenschaft am Köcheln halten, wird uns darin doch gezeigt, dass es andere noch viel heftiger krachen lassen. Eigentlich alle – und das überall. Paris Hilton oder Oprah Winfrey kaufen sich Handtaschen für Zehntausende von Euro? Toll. Warum soll ich mich dann einschränken?

Wir kennen heute von allem den Preis, aber von nichts den Wert. Wir jagen einer Schimäre hinterher, denn natürlich brauchen wir gar nicht immer noch mehr. Banker sind unsere willigen Helfer und mit locker vergebenen Konsumkrediten – auf dem Umweg über Kauf- und Versandhäuser – auch oft Anstifter dieser sinnlosen Jagd. Es ist Teil ihres Geschäftsmodells. Banker haben größtes Interesse am Wachstum der Wirtschaft, denn wenn der Rubel rollt, *wächst* die Wirtschaft, *wächst* die Bankenmacht. Das ist die Logik einer Welt, in der das Konsumniveau ein wichtiger, wenn nicht der wichtigste Gradmesser für Glück geworden zu sein scheint. Dabei wird eines stets vergessen: Konsum mag zu vielen Zielen führen, aber ganz bestimmt nicht zum Glück.

Auch wirtschaftlich bleibt dieser Weg zweifelhaft. Denn wenn der übersteigerte private Konsum, befeuert vom allzeit verfügbaren Ratenzahlungs-Leihgeld der Banken, einhergeht mit einer bedenklich übervorsichtigen Geldvergabe derselben Banken an kleine Betriebe, die ohne diese Geldspritze scheitern oder keine weiteren Arbeitsplätzen einrichten können, dann ist es mit der Nachhaltigkeit von Wachstum nicht weit her. Aber genau an diesem Punkt müssten Banken eigentlich Macht und Einsatz und Durchhaltevermögen beweisen – damit das große Kapitalismusspiel auf Dauer aufgeht.

3. Was muss sich ändern?

Die große Gier auf allen Seiten ist keine geeignete Grundlage für ein gesundes Miteinander, weder gesamtgesellschaftlich betrachtet noch in Bezug auf das sensible Verhältnis zwischen Banken und ihren Kunden. Wenn die Geldhäuser und ihre Verantwortlichen verlorenes Vertrauen zurückgewinnen wollen, sollten sie ein paar entscheidende Schritte auf ihre Kunden zugehen. Und zwar nicht nur in Hochglanzbroschüren und TV-Spots, sondern tatsächlich jeden Tag – vor allem dann, wenn es beim Kunden gerade mal nicht so gut läuft. Das ist der größte und dringendste Wunsch, den die meisten Menschen an die Geldinstitute haben. Oft geht es einfach nur um Fairness und Menschlichkeit: Nehmt euch Zeit für die schwierigen Fälle, hört in Ruhe zu, nehmt die Sorgen ernst, seid unbürokratisch und verständnisvoll, zeigt Herz und Verstand und beruft euch nicht bloß auf eure unverständlichen Allgemeinen Geschäftsbedingungen.

Die Banken müssen sich den überforderten und unzufriedenen Kunden noch viel stärker zuwenden. Dazu gehören sowohl besonders geschultes Personal, das die Kunden in komplizierte Finanzgeschäfte einführt, ja, *unterweist*, als auch eigene Anlaufstellen oder ganze Abteilungen zur Klärung von Konflikt- und Krisensituationen, wo man sich Zeit nimmt, einvernehmliche Lösungen sucht und – wenn es gar nicht mehr anders geht – entsprechende Anwälte empfehlen kann.

Die Geldhäuser sollten sich verpflichten, nicht nur *einen* Ombudsmann der deutschen Finanzwirtschaft zu präsentieren, sondern erst recht individuelle Lösungen für alle Problemkategorien – vor allem vor Ort – anzubieten.

Die Kunden wollen einfachere und transparentere Verträge ohne versteckte Winkelzüge – und bitte mit einem absoluten Minimum an Fachjargon, den sowieso niemand versteht. Sie wollen nicht wegen eines BGH-Urteils aus dem Jahre 2004 jederzeit von ihrer Bank unter Generalverdacht gestellt werden. Und sie wollen nicht unter Bergen von Dokumenten begraben werden. Sie wollen das Gefühl haben, dass ihr Vertrauen keine Einbahnstraße ist.

Der Staat sollte Banken, die er in schwierigen Zeiten mithilfe von Steuergeldern unterstützt, selbstverständlich keine üppigen Bonuszahlungen an ihre Manager erlauben. Aber auch Banken, die der Steuerzahler nicht subventioniert, dürfen gerne darüber nachdenken, wie es wirkt, wenn sie ihren Top-Leuten auch in Verlustjahren hohe Prämien zahlen, während der einfache Sparer mit lächerlichen Zinsen abgespeist oder bei der Überziehung des Kontos ausgebeutet wird. Diese Unart des legalen Raubs sollte sowieso entweder sofort freiwillig eingestellt oder im Zweifelsfall gesetzlich untersagt werden.

Seit vielen Jahren herrscht über eine Tatsache Konsens: Die meisten Deutschen sind finanzwirtschaftliche Analphabeten. Sie kennen sich mit Geldanlagen kaum aus und lernen selten dazu. Spätestens nach dem Schock des Absturzes der einst hochgejubelten »Volksaktie« der Telekom wurde nach kurzer Aktieneuphorie das Sparbuch wieder des Bundesbürgers einziges Finanzinstrument. Dazu kommt noch eine möglicherweise schlecht verzinste Lebensversicherung, das war's dann auch schon mit dem Vermögenswachstum im privaten Bereich. Damit werden die meisten im Alter nicht wirklich auskommen können. Jeder Einzelne muss sich deutlich stärker um seine finanziellen Dinge kümmern. Deswegen wäre es absolut sinnvoll, mit der finanzwirtschaftlichen Grundbildung in den Schulen zu beginnen und diese verpflichtend in alle Lehrpläne aufzunehmen.

Die Kunden wiederum müssen ihr Anspruchsdenken und ihren haltlosen Konsum grundsätzlich infrage stellen. Eine Gier, die sich immer nur an dem orientiert, was andere haben, nie aber an den eigenen realistischen Möglichkeiten, öffnet eine gefährliche Schere, die ganze Lebensplanungen zerschnippeln kann. Oft geht es bloß darum, sich selbst ein paar ganz einfache Fragen ehrlich zu beantworten: Was kann ich mir wirklich leisten? Brauche ich dieses oder jenes ernsthaft? Und schon wieder? Was passiert, wenn in den nächsten Jahren nicht alles glatt läuft? Bescheidenheit und Realismus liegen vielleicht nicht ganz im Trend. Aber das sind die Säulen, die auch in Zukunft sicher tragen werden.

Versicherungen: Vom freundlichen Herrn Kaiser zum eiskalten Gegner

1. War früher wirklich alles besser?

»Stell dir vor«, pflegte mein Vater zu sagen, »wir haben einen Unfall, schneiden dabei einen Lkw, der weicht aus und rammt dabei eine Scheune, und die geht anschließend in Flammen auf – was dann? Dann braucht man eine Versicherung, die alles bezahlt!« Logisch – da hat man nicht mal als Kind weitere Fragen, bis vielleicht auf die Überlegung, wie es wohl dem Lkw-Fahrer geht … Aber der Punkt ist: Es war sonnenklar, dass man einfach ein paar bestimmte Versicherungen hat, weil es ordentlich und vernünftig ist. Die Unwägbarkeiten des Lebens sollten einen nicht aus der Bahn werfen, denn – das hatte der Krieg gelehrt – man musste stets mit dem Schlimmsten rechnen, da wollte man gewappnet sein. Die Versicherung, dein professioneller Freund, der dir wohlwollend zur Seite steht und dich schützt. Eine Art partnerschaftliches Verhältnis. Niemals wäre es uns damals in den Sinn gekommen, ihnen unlautere Absichten zu unterstellen oder ihnen vorsichtshalber argwöhnisch zu begegnen – Versicherungen waren damals keine Gegner. Generell waren meine Eltern zutiefst davon überzeugt, dass es im Leben fair zugeht. Das mag sich heute sehr unbedarft und naiv anhören, aber das war die Basis ihres Denkens und Handelns.

Die Versicherer waren unscheinbare Gestalten in hellgrauen Anzügen mit unauffälligen Krawatten. Sie machten nicht viel aus sich als Person und wirkten, anders als die Bankmenschen, nicht wie Autoritäten. Während man dem Sparkassenmitarbeiter regelmäßig begegnete und er einem schon allein dadurch vertraut war, blieb der Assekuranz-Vertreter eher blass. Er kam nicht ständig vorbei, nur wenn er angerufen wurde oder ein neuer Vertrag abgeschlossen werden sollte. Das Unternehmen, das er repräsentierte, blieb sogar noch blasser, ohne besonderes Image, ohne besonderes Markenbewusstsein und ohne besonderen Eindruck – außer dass es groß war, ergo von keinem Sturm des Lebens umzuwerfen. Allerdings war der unscheinbare Vertreter ein wichtiger Mann, den es würdevoll zu behandeln galt als derjenige, der im Ernstfall zwischen uns und dem Koloss in seinem Rücken vermitteln würde. Wenn es zum Äußersten käme, er würde zu uns stehen und machen, dass alles wieder gut wird. Das war die Idee.

Wir hatten unseren ganz persönlichen Herrn Kaiser, wenn man so will. Ein Ansprechpartner für alle Versicherungen, der immer mal wieder zu uns kam – wie meine Eltern überhaupt für alle Angelegenheiten stets genau einen bestimmten Ansprechpartner hatten, was mir schon damals sehr raffiniert und schlau vorkam. Der saß dann ab und zu am Couchtisch meiner Mutter, trank Tee und sprach mit ihr die Dinge des Lebens durch: Was die Kinder so machen, ob der Hund brav sei, alles wurde angepackt, nichts blieb unerwähnt. Lag es an der Offenheit der Rheinländer? Oder an ihm persönlich? Oder an meiner Mutter? Ich weiß noch, wie seltsam ich diese Vertrautheit mit diesem ja doch fremden Menschen fand. Warum erzählt sie ihm das alles bloß, fragte ich mich jedes Mal. Aber wenn meine Mutter das so machte, musste das seine Ordnung haben, das war auch klar.

Meine Eltern hatten damals eine durchaus übersichtliche Anzahl an den damals üblichen Policen; eine Rechtsschutzversicherung zählte nicht dazu. Es gab die obligatorische deutsche Lebensversicherung, eine Versicherung fürs Haus, dazu eine Unfallversicherung, die über den ADAC abgewickelt wurde, sowie natürlich die üblichen Hausrat- und Haftpflichtversicherungen. Das wichtigste war die Krankenversicherung, da waren wir Kinder über die Eltern gesetzlich über eine große Ersatzkasse abgesichert. Als Kind fand ich den Namen sehr merkwürdig (was ersetzen die bei Kranken bloß?), aber das Kundenheftchen mit der Kinderseite versöhnte mich stets. Die »Kasse« war etwas völlig Normales, ohne irgendwelche Nachteile befürchten zu müssen.

Mein Vater sah sehr schlecht im Alter, musste diverse Herzoperationen über sich ergehen lassen und viele Medikamente nehmen – was versicherungstechnisch alles sehr geräusch- und problemlos über diverse Bühnen ging. In besonderen Fällen konnten meine Eltern ihre Ansprüche immer gut begründen und machten schon in ihren Anschreiben deutlich, dass sie durchaus in der Lage waren, auch kompliziertere Sachverhalte darzulegen, und dass sie die deutsche Rechtschreibung und Zeichensetzung wohl beherrschten. Ich bin der festen Überzeugung, dass diese Signale damals wie heute wirken: Der Angeschriebene wird sich dann eher respektvoll und vorsichtig verhalten, wenn er nicht den Eindruck hat, es mit jemand zu tun zu haben, mit dem er Schlitten fahren kann, der am Ende leichte Beute ist. Eine mangelhafte äußere Form dagegen wird den durchschnittlichen Unternehmensbürokraten darin bestärken, dass er sich hier leicht mit einem »Nein« aus der Verantwortung ziehen könne.

Das persönliche, über die Jahre gewachsene Verhältnis zum Versicherungsvertreter war ein wichtiges Pfund bei kleineren Problemen. Man kannte sich, man vertraute sich, und manches konnte deshalb ohne großen bürokratischen Aufwand geregelt werden. Wenn meine Mutter meldete, dass ihrem Mann beim Baden im Meer die Brille von der Nase gerissen worden sei, regelte unser Vertreter das auch mal eben so – frei nach dem Motto: Wir lassen auch mal fünfe gerade sein, das erleichtert uns allen die Arbeit. War man einmal Kunde, blieb man es für die nächsten 50 Jahre. Es bestand kein Grund für einen Wechsel, die Preise schienen überall gleich zu sein, und es gab auch keinen wahrnehmbaren Konkurrenzkampf zwischen den verschiedenen Anbietern. Die Versicherungswelt war ruhig, stabil, zuverlässig, man war fast geneigt, den Assekuranzen eine geradezu altruistische Absicht und Funktion zu unterstellen. Im Bewusstsein des normalen Bundesbürgers waren Versicherungen noch nicht angetreten, um ihren Gewinn zu maximieren. Im Gegenteil: Was für ein unerhörter Gedanke!

Wie die genau ihr komplexes Geschäft betrieben, welche Mechanismen da herrschten und was mit all den Beträgen wirklich passierte, das verstand man nicht, das fragte man sich nicht, das blieb im Dunkeln und interessierte nicht wirklich jemanden – außer vielleicht Spezialisten mit einer weltfremden Neigung zur Mathematik. Wenn man mitbekam, wie sich Assekuranzen vermutlich sehr teure und für die damalige Zeit sehr moderne Paläste in die Innenstädte stellten, auch und gerade in Köln, nahm man das eher wohlwollend als Zeichen ihrer enormen Finanzpotenz wahr, als ein beruhigendes Signal: Da weiß jemand offensichtlich, wie das Geschäft läuft, und kommt seiner Pflicht zur Anlage der Versichertengelder in Immobilien nach, gut so! Mehr brauchte man gar nicht zu wissen. Versicherungsinterna und generell Wirtschaftsthemen waren noch lange nicht so präsent im öffentlichen Bewusstsein wie heute. Und die Wirtschaftsseiten der seriösen Tagespresse waren sogar noch hermetischer, als sie heute teilweise noch sind: ein Leckerbissen für jeden Fachmann, ein überflüssiges Gräuel für jeden Laien. Mein Vater etwa liebte seine tägliche FAZ und ihren knochentrockenen Wirtschaftsteil. Mit dieser Lektüre begann er schon morgens vor dem Aufstehen. Was meine Mutter so manches Mal zu der nicht nur amüsierten Bemerkung verleitete: »Wenn ich mich jemals von eurem Vater scheiden lassen sollte, dann wegen des Geraschels mit seiner heiligen FAZ morgens im Bett!«

Das geschäftliche Leben eines jeden ordentlichen Bürgers bestand aus seinem Arbeitsplatz, den Banken, wo sein kleines, aber wachsendes Vermögen lagerte, und den Versicherungen, die dafür sorgten, dass die Risiken des Lebens kein wirkliches Risiko darstellten. Auf diesen drei Säulen stand das ökonomische Leben der jungen Bundesrepublik. Dort stand es sicher, alles war okay, man war gegen alle Gefahren und jede Unbill gewappnet.

2. Willkommen in der Realität!

Heute haben die allermeisten Menschen ein nicht gerade positives Bild von der Versicherungsbranche und ihren Vertretern. Was noch maßlos untertrieben ist. Das Kurzprofil der einst relativ seriös wirkenden Assekuranzen liest sich wie eine Aneinanderreihung von Verbraucherschutz-Albträumen: Versicherungen drücken sich, wie und wo es nur geht, vor ihrer Pflicht, finden immer wieder Gründe, warum sie in diesem ganz speziellen Fall nicht zahlen müssen. So war auch meine Mutter schwer erschüttert, als die Versicherung ihr eine entscheidende Leistung nicht zubilligte. Aus diversen Gründen hatte sie ein paar Mal die Beiträge zu einer Lebensversicherung nicht gezahlt. Nach Absprache, wie sie dachte – gegen die Vereinbarung, wie das Unternehmen es sah. Diese Lebensversicherung war Teil der ehelichen Altersvorsorge, mit der sie fest gerechnet und geplant hatte. Als die Summe dann ausblieb, war das nicht nur ein materieller Nachteil und sehr ärgerlich, sondern auch enttäuschend: Das abwehrende und rechthaberische Verhalten der Versicherung, der die Eltern so lange die Treue gehalten hatten, war ein Kulturschock für meine Mutter. Der zuverlässige Partner war weder zuverlässig, noch benahm er sich wie ein Partner. Damit hätte sie niemals gerechnet. Mittlerweile jedoch rechnen genau damit sehr viele, wenn nicht die meisten Bundesbürger, die beim Thema Versicherungen höchst argwöhnisch geworden sind. Die tagtäglich zehntausendfach gemachten schlechten Erfahrungen haben dazu geführt, dass »Versicherung« heute ein Schimpfwort ist – ein Schimpfwort, das noch viel gemeiner klingt als »Bank«.

Die Versicherungen selbst erkennen durchaus ein Imageproblem und versorgen die Welt deshalb mit immer neuen Umfragen zur allgemeinen Kundenzufriedenheit. Da kommt dann bei einem italienischen Versicherer heraus, dass »95,2 Prozent der Befragten ihre Versicherung ›freundlich und hilfsbereit‹« finden und eine »Mehrheit auch allgemein und im Schadensfall« zufrieden ist. Verbesserungsbedarf besteht allenfalls bei der »Verständlichkeit von Anschreiben und Infobriefen«. Und weil alle wissen, dass das Verhältnis zum Kunden vor allem vom Geld bestimmt wird, stellt das beauftragte Meinungsforschungsinstitut Emnid im Juli 2014 fest, dass sich »über die Hälfte der Deutschen ärgert über Versicherungen, die sie bezahlt, aber nie nutzt«. Daraus wird dann der Wunsch der Kunden abgeleitet, dass Schadensfreiheit belohnt werden müsse. Also Geld zurück, wenn nicht benötigt – der statistische Durchschnittsdeutsche wird sich freuen. Er gibt laut europäischem Versicherungsverband *Insurance Europe* jährlich 2219 Euro für private Versicherungen aus.

Heute hat jeder eine oder mehrere Geschichten parat, wie er von einer Versicherung hinters Licht geführt worden ist, wie die sich gegen die Inanspruchnahme ihrer Leistung gewehrt hat, wie sie unfreundlich und dreist jede Verantwortung an Verzögerungen von sich gewiesen und ihre Hände in Unschuld gewaschen hat – am besten noch mit dem zynischen Hinweis auf das bedauerliche Unverständnis des beschränkten Kunden, der offensichtlich nicht in der Lage war, die einfachsten Bestimmungen systemkonform zu interpretieren. Das heutige Image dieser Branche ist das Ergebnis einer Reihe von Enttäuschungen, die damit begann, dass Versicherungen allmählich oder plötzlich – so genau kann man sich gar nicht mehr daran erinnern – zu ganz normalen Unternehmen mutierten. Unternehmen, die nicht mehr unsere Partner sein und der Allgemeinheit dienen wollten, wovon wir naiverweise immer ausgegangen waren, sondern die unverhohlen anfingen, ihre eigenen Ziele konsequent zu verfolgen: Gewinnmaximierung, Shareholder Value, Marktanteile, Macht. Maximalen Profit aus jedem Kunden zu quetschen wurde zum gängigen Leitmotiv. Aber so hatten wir uns das wahrlich nicht vorgestellt. Waren das nicht eben noch unsere Freunde in der Not?

Versicherungen als Profitmaximierer, das war neu. Heute ist das normal. Die Großen der Branche wie Allianz oder Munich Re sind stolze

Mitglieder im exklusivsten Aktienclub der Republik, dem DAX-30. Die Welt ist nicht genug, hieß es einst bei James Bond. Das sehen unsere Assekuranzen ganz ähnlich. Die Allianz sponsert sehr auffällig und umfangreich eine der luxuriösesten und wahrscheinlich überflüssigsten Sportarten der Welt, die Formel 1 (die ich zugegebenermaßen selbst sehr spannend finde) – globaler geht es kaum. Oben Global Leader, unten Taubenzüchter im Schrebergarten mit kaputter Hüfte – man weiß nicht, ob irgendein Unternehmen diesen gesellschaftlichen Spagat wirklich hinbekommen kann. Als Kunde fragt man sich auch sofort: Was bringt es mir eigentlich, wenn die Vorstände sich wie die kleinen Buben freuen, da oben mitspielen zu dürfen? Es kann doch nicht nur darum gehen, dass die Versicherungen ihr tolles Bilanzergebnis um noch eine Null erweitern. Was machen die eigentlich mit dem ganzen Geld, wem nutzt das wirklich? Wo führt sie hin, diese Gier nach immer mehr? Zu besseren Versicherungen anscheinend nicht.

Die Liberalisierung des Versicherungsmarktes hatte zwei Auswirkungen: Für uns Verbraucher wurde es scheinbar billiger. Während umgekehrt für die Gesellschaften selbst die Intensität des Wettbewerbs drastisch zunahm, der Kampf um jeden Kunden und um die Marktanteile immer härter und verbissener geführt wurde. Meist über den Preis, nicht über das Produkt, also die jeweiligen Versicherungen. Die grassierende Schnäppchenjäger-Mentalität muss bedient werden. Der Markt will es so. Die Verbilligungen werden zwar einerseits durch interne Sparmaßnahmen und größere Effizienz der einst satten, schwerfälligen Konzerne erreicht, andererseits aber auch durch gezielte, möglichst unauffällige Leistungskürzungen. Der Kunde wird in Sicherheit gewiegt: umfassende Absicherung zu diesem sensationellen Preis. In Wahrheit hat er auf endlos langen Seiten unterschrieben, dass bedeutende Anspruchsfälle gar nicht mitversichert sind. Diese Verträge wirken teilweise wie geplante Hinterfotzigkeiten, auf die Versicherungsmathematiker und Textformulierer ihre ganze Energie konzentriert haben, um die treudoofen

Versicherten um exakt das zu bringen, weswegen sie sich überhaupt an die Versicherungsgesellschaft wenden.

Genau diese immer zahlreicheren, komplizierteren und undurchsichtigeren Verträge für alles und nichts sind es, die neben dem Preiskampf und der generell härteren Konkurrenz die Kunden verunsichern. Und immer mehr Anbieter mischen mit: Bei der Buchung einer Reise wird eine Reiseversicherung angeboten (die am besten eine Auslandskrankenversicherung umfasst und, warum nicht, eine Kofferbeschädigungs-plus-Verlustversicherung), eine Reiserücktrittsversicherung sowieso und bisweilen auch eine Versicherung gegen Reiseabbruch, wobei man nicht so genau weiß, wo der Unterschied liegt, aber das wird dem Reisenden im Schadensfall schon ganz schnell klargemacht. Dabei *hat* man das alles oder das meiste davon schon, nämlich über die Kreditkarte von der Bank. Wo überlappen sich die vielfältigen Leistungen, wo nicht, und was braucht man eigentlich wirklich (noch)? Der Überforderung sind keine Grenzen gesetzt.

Das Internet verschärft die Lage zusätzlich. Auch wenn es auf den ersten Blick einfacher und übersichtlicher wirkt, ohne den ganzen Papierkram, ohne psychologischen Druck, den Dampfplauderern unter den Versicherungsvertretern widerstehen zu müssen und nicht bloß aus Nettigkeit doch noch einen weiteren überflüssigen Vertrag zu unterzeichnen. Aber in der Stille des heimischen Wohnzimmers vor dem Bildschirm hat man natürlich auch keine Möglichkeit zum Nachfragen, kann sich nicht rückversichern, dass man auch wirklich alles verstanden hat, es fehlt das beruhigende Gefühl des Maklers meines Vertrauens, der da ist, den ich einschätzen kann. Stattdessen verlassen sich viele auf die Empfehlungen von Freunden oder Foren, in denen sich all die anderen Laien austauschen. So groß die Auswahl, so viele potenzielle Fehlerquellen – kein Wunder, dass das Thema Versicherungen die Menschen so nervt. Das Ergebnis ist ein grundsätzliches Misstrauen. Das Gefühl: Ja, du brauchst Versicherungen, ohne geht es nicht, aber es ist völlig klar –

im Schadensfall werden sie dir nicht helfen, sondern dir blöd kommen. Falls dann doch alles reibungslos klappt, dann ist das der reine Zufall und ganz bestimmt nicht Absicht gewesen.

Die Fallstricke liegen schon beim Abschluss der Versicherung aus. Bei einer privaten Krankenversicherung zum Beispiel kommt ja kein Arzt, sondern wieder so ein Mensch im grauen Anzug, der einen nach allen Vorerkrankungen fragt. Man kennt den nicht, man weiß gar nicht, wer dieser Smalltalk-Champion wirklich ist, soll ihm aber mal eben das intimste Vorleben ausbreiten – das ist kein leichtes Unterfangen. Zumal man garantiert irgendwo aus Versehen immer ein Detail übersieht oder vergisst, aus dem sie einem später einen Strick drehen werden.

Einer unserer Zuschauer berichtete uns über einen schweren Burn-Out, der zu heftigsten Depressionen führte, in deren Verlauf er seinen Arbeitsplatz verlor und komplett abzustürzen drohte. Als er seine Versicherung in Anspruch nehmen wollte, forderte die ihn auf, noch einmal den Weg in den Burn-Out zu schildern. Aufrichtig, wie der Mann war, erwähnte er auch den heftigen Liebeskummer, den er lange Zeit zuvor gehabt und von dem er sich kaum erholt habe. Zack, da hatten sie ihn! Ach, schwerer Liebeskummer? Kein Wunder, dass es in der Folge zum Burn-Out kommen musste. Der Liebeskummer wurde als unerwähnte »Vorerkrankung« eingestuft – und der Mann bekam kein Geld!

Eine ähnliche Variante kommt bei Lebensversicherungen immer wieder vor: Zufälligerweise war ausgerechnet gerade die konkrete Todesursache des lieben Angehörigen nicht mitversichert. Ergo: kein Geld. Das Elend, das solche Entscheidungen nach sich zieht, ist unbeschreiblich.

Krankenkassen orientieren sich bei der Beurteilung, welche Behandlungsformen und Operationen als Standard gelten, grundsätzlich am Leistungskatalog des Bundesamts für Arzneimittel und Medizinprodukte. Im Einzelfall aber hinkt diese Liste der gängigen modernen Praxis teilweise um Jahre hinterher. Die Krankenversicherer haben im Rahmen einer Einzelfallentscheidung zwei Möglichkeiten: Sie können sich entweder an dem Katalog orientieren oder einer anderen individuelleren Behandlungsform den Vorzug einräumen. Trotzdem: Die einfachste und kurzfristig billigere Variante ist leider auch hier meist das obligatorische bürokratische »Nein!« mit Verweis auf den Katalog.

Wir bekamen in der Redaktion Kenntnis von dem dramatischen Fall einer Frau mit einem ungewöhnlichen Tumor um die Halsschlagader herum, den man unter normalen Umständen nicht hätte operieren können. Ihr Arzt fand jedoch heraus, dass man diesen riskanten Eingriff durchaus wagen könnte – mit einem hochmodernen Werkzeug namens »Cyberknife«. Er machte sogar ein Krankenhaus ausfindig, das diese OP für maximal 9000 Euro durchführen würde. Es ging um das Leben der Frau, aber ihre Krankenkasse sagte erst einmal »Nein«, obwohl der Tumor anders nicht zu beseitigen war! Aber: Diese OP stand eben nicht im Katalog. Als normaler Mensch fragt man sich bei diesen und anderen Fällen immer nur: Kann man sich nicht vernünftig an einem Tisch zusammensetzen und darüber reden? Was sind das für Entscheidungen hinter verschlossenen Türen in einer Situation, in der der Patient doch ohnehin schon am Boden liegt? Wo bleibt da der gesunde Menschenverstand, wo bleibt das Herz?

Der Grund für die oft unsinnige Beschränkung von Krankenkassenleistungen ist also besagter Katalog. Was nicht drin steht, wird nicht genehmigt, obwohl das sogar Geld sparen könnte. Sagen wir, eine bestimmte Hüftoperation ist für bestimmte Patienten nicht vorgesehen, auch wenn dadurch enorme Folgen wie Haltungsschäden, Schmerzen und Therapien und damit verbundene Folgekosten vermieden werden könnten: Die 8000-Euro-OP würde langfristig in der Summe wohl 50 000 Euro sparen. Aber da diese Leistung nicht im Katalog steht, der medizinisch betrachtet, den *state of the art* festschreibt, wird die OP nicht gestattet, werden die Kosten nicht übernommen. Das *kann* niemand verstehen. Aber die Beharrungskraft des bürokratischen Versicherungsapparates ist gewaltig und macht tatsächlich eine nach menschlichem Ermessen »vernünftige« Entscheidung unmöglich. Das ist kurzsichtig, unverständlich und äußerst kontraproduktiv.

Dramatisch wird es bei alten Menschen, die kaum noch in der Lage sind, bei dem ganzen Papierkram durchzublicken. Wir sind zum Glück noch nicht so weit wie in Großbritannien, wo es ab 75 keine künstlichen Hüftgelenke und ab 80 keine neuen Zähne mehr gibt, weil sich das irgendwie nicht mehr lohnt. Allerdings sind wir davon auch nicht mehr allzu weit entfernt. Eine sehr alte Tante von mir hatte schon eine neue Hüfte, ein neues Kniegelenk – und erkrankte schließlich an einer Spinalkanalstenose, die ihr das Gehen nach wenigen Metern unmöglich machte, weil diese sogenannte Schaufensterkrankheit so schmerzhaft war. Ihre Ärzte im Ruhrgebiet sagten der alten Dame: Da kann man nichts machen, das lassen wir so. Das konnte ich mir beim besten Willen nicht vorstellen. Wieso sollte im Jahr 2014 jemand mit Schmerzen leben müssen? Wir haben sie dann nach Berlin geholt, hier untersuchen und anschließend operieren lassen. Schon am nächsten Tag stand sie mit ihren 88 Jahren wieder huldvoll winkend am Krankenhausfenster. Ein kleiner Schnitt an zugegebenermaßen nicht ungefährlicher Stelle, das war es gewesen. Andernfalls hätte sie weiter gelitten und wäre wahrscheinlich bald im Rollstuhl gelandet. Nur damit ihre Kasse sich den Eingriff spart. Das hinterlässt einen bitteren Nachgeschmack und schafft nicht unbedingt mehr Vertrauen.

Oder nehmen wir die Krankheit Lipödem, über die wir in *akte* oft berichtet haben, eine Geißel Zehntausender Frauen. Dabei handelt es sich um eine Fettverteilungsstörung, die meist Po und Beine, seltener auch die Arme immer dicker werden lässt. Sport geht kaum, über die Ernährung ist nur wenig Besserung zu erzielen. Die Frauen leiden nicht nur unter den täglich anzulegenden Kompressionsstrümpfen, sie leiden vor allem auch psychisch unter dieser offenbar unumkehrbaren körperlichen Veränderung. Was für eine Belastung für eine junge Frau, wenn sie im Internet nachsehen kann, wie sie 15 Jahre später aussehen wird – von den unerträglichen Spannungsschmerzen in den wie ausgestopft wirkenden Extremitäten ganz zu schweigen! Spezialisten sagen: Der einzige wirklich hilfreiche Weg ist die Liposuktion, eine Fettabsaugung, wie Schönheitschirurgen sie im Standardprogramm haben. Zu so etwas sagen die Kassen aber so gut wie immer »Nein«. Damit muss eine zur OP entschlossene Frau rechnen, also muss sie die beim ersten Antrag abgelehnte Bitte um Kostenübernahme neu einreichen, neu anfragen. Das Ergebnis ist fast immer dasselbe. Entscheiden sich die Betroffenen dann dafür zu klagen, liegt meist ein langer, steiniger, zermürbender Weg vor ihnen – den die Versicherungen von vornherein für jeden Konfliktfall einzuplanen scheinen. Sie spielen oft auf Zeit, spekulieren eiskalt darauf, dass ihre Schutzbefohlenen entnervt aufgeben, sich langwierige Auseinandersetzungen sowieso nicht leisten können, juristischen Ärger überhaupt scheuen oder – je nach Krankheit und Alter – gar vor Beendigung der Streitigkeiten sterben. Für die Versicherer lohnt sich das fast immer, wenn sie mit einem Bruchteil der ursprünglich aufgerufenen Summe aus dem Streit herauskommen. Das ist perfide, aber sehr effektiv. Das schüchtert die Patienten ein, so kriegen sie ihre Kunden klein. Das Beispiel der Lipödem-Frauen zeigt, dass schließlich viele auf die OP verzichten, die ihnen helfen würde. Oder sie zahlen selbst.

Die Lebensversicherung ist der Deutschen liebstes Kind in Sachen Altersvorsorge. Das Vertrauen in Lebensversicherungen ist in den vergangenen Jahren jedoch nachhaltig erschüttert worden. Was nicht wirklich die Schuld der Versicherer ist, sondern der Finanzmärkte und der Niedrigzinspolitik – doch so oder so sind die Folgen eklatant: Durch die permanente Absenkung der Überschussbeteiligung (also jenem Teil der Zinsgewinne, welche die Versicherung mit den an sie gezahlten Beiträgen gemacht hat und die an die Versicherten ausgekehrt werden sollen) kommen für Millionen von Menschen am Ende deutlich niedrigere Summen heraus, als einst in Aussicht gestellt. Wer mit dem ursprünglichen Wert seinen Lebensabend oder seinen Immobilienerwerb kalkuliert hat, der schaut plötzlich in eine ganz schön düstere Röhre.

3. Was muss sich ändern?

Das Angebot der Versicherungen ist so unübersichtlich, wie ihre Allgemeinen Geschäftsbedingungen unlesbar sind. Aber manchmal ist alles ja auch ganz einfach. Man muss sich nur auf längst vergessene oder verschüttete Grundlagen besinnen. Wir erwarten von unseren Versicherungen keine Fürsorge – das war vielleicht mal so, aber das ist vorbei. Doch wir verlangen von unseren Versicherungen Fairness. Wir zahlen jahrelang unsere Beiträge, und wenn es darauf ankommt, müsst ihr eben zahlen. Ohne Trickserei, ohne fiese Fallstricke, ohne uns über den Tisch zu ziehen. Wenn wir uns gegen Unfälle versichert haben, dann zahlt auch gefälligst, wenn wir einen Unfall haben. Und verschwendet nicht Energie und Mühe darauf, mir zu beweisen, dass genau dieser Unfall leider nicht abgedeckt war. Für mich da sein, wenn es knallt – das ist für mich Fairness, wenn es um das Verhältnis einer Versicherung zu ihrem Kunden geht. Das ist das, was Millionen von Menschen in diesem Land vermissen. Und das, liebe Versicherungen, sollte euch wirklich zu denken geben.

Aber auch wir, die Versicherten, müssen uns an die eigene Nase fassen, wenn in den oben erwähnten jährlichen Meinungsumfragen etwa das herauskommt: »76 Prozent der Versicherten wollen bei persönlicher Versicherungs- und Vorsorgeberatung geringeren Zeitaufwand« (ermittelt durch YouGov). Wie soll das bitte gehen? Nur wenn wir ernster und verantwortungsvoller mit uns selbst und unseren Lebensrisiken umgehen, wenn wir uns intensiver kümmern, können wir auch erwarten, dass die Dienstleister, die wir uns ins Boot holen und bezahlen, das Maximum für uns tun – oder zumindest das, was *wir* als fair empfinden.

Versicherungen wiederum müssen aufhören, in Konfliktfällen so hemmungslos und durchsichtig auf Zeit zu spielen. Jeder Fall sollte innerhalb einer festgelegten Frist abgewickelt werden müssen. Zudem muss die Hürde der Widerspruchsgründe, die der Versicherung hilft, um ihre Zahlungspflicht herumzukommen, eine deutlich höhere werden. Der Gesetzgeber muss dafür sorgen, dass in den Angeboten einer Versicherung – wie etwa einer Lebensversicherung – bestimmte existenzielle Standardbausteine verpflichtend enthalten sind. Dadurch würde sich die Anzahl von Mogelpackungen deutlich verringern.

Bei privaten Krankenversicherungen sollte die Krankheitsvorgeschichte vom Hausarzt aufgenommen werden, nicht vom Versicherungsvertreter.

Der Staat muss die Versicherungsunternehmen deutlich strenger an die Kandare nehmen und für mehr Transparenz und »Fair Play«-Regeln sorgen. Die Möglichkeiten der Assekuranzen, sich aus der Verantwortung zu stehlen, müssen radikal beschnitten werden. Das ist die Aufgabe des Gesetzgebers, allein mit Selbstverpflichtungen kommen wir hier offensichtlich leider nicht weiter. Der Druck des Wettbewerbs und der Shareholder wird die Vorstände stets in eine Richtung treiben, die nicht unbedingt im Sinne der Kunden liegt.

Natürlich müssen auch Versicherungen Gewinn machen, alles andere wäre unrealistisch und auch gefährlich naiv. Aber sie dürfen sich durchaus die Frage stellen, ob sie nicht das letzte Prozent Gewinn einfach mal den anderen überlassen können, um sich selbst eher durch ein spürbares Mehr an Fairness zu profilieren. Grundsätzlich arbeiten in den großen und kleinen Häusern ja Menschen, die eigentlich wissen, was sich da draußen alle wünschen, und die eigentlich auch wissen, wie es umzusetzen wäre. Das ist ja das Ärgerliche. Alle wünschen sich eine transparente, ehrliche Versicherung, deren Policen praktisch auf den berühmten Bierdeckel passen und bei der sie sich gut aufgehoben fühlen. Klar und einfach beim Vertragsabschluss, zuverlässig und zuvorkommend im Schadensfall, vertragstreu bei Zahlungen, gerecht und fair im Konfliktfall. Warum nicht einfach mal den ersten Schritt wagen? Ich bin mir sicher: Die Versicherung, die diesen ersten Schritt geht, wird langfristig auch ihre Controller und Investoren glücklich machen, weil es sich nicht nur menschlich, sondern auch ökonomisch auszahlen wird: Image- und Umsatzgewinn durch Fairness!

Behörden: Von strengen Staatsdienern und Bremsern in kurzen Hosen

1. War früher wirklich alles besser?

Schon in der Schule bekam ich eine recht genaue Vorstellung davon, wie ein perfekter Beamter zu sein hatte. Auf dem humanistischen Gymnasium befassten wir uns längere Zeit mit einem herausragenden Stadtkämmerer im antiken Sparta, der im 5. Jahrhundert vor Christus zu Zeiten des berühmten Alkibiades tätig war und mir sehr imponiert hat. Denn er hatte sich nicht wie seine Vorgänger die eigenen Taschen vollgestopft, sondern die Finanzen der Stadt saniert und sich nach seinem Tod bescheiden in einem Armengrab beisetzen lassen. Alles für den Staat, alles für das Gemeinwohl, ein ganzes Leben für die Res Publica. So viel Hingabe hat mich damals geradezu gerührt.

Im echten Leben erschien mir der Beamte als Autorität, die Personifizierung des Staates. Pflichtbewusstsein, Treue, Unparteilichkeit und Unbestechlichkeit waren seine vornehmsten Eigenschaften, ganz dem preußischen Ideal des Staatsdieners verpflichtet. Ich erinnere mich noch an die Amtsstuben mit der schwarz-rot-goldenen Fahne neben dem umrahmten edlen Antlitz des gerade amtierenden Bundespräsidenten – eine würdevolle, angemessene Atmosphäre, so kam es mir bei meinen ersten Besuchen »auf dem Rathaus« vor. Der Staatsangestellte ließ in unmissverständlichen Worten wissen, welche Dokumente in diesem oder jenem Antragsfall beizubringen seien, und meine Mutter schrieb sorgfältig mit, um ja keinen Fehler zu machen. Doch die Autorität hatte auch Schattenseiten: Der Gang zum Amt war immer mit völlig sinnlos erscheinenden, demütigenden Warteritualen auf langen, stets eigenartig riechenden Fluren verbunden. Hin und wieder musste man zu einem verborgenen, irgendwie immer weit entfernten Kassenzimmer gehen, warten, Geld einzahlen, zurückeilen, nur um erneut ergeben zu warten. Eine insgesamt unheimliche, undurchschaubare Prozedur, von der man augenblicklich annahm, dass sie in jedem Fall besser und effizienter zu organisieren wäre – wenn auch möglicherweise nicht mehr in diesem Leben.

Die Eigenheiten der Behörden nahm man klaglos hin. Als besonders wichtiges Accessoire für die richtige Atmosphäre hier empfand ich die Aktenberge. Riesige, staubige Aktenordner oder besser noch: mit Riemen zusammengehaltene Papierkonvolute auf den dafür vorgesehenen Aktenböcken. Je höher, desto wichtiger. Erstaunt beobachtete ich das ständige Hin- und Hergeschiebe dieser Stapel, dessen Zweck nie so recht einleuchten wollte. Genauso wenig wie die Tatsache, dass es niemals sofort Antworten auf die eigenen Fragen gab, nicht gleich, nicht am nächsten Tag, sondern geradezu rituell immer nur in einer fernen, unbestimmten Zukunft, in Wochen oder Monaten – wenn alles gut gehen würde. Das war nicht schön, aber niemand stellte es ernsthaft infrage, das gehörte eben dazu, zu dieser großen, muffigen Blackbox namens Bürokratie. Instinktiv begriff ich all das als eine Form der sehr bewussten Selbstinszenierung, die in ihrer Absurdität und ihrer planmäßigen Undurchschaubarkeit offensichtlich Teil des eigenen Welt- und Berufsbildes war. Denn diese Show führte automatisch zu einer eigenartigen Distanz und zugleich Überhöhung der Beamten.

Wie man hoheitlich abgehobene Kräfte ganz schnell erden kann, zeigte mir meine Mutter sehr eindrucksvoll. Sie konnte früher noch schneller reden als ich selbst und setzte diese Fähigkeit gezielt als Waffe ein im Kampf gegen den ihrer Ansicht nach zu trägen Amtsschimmel. Manchmal bekam ich mit, wie sie am Telefon unerschrocken und vehement gegen die Schnarchigkeit des Kölner Tiefbauamtes anritt. Wir hatten in meinem Elternhaus nach starkem Regen öfters einen Wasserschaden, dessen Ursache in städtischen Rohrleitungsarbeiten lag. Die hatten in der Nähe stattgefunden, waren aber – wie meine Mutter triumphierend bei einer von ihr erzwungenen Neuöffnung der Baugrube herausgefunden hatte – nicht ordentlich zu Ende geführt worden: Das Regenwasserrohr war nicht angeschlossen, es endete im Nichts. Kein Wunder, dass sich der Starkregen regelmäßig bei uns im Keller wiederfand. Bis das klar war, hatte meine Mutter jedes Mal, wenn es anfing zu schütten, sogleich bei den entsprechenden Stellen angerufen, um sich prophylaktisch zu beschweren und sehr eindringlich unmittelbare Hilfe einzufordern. Das machte sie auf so hinreißende, überzeugende und keinen Widerspruch duldende Art, dass die auf dem Amt wahrscheinlich immer schon alle in Deckung gingen, wenn die notorische Frau Meyer mal wieder bei Regen durchklingelte. Bei dieser Gelegenheit bombardierte meine Mutter die armen Verantwortlichen am anderen Ende der Leitung mit einer verbalen Maschinengewehrsalve, holte kaum Luft und gab niemandem je die Möglichkeit, darauf wirklich etwas zu antworten oder sich gar zu rechtfertigen. Zwischen den einzelnen Wörtern und Sätzen ließ sie keine Lücke, in die ein anderer hätte hineingrätschen können. Praktisch aus Notwehr versprachen die eingeschüchterten Beamten schließlich Hilfe und schickten einen ganzen Bautrupp vorbei. Wahrscheinlich wirklich nur aus Angst, diese ungestüme Frau Meyer würde ihre Drohung wahr machen und am nächsten Tag auf jeden Fall wieder anrufen oder am Ende persönlich vorbeizuschauen, sollte sich nichts getan haben: »Ja, Frau Meyer, wir kommen sofort raus und graben das auf!«

Das war sehr eindrucksvoll und eine doppelte Lehre fürs Leben. Das nicht angeschlossene Rohr zeigte, dass man im Umgang mit Ämtern immer mit allem, auch mit dem Unvorstellbarsten rechnen muss. Und ich merkte mir: Die musst du manchmal zum Jagen tragen. Dabei darfst du dich nicht beirren lassen, musst entschlossen sein um jeden Preis, darfst nie nachlassen, keine Schwäche zeigen und keinesfalls zögern. Wenn es sein muss, starte einen entschlossenen Verbalangriff, quatsche sie sehr freundlich und noch sehr viel bestimmter zu, gib ihnen keine Chance zur Widerrede, sei ein bisschen autoritär – das führt zum Erfolg. Zumindest bei meiner Mutter.

In den ersten Jahren als junger Zeitungsjournalist gewann ich jedoch einen ganz anderen Eindruck von der Politik im Rathaus, da ließ sich niemand mehr bequatschen und gegen seinen Willen antreiben. Die Verwaltungsbeamten, insbesondere die Verwaltungsjuristen, empfanden sich als des Göttlichen teilhaftig. Sie fühlten sich ohne falsche Bescheidenheit als die Schlauesten und eindeutig Besten ihrer Profession. Und das ließen sie gerne auch die Kommunalpolitiker spüren, die erstmals ins Rathaus gewählt worden waren und sich nun zurechtfinden mussten – zwischen dem, was sie politisch anstrebten, und dem, was die hohen Beamten längst »verwaltungsseitig« beschlossen, vorbereitet und unumkehrbar ins Werk gesetzt hatten. Dieses hochtrabende Gefühl der Überlegenheit pflanzte sich selbst bis in die letzte kleine Amtsstube fort, sodass die Beamten hier wie ihre selbstbewussten Dienstherren auftraten – geschützt von der ewigen heiligen Dreifaltigkeit des wahren und einzigen Beamtengesetzes: Da kann ja jeder kommen, das haben wir schon immer so gemacht und – der Frage aller Fragen – bin ich überhaupt zuständig?

2. Willkommen in der Realität!

Die Klagen über Staatsdiener sind so alt wie der Berufsstand selbst. Sie waren stets hoch angesehen und verachtet zugleich. Durch ihre besondere Stellung, durch die Insignien der Macht, durch die Nähe zur Macht und durch die Macht, die sie konkret ausüben können, ziehen sie automatisch Achtung, Argwohn oder die Wut der Bürger auf sich – je nach Funktion oder Amt. Der Polizist, der einen schützt, genießt grundsätzlich höchstes Ansehen, das Bauamt, das einem das Leben regelmäßig zur Hölle macht, eher weniger.

Die Erwartungen sind extrem hoch. Die Vorstellung von bzw. der Wunsch nach dem selbstlosen Beamten, der nur dem Gemeinwesen und sonst nichts und niemandem verpflichtet ist, der die Interessen aller über seine persönlichen stellt und dabei stets Herz und Augenmaß zeigt, ist tief in uns verankert. Ebenso wie unsere Hoffnung auf einen Staat mit menschlichem Antlitz, der in Person des Beamten auf direkteste Art und Weise erfahrbar wird. Er soll alle gleich behandeln, die Regeln für alle durchsetzen und gleichzeitig in der Lage sein, auf individuelle Bedürfnisse individuell einzugehen. Folglich ist das Entsetzen umso größer, wenn uns der Staatsdiener nicht als freundlicher, fürsorglicher Vertreter unseres Gemeinwesens entgegentritt, sondern als kalter, griesgrämiger Hinausschieber, als umständlicher Aktenhuber und Paragrafenreiter oder auch als autoritärer Rechthaber, der mit geradezu böser Lust seine Macht ausspielt und uns das Fürchten lehrt.

Das ist besonders erschreckend, wenn wir uns vor Augen halten, dass Deutschland nach wie vor höchst korrekt und sauber durchreguliert ist. Und dass die Behörden und ihre Beamten auf den verschiedenen Stufen unseres Staatswesens über die Einhaltung und Durchsetzung von 246 944 Vorschriften, Gesetzen und Verordnungen wachen – wie die *Bild am Sonntag* im Herbst 2014 ausgerechnet hat. Und genüsslich zitiert das Blatt Bürokratie-Absurditäten wie die Apothekenbetriebsordnung, die Zahlungsdienstleistungslizenz, die Betriebserlaubnis für die Kinderbetreuung in Büros. Wo solche Sprachmonster leben, da sind noch viele, viele mehr …

Die innere Logik der Bürokratie ist des Bürgers größter Feind, weil sie bei allen Anfragen und Anträgen wie automatisch zu einem absehbaren und trotzdem frustrierenden: »Nein!« zu führen scheint. Denn das »Nein« ist auf allen Ebenen der Verantwortlichkeit die sicherste Lösung. Damit machen die Entscheidungsträger im gefühlten Durchschnitt die wenigsten Fehler und handeln sich behördenintern die geringsten Schwierigkeiten ein. Das ist für den Beamten, der seine eigene Karriere optimieren will, ein großer Anreiz – leider zum Nachteil seiner Schutzbefohlenen, nämlich uns, der Bürger. Ablehnen, abwimmeln, abprallen lassen, auf Paragrafen verweisen – das ist kurz unangenehm, aber dann herrscht auch wieder beruhigende Ruhe auf den Fluren. Wer sich dagegen als Beamter *für* etwas entscheidet, wer etwas zulässt, der geht ein nicht unerhebliches Risiko ein. Wer weiß, was sich selbst überlassene Bürger mit einem einmal erteilten Ja so alles anstellen? Also: lieber nicht. Ganz nach dem alten Witz: Wie geht Beamten-Mikado? Wer sich zuerst bewegt, hat verloren.

Aber das liegt nicht bloß daran, dass sich vielleicht nicht gerade die unternehmungslustigsten »Springinsfelde« der Nation eine Beamtenlaufbahn aussuchen. Der Fairness halber muss man hinzufügen: Diese Gesetzmäßigkeit gilt für jede Art von Bürokratie, nicht nur für die Staatsdiener in den Amtsstuben. Jeder Mitarbeiter eines großen Unternehmens weiß davon ein Lied zu singen. In vielen Büros von Unternehmen wie Siemens oder der Telekom oder der Allianz ist die Mentalität um keinen Deut besser, und auch viele Konzernmanager arbeiten nach der Devise: Lieber nicht auffallen, keine Fehler machen, wegducken.

Weil eine Entscheidung grundsätzlich mit dem gewissen Risiko behaftet ist, die falsche zu sein, schiebt man sie lieber auf die lange Bank. Vielleicht regelt sich alles wie von Geisterhand von selbst, vielleicht entscheidet dankenswerterweise jemand anderer für einen, vielleicht ist später (hoffentlich!) alles schon zu spät – und man selbst um eine kniffelige Frage herumgekommen. Nur so kann man sich die absurde und alle Menschen extrem frustrierende »Wiedervorlage«-Praxis der Ämter letztlich erklären. Warum nicht sofort entscheiden? Warum nicht morgen nachfassen? Was soll in acht Wochen anders sein als heute? Man weiß es nicht, man versteht es nicht, es wird einem in den seltensten Fällen plausibel erläutert.

Doch das universale »Nein« ist nicht das einzige Bollwerk, hinter dem sich die Bürokratie vor den Ansprüchen und Fragen des Souveräns versteckt. Genauso beliebt ist das »Wir sind nicht zuständig«. Die erste

Pflicht mancher Beamter scheint es zu sein, Verantwortung zu bekämpfen, wo immer sie ihr unbequemes Haupt sehen lässt. Verantwortung als permanente Bedrohung, die es abzuwehren gilt. Ablehnen, wegschieben, leugnen. Wer Verantwortung einfordert, muss ein Feind sein. Meistens ist es ein Bürger. Also ist der Bürger ein Feind. Und als solchen behandeln ihn die aufgescheuchten Beamten.

In meiner TV-Sendung *akte* haben wir über Jahre hinweg viele Fälle von Leuten recherchiert, die Unfälle hatten, weil die Straßen ihrer Kommune Schäden aufwiesen. Die Fahrbahn war brüchig, überall Schlaglöcher, es kam zu Sachschäden und erheblichen Verletzungen. Wenn die Anwälte der Geschädigten sich meldeten – bitte, liebe Stadt, übernimm die Kosten für die Autoreparatur, für die Heilung, und lass dich in Regress nehmen für die Krankenkasse –, hörten sie oft bloß: Loch? Was für ein Loch? Das haben wir noch nie gesehen! Das war bei unserer jüngsten, wohl dokumentierten und vielfach bezeugten persönlich-amtlichen Begehung noch nicht ansatzweise auszumachen! Dabei reden wir hier über Löcher so groß wie kleine Krater, in denen ganze Fahrräder verschwinden, Mopeds sich überschlagen, Autos sich ihre Achsen ramponieren können. Das sind Straßenschäden, die keinesfalls über Nacht vom Himmel gefallen sind! Sie zu leugnen erscheint im ersten Moment noch grotesk. Aber schnell wird die Methode dahinter klar.

In solchen Fällen wacht der träge Amtsschimmel plötzlich richtig auf und rüstet zur wilden Abwehrschlacht. Für die Verletzten oder anderweitig Betroffenen eine sehr deprimierende Erfahrung. Die Behörden sehen den Geschädigten als Gegner und weisen jegliche Verantwortung für die nicht eingehaltene Verkehrssicherungspflicht zurück. Wir hatten schon Fälle, da wurde kurzerhand über Nacht das betreffende Loch schnell zugeschmiert, um dessen Existenz noch besser abstreiten zu können. Dieses unmögliche Verhalten ist umso fieser, als es sich ja in der Regel um Beamte der Heimatgemeinde handelt, der man sich besonders verbunden fühlt und von deren Beschäftigten man naiverweise eine besondere Fürsorgepflicht erwartet. Und wenn schon nicht das, dann wenigstens: Fairness. Aber das Gegenteil ist die traurige Praxis. Es gibt keine gemeinsame Erörterung der Situation, sondern gleich einen Kampf, der nur mit Sieg enden darf oder maximal mit einem schiefen Vergleich, der dem Betroffenen allenfalls einen Teil seiner Kosten erstattet. Die Energie, mit der sich die Kommunen in eigentlich glasklaren Fällen um jeden Preis von ihrer offensichtlichen Schuld befreien, ist atemberaubend und verstörend zugleich.

Ein besonders dramatisches Beispiel war unser Bericht über einen Akademiker aus NRW, der mit seinem Mountainbike auf einer ganz normalen Straße in einem Loch hängen blieb, sich überschlug und in der Folge querschnittsgelähmt war. Ein furchtbarer Unfall, eindeutig verursacht durch die beschädigte Fahrbahn. Aber als ob die schreckliche Verletzung nicht schon genug gewesen wäre, ging das eigentliche Drama jetzt erst los. Die Kommune blockte von Anfang an ab und behauptete, ausgerechnet dieser Straßenabschnitt gehöre nicht ihr, sondern dem Land. Es begann ein unfassbar unwürdiges Geschiebe und Gezerre, bei dem man zu keinem Zeitpunkt den Eindruck hatte, den Beamten ginge es darum, einem erwiesenermaßen schwer geschädigten Menschen wirklich zu helfen. Dessen Belange spielten bei den Überlegungen ganz offenbar und irritierenderweise keine Rolle, was angesichts der Schwere der Verletzung einfach unglaublich ist. Die Botschaft war brutal klar: Nein, wir gehen auf niemanden zu, wir helfen nicht weiter, wir weisen nur ab und lassen unser Gegenüber allein. Für solche Unfälle gibt es eigentlich eine extra Haftpflichtversicherung für Gebietskörperschaften, die sich im »Kommunalen Schadensausgleich« zusammengeschlossen haben. Aber es vergeht – so schildern es uns Betroffene immer wieder – eine Ewigkeit, bis diese reagiert, geschweige denn: zahlt. Greifbar sind sie ohnehin nicht, auch nicht für die Medien. Im Zweifelsfall ist niemand da, niemand zuständig, oft geht niemand ans Telefon. Das hätte meinem Stadtkämmerer von Sparta auf jeden Fall nicht geschmeckt.

Und den meisten Bürgern auch nicht. Und immer wieder taucht dieselbe Frage auf: Wo bleibt bei diesem Verhalten eigentlich die menschliche Vernunft, der Anstand, das Herz?

Natürlich machen die Menschen auch ganz andere Erfahrungen, und zwar täglich überall im Lande, tausendfach. Es gibt ihn wirklich, den einen Beamten, der helfen will und tatsächlich hilft, der sich auch bei komplizierteren Fällen durch den Dschungel der Paragrafen schlägt und sagt: »Ja, Sie haben recht, das kriegen wir hin! Machen Sie sich keine Sorgen!« Ich selbst erlebe das beispielsweise immer wieder auf dem Bürgeramt. Wenn ich dorthin gehe wegen eines neuen Personalausweises, fragt man gleich nach, ob mein Reisepass auch noch in Ordnung sei, was man sonst noch tun könne und ob ich vielleicht schon von dieser oder jener Neuerung gehört hätte – fehlt nur, dass sie am Ende noch einen Angelschein obendrauf packen wollen, den ich gar nicht brauche. Natürlich könnte man jetzt behaupten, dass ich eventuell bevorzugt behandelt würde, aber erstens habe ich diesen Eindruck nicht, und zweitens berichten mir andere Besucher dieses Amts von exakt der gleichen Liebenswürdigkeit und Hilfsbereitschaft. Die Beschäftigten dort sind einfach sehr höflich und unbürokratisch, und man fühlt sich gut aufgehoben. Eine durch und durch angenehme Erfahrung und geradezu überraschende Serviceorientierung, die gut tut und für die man dankbar ist.

Allerdings könnte der Rahmen vieler Behörden noch etwas angemessener sein, denn auch das äußere Erscheinungsbild zählt. Waren die Amtsstuben früher bedrückend staatstragend, hat sich heute eine Atmosphäre breitgemacht, die offenkundig lockerer sein will, aber meist nur würdelos wirkt. Das fängt bereits bei der Kleidung an. Wenn der durchschnittliche deutsche Beamte heute nicht gerade im Ballonseide-Jogginganzug erscheint, hat er den Stilanforderungen seines Arbeitgebers anscheinend schon Genüge getan. Schlabberhemden, ausgeleierte Pullis, im zweistelligen Bereich über dem Gefrierpunkt gerne auch mal seltsam sitzende Shorts und Sandalen für den Herrn – dem Grauen scheinen keine Grenzen gesetzt zu sein. Es ist mir ein Rätsel, warum der Dienstherr keine bürgerlich-korrekte Kleidung vorschreibt, zumindest für die Beschäftigten, die Kontakt zum Publikum haben. Das würde die Atmosphäre bei den Behörden augenblicklich verbessern. Schließlich hat meine Kleidung auch etwas mit dem Respekt zu tun, den ich meinem Gegenüber entgegenbringe. Es muss ja nicht gleich der steife Anzug mit Krawatte sein, aber Sakko und Hemd für die Herren und ein entsprechendes Damen-Outfit würden doch jenen äußerlichen Rahmen bilden, welcher der Würde des Amts entspricht. Der Beamte repräsentiert schließlich seine Dienststelle, nicht nur sich selbst. Seine »Kunden« würden es ihm danken.

Die Innenausstattung der gleichförmigen Büros ist ein weiterer wunder Punkt. Überall Gummibäume, überall die offensichtlich allseits extrem beliebten Sinn- und Merksprüche, hinter denen Wände und Schranktüren komplett verschwinden. Ich kann mich noch gut daran erinnern, dass ich mich vor meiner Hochzeit bei dem Vorbereitungstreffen mit der Standesbeamtin kaum auf das Gespräch konzentrieren konnte, weil mich die Sprüche von der Wand schräg über ihrer Schulter geradezu anschrien und erheblich irritierten. Das ist mir persönlich etwas zu viel Privatheit an einem professionellen öffentlichen Ort. Kleidung und Innenausstattung senden wichtige Signale aus. Sie sagen zwar: So fühle ich mich. Aber wichtiger ist doch: So führe ich mein Amt aus. Da haben vermeintlich witzige oder gar provozierende Sprüche meiner Meinung nach einfach nichts zu suchen.

Vielleicht ist das aber auch der einzige Weg, in bestimmten Behörden nicht den Glauben an die Menschheit zu verlieren. Da, wo es um existenziellere Dinge des Lebens geht, etwa auf Sozialämtern, da, wo Menschen ums Überleben und mit sich selbst zu kämpfen haben, sieht der Alltag trüb genug aus. Abseits der öffentlichen Wahrnehmung gibt es sehr viele Bürger, die ihr Leben als eine permanente Abfolge von Schicksalsschlägen empfinden, die auf sie einprasseln, die sie nicht verstehen und von denen sie sich überwältigt fühlen. Sie wissen nicht, was sie tun müssen, sie wissen nicht, an wen sie sich wenden müssen, und sie wissen vielleicht auch nicht auf Anhieb, was von ihnen verlangt wird, wenn sie mit einer Behörde kommunizieren. Das führt zu Frust, zu Verzweiflung, zu Aufregung – Menschen in Druck- und Notsituationen bringen ihre Anliegen nicht immer in einem angemessenen Ton vor. In besonders tragischen Fällen mündet das sogar in Gewaltausbrüchen gegen Behördenmitarbeiter. Der Stresslevel ist für die hier arbeitenden Menschen oft extrem hoch, weil die Zahl dieser Übergriffe stetig zunimmt, und ganz allgemein auch aufgrund der ständigen Konfrontation mit existenziellen Problemen und elementarer Verzweiflung. Vielleicht ist das kalte und abweisende Auftreten mancher Beamter als direkte Folge solcher Bedrängnis- und Angsterlebnisse zu sehen, als eine Art Schutzmechanismus gegen die Verzweiflung der Hilfesuchenden – was allerdings wiederum neuen Ärger und neue Aggressionen schürt. Ein Teufelskreis.

Wir hatten einmal den Fall einer alten Dame, die kaum von ihrer Rente leben konnte und bereits Wohngeld bezog. In ihrer Not nahm sie einen Minijob an und vergaß, das zu melden. Das kam raus, und dann brach die Hölle los. Nicht nur, dass sie mit ihren 75 Jahren dem Amt Zuweisungen von 1300 Euro zurückzahlen musste, was für sie extrem viel Geld war, sie musste obendrein auch noch eine Strafe von 2100 Euro zahlen. Als Ersttäterin. Als verzweifelte Rentnerin an der Armutsgrenze. Als völlig überforderte Alleinstehende. Diese Frau war vorher noch nie auffällig geworden, plötzlich aber ging es um ihre Existenz. Ja, sie hat einen Fehler gemacht, ja, sie hätte den Minijob angeben müssen, schon klar – aber das rechtfertigt doch keineswegs, dass man ohne Berücksichtigung ihrer Umstände und ihres Alters einfach gnadenlos nach Paragraf XY blind zuschlägt?! Das versteht kein Mensch, das ist nicht nachvollziehbar. Wie groß kann der Mangel an Empathie, an Lebenserfahrung, an Herz in einer Behörde eigentlich sein? Ist es so schwer, sich für einen Moment einfach mal vorzustellen, wie es wäre, wenn die eigene arme Mutter diesen Fehler begangen hätte? Welche Reaktion würde man sich in diesem Fall von einer Behörde wünschen? Und wieso denkt da niemand so? Natürlich ist der Handlungsspielraum der Beamten oft durch unzählige Vorschriften eingeschränkt, aber ich bin mir sicher: Wer in Einzelfällen Herz zeigen will, wird dafür einen Weg finden.

Selbstverständlich darf man nicht blauäugig nur das *eine* Bild vom hilflosen Bürger zeichnen, der sich einer übermächtigen Bürokratie ausgeliefert sieht. Gerade auf Sozialämtern sehen sich willige und kompetente Beamte durchaus mit den unangenehmsten und unverschämtesten »Kunden« konfrontiert, Menschen, die nicht einmal die elementarsten Regeln der Höflichkeit oder des gesitteten Umgangs miteinander zu kennen scheinen, die eine aggressive Anspruchshaltung an den Tag legen und bei denen Einschüchterung und sogar körperliche Bedrohung ihres Gegenübers zur ganz normalen, gewohnten Praxis zu gehören scheinen. Dass einem angesichts einer solchen Klientel irgendwann auch das ehrlichste Lächeln auf dem Gesicht einfriert und man keine Lust hat, sich von diesen Leuten beschimpfen oder bedrohen zu lassen, ist nachvollziehbar. Nicht selten sind es diese aggressiven »Kunden«, die Sozialbetrug betreiben. Denn natürlich gehört er zum Alltag in Deutschland, wenn auch in geringerem Maß als vielfach beschrieben, der professionalisierte, nicht geahndete Sozialbetrug.

Am Stammtisch und in Internetforen urteilt es sich leicht über sogenannte Sozialschmarotzer und Simulanten. Darüber als Amtsträger konkret zu *befinden und zu entscheiden* ist eine ganz andere Sache. Denn selbst wenn der berechtigte und plausibel begründbare Verdacht auf Sozialmissbrauch vorliegt – was soll dann der einzelne Mitarbeiter dagegen unternehmen? Wenn ihm – wie zum Beispiel in einigen Fällen in Berlin, bei denen ganze Großfamilien über Generationen hinweg als Sozialbetrüger bekannt sind – unverhohlen mit Sprüchen gedroht wird wie »Wir wissen, wo du wohnst« oder »Wir wissen, wo deine Frau arbeitet«. Klar, dass sich dieser Beamte nicht unbedingt berufen fühlt, hier ein Exempel zu statuieren. Warum sollte er? Den Preis für diese mutige und richtige Entschiedenheit hätten im schlimmsten Falle am Ende doch nur er und seine Familie zu tragen. Die Aufdeckung von Sozialbetrug im großen Stil muss schon von oben gewollt sein – von ganz oben.

Jenseits der Sozialämter ist es eine Melange aus eigenen schlechten Erfahrungen und überlieferten Absurditäten, von unklaren Auskünften und stumpfer Paragrafentreue, die den Bürger am Herz und am Verstand des Apparates zweifeln und verzweifeln lassen. Unter den Hilferufen, die unsere *akte*-Redaktion erreichten, war auch der Fall einer Familie, deren Sohn Selbstmord begangen hatte. Die Familie war wie gelähmt vor Trauer und Schmerz und keines klaren Gedankens mehr fähig. In dieser Situation verkündete ihnen das Amt, der Erbschein könne nur ausgestellt werden, wenn der echte Abschiedsbrief des Sohnes zu den Akten genommen wird. Das konnte die Familie gar nicht glauben: Die letzten Worte ihres über alles geliebten Sohnes, sein letztes Lebenszeichen, ihre kostbare Erinnerung, sollten sie abliefern, damit sie irgendwo zwischen zwei Aktendeckeln verschwindet? Sie boten an, eine beglaubigte Kopie anfertigen zu lassen, aber nein, das reichte nicht, es durfte nur das Originalschreiben sein. Man kann sich den Horror der Eltern angesichts dieser absurden Herzlosigkeit vorstellen. Warum hat da kein Beamter Mitleid und lässt sich beides zeigen, sodass er die Korrektheit der Beglaubigung noch einmal selbst prüfen kann? Ein Irrsinn, den man sich gar nicht unnötiger hätte ausdenken könnte.

Dramatisch wirken sich Fehler bei der Kindergeldzahlung aus. Da sammeln sich schnell Außenstände von tausend Euro an. Das ist für viele Familien eine überlebenswichtige Summe, auf die sie plötzlich verzichten müssen, was für sie wiederum neue Probleme und Zahlungsschwierigkeiten bedeutet. Hilferufe von *akte*-Zuschauern, die sich deshalb an meine Redaktion gewandt hatten, verhallen im Amt nur zu oft ungehört. Und dann wird der Ton schnell scharf zwischen Sachbearbeiter und Leistungsempfänger. Dabei liegt die Ursache eindeutig bei den Behörden. Oft ist es die ungenügende Vernetzung der Ämter, die bestimmte Leistungen gegenseitig berücksichtigen müssen, Fehler bei der Datenübermittlung oder banale Computerfehler, die zu Verzögerungen mit oft sehr unangenehmen Auswirkungen führen und nur sehr langsam von den entsprechenden Stellen behoben werden.

In anderen Fällen schreiten die Ämter sehenden Auges ins Chaos, worüber man nur den Kopf schütteln kann. Bundesweit wollten die Behörden die Hartz-IV-Software A2LL austauschen und durch das neue Programm »Allegro« ersetzen. Kleiner Haken an dem Wechsel in die erhoffte Moderne: Die beiden Systeme kommunizieren nicht miteinander. Deshalb müssen die Daten von Hunderttausenden per Hand übertragen werden. Eine Fehlerquelle ersten Ranges, zumal für diese Arbeit kaum ausreichend Arbeitskräfte vorhanden sind. Eigentlich sollte der Austausch die Effizienz verbessern. Jetzt ist eher absehbar, dass es Jahre dauern wird, bis man die Fehler der händischen Übertragung ausgemerzt hat, und dann weitere Jahre, bis der erhoffte Vorteil spürbar wird. Wer überlegt sich so etwas, wer genehmigt so etwas, wer denkt da nicht nach? Da wiehert noch nicht einmal mehr der Amtsschimmel.

Die willkürliche Behandlung der Bürger ist ein weiterer wunder Punkt, insbesondere beim Thema Beiträge zum Straßenausbau. Geht es um neue Straßen, Kanäle, Anschlüsse oder Bürgersteige, müssen sich die Häuslebauer und -besitzer an den Kosten in höchst unterschiedlichem Ausmaß beteiligen. Der Umfang variiert von Bundesland zu Bundesland, von Kommune zu Kommune. Dresden etwa verzichtet vollständig auf diese Anrainerbeiträge, Rest-Sachsen fordert sie zumeist, Brandenburg und speziell Potsdam greifen ihren Bürgern richtig tief in die Tasche. Das ist für die Betroffenen an sich schon nicht schön. Wenn dann aber die offensichtlich notorische Unfähigkeit der Behörden dazukommt, ordentlich untereinander zu kommunizieren, entstehen dramatische Situationen.

In einem unserer *akte*-Fälle verlangte eine Gemeinde 9700 Euro von einem Hausbesitzer, der bereits seit längerer Zeit von staatlichen Transferleistungen lebte. Also wussten die Behörden – so würde man vermuten – um seine Einnahmesituation und hätten sehen können, dass er diesen Betrag niemals aufbringen konnte. Als er dem Tiefbauamt erklärte, er könne aufgrund seiner klammen Lage die Summe nur abstottern, biss er auf Granit. Sein Flehen: »Aber Sie müssten doch wissen«, beschieden die Beamten mit einem schroffen, sinngemäßen: »Nein, müssen wir nicht, wir sind das Tiefbauamt, und wir wollen 9700 Euro, abhängig von ihrer Grundstücksgröße und den Bruttogeschossquadratmetern. Eine Befreiung kommt nicht in Betracht. Sie haben ja das Haus, sie können es beleihen oder verkaufen, Ratenzahlung geht nicht, wir wollen alles sofort!« Das Amt hört nicht zu, will nicht diskutieren, mag keinen Kompromiss suchen – es geht um die rücksichtslose Durchsetzung des eigenen Anspruchs, der im Zweifelsfall mit einer Zwangsversteigerung und einer zerstörten Existenz endet, die anschließend noch viel stärkere staatliche Unterstützung benötigt. Auch das ist Deutschland heute.

Ämter hassen Veränderungen. Was sie einmal haben, rücken sie nicht wieder raus. Im Brandenburgischen wollte ein *akte*-Zuschauer seine Eigentumswohnung verkaufen – und deshalb alles löschen lassen, was, auf ihn bezogen, im Grundbuch steht. Unter anderem eine eingetragene »Dienstbarkeit«, deren rechtliche Grundlage durch ein neues Gesetz sowieso weggefallen war. Sollte also kein Problem sein, dachte der Bürger. Einfach nur streichen – gegen Zahlung einer Gebühr, versteht sich. Aber das kann man mit deutschen Ämtern so leicht nicht machen. Antrag abgelehnt. Zweiter Versuch. Antwort der Behörde: Das Amt sei nicht zuständig, solange der Antragsteller nicht nachweise, dass sein Haus »an einer ordnungsgemäß erschlossenen öffentlichen Straße« liege. Erstaunlich, denn kurz zuvor hatte dasselbe Amt dem Mann einen satten Straßenausbaubeitrag abgeknöpft. Also Punktsieg für den Bürger. Aber Streichung der Dienstbarkeit? Nichts da! Das Grundbuchamt verlangt dafür ein hochoffizielles Dokument mit Dienstsiegel. Das andere Amt weigert sich aber – für solche Kleinigkeiten werden keine Dienstsiegel verwendet. Antrag endgültig abgelehnt. Ist das zu glauben? Hört sich an wie in Schilda! Wo die Beamten den Bürgern trotz gerechtfertigter Anliegen lächelnd auf der Nase herumtanzen. Ein moderner Rechtsstaat ist das jedenfalls nicht.

Ämter machen lieb gewonnene Fehler gerne immer wieder. Besonders bei Mega-Bauwerken, die nicht erst seit dem ewig unfertigen Berliner Großflughafen BER böse in den Schlagzeilen sind. Auch bei Straßenbauprojekten tapsen Behörden am liebsten in bekannte Fallen. Aus rechtlichen Gründen müssen sie sich für die billigste Baufirma entscheiden – wohl wissend, dass gerade in diesem Bereich eine beeindruckende Kostentransparenz herrscht und allen klar ist: Große Einsparungen sind ohne Qualitätseinbußen nicht möglich. Aber der Einsparungszwang und die »niedrigen« Zahlen auf dem Papier zählen mehr als die Vernunft. Das Ergebnis solcher Projekte sieht meist wie folgt aus: 1. Die Firmen kommen mit dem vereinbarten Geld nicht hin. 2. Häufig verlangen sie erfolgreich Nachschuss per »Nachtragsrechnung«. 3. Die Gewährleistung ist nicht in ausreichendem Maß gegeben. 4. Versicherungsfragen sind in zahlreichen Fällen nicht gelöst. 5. Im Zweifel geht die superbillige Firma in einem Jahr pleite, und der Auftraggeber hat ein Riesenproblem.

Auf der Bundesautobahn 72 um Chemnitz herum kann man das Resultat eines solchen Vorgehens im wahrsten Sinne des Wortes erfahren. Eine der ganz großen Baufirmen hatte dort den Zuschlag zum Bau der Strecke bekommen und dann systematisch beim Straßenbelag und der Materialstärke gespart, ganze Schichten weggelassen und das Ganze irgendwie so hingewurstelt, dass sich nach ein paar Jahren schon Fahrrinnen wie sonst erst nach 20 Jahren gebildet haben. Alle Beteiligten mussten gehen, der Schaden blieb. Das alte schwäbische Hausfrauengesetz gilt eben bis heute: Wer billigt kauft, kauft zweimal.

Ein letzter wichtiger Punkt, der Normalbürger regelmäßig zur Weißglut bringt, sind die echten und die vermeintlichen Privilegien der Staatsdiener, insbesondere die üppigen Pensionen. Wer das Durchschnittsniveau von Renten und Pensionen vergleicht, kann sich im ersten Moment wirklich nur an den Kopf fassen. Die Unterschiede sind dramatisch. Zwischen dem Normalpensionär und dem Normalrentner liegen ökonomische Welten. Nur ein winziger Bruchteil der Rentner kommt auch nur annähernd in die üppigen Sphären, die für Beamte im Ruhestand normal sind. Und die Staatsdiener müssen während ihrer Dienstzeit nicht einen Euro für die eigene reguläre Altersvorsorge ausgeben. Damit lässt sich jederzeit eine wunderbare Neid-Debatte vom Zaun brechen. Aber andererseits geben sich die so Begünstigten in ihrer aktiven Zeit mit relativ bescheidenen Gehaltsschecks zufrieden. Kürzt man das eine, müsste man das andere erhöhen. Ich bin mir sicher: Das fände die BILD auch nicht gut.

Natürlich sollte der Beamtenstatus auf einige wenige Funktionsträger beschränkt sein, die bei ihrer Aufgabenerfüllung absolut neutral sein müssen. Polizeibeamte, Verwaltungsbeamte in zentraler Funktion, bei denen sichergestellt werden muss, dass sie tatsächlich allein ihrem Gewissen und den Gesetzen verpflichtet sind. Der Apparat kann und muss weiter verschlankt werden. Trotzdem müssen die Beschäftigten auch so ausgerüstet werden, dass Beamte in Top-Positionen mit ihren Gesprächspartnern in der freien Wirtschaft in etwa auf Augenhöhe reden können und auch hoch qualifizierte Kräfte Interesse an einer Arbeit im Staatsdienst haben. Aber egal ob Spitzenbeamte oder Beamte im mittleren Dienst: Geld allein kann und wird nie das alleinige Motiv für den Dienst an der Allgemeinheit sein. Und zum Glück gibt es selbst in diesen Zeiten trotz aller Probleme immer noch genug Leute, die in ihrem Beruf auch noch etwas anderes suchen als nur monetäre Befriedigung. Sonst hätten wir wohl weder Personal für die Regierung noch für, sagen wir, die Bundeswehr.

3. Was muss sich ändern?

Wenn wir die Behörden, die wir gerne hätten, mit denen vergleichen, die wir tatsächlich haben, stellen wir schnell fest: Wir brauchen gar keine neuen Strukturen, Gesetze oder Verordnungen – hier und da eine kleine Reform vielleicht, die das »Nein sagen« nicht immer belohnt und dafür Entscheidungsmut fördert, aber das trifft nicht den Kern. Was unseren Ämtern eindeutig fehlt, ist: Herz. Wir brauchen mehr Herz in unseren Beamtenstuben, an den Schaltern, bei den Verantwortlichen, bei jedem Einzelnen, der dort arbeitet. Denn auch innerhalb der bestehenden Strukturen gibt es immer Handlungsalternativen, die eine wärmere, menschlichere, fürsorglichere Regelung zulassen.

Die schwierigste Aufgabe haben jene Beamte zu meistern, die sich um die Ärmsten und Hilflosesten unserer Gesellschaft kümmern. Hinter jeder Nummer, hinter jedem Namen steht ein hartes Schicksal, eine menschliche Tragödie, manchmal vielleicht auch eine gehörige Portion Naivität oder Unvernunft. Die gängige Praxis im Umgang mit diesen Menschen steuert hier nicht gegen: Stattdessen schickt man sie teilweise von Behörde zu Behörde, statt sich selber darum zu kümmern, was hier an Ansprüchen besteht und was eventuell zu realisieren ist. Manchmal wäre es einfach nur wichtig, einmal richtig zuzuhören, mitzufühlen, Herz zu zeigen, denn genau das wünschen sich die Betroffenen oft, weil sie gar nicht mehr wissen, wie das ist, wenn ihnen jemand zuhört und sie ernst nimmt.

In einer idealen Welt würde ein geduldiger, aber durchaus professioneller Beamter, der sich nicht verschaukeln lässt, einen potenziellen Hartz-IV-Empfänger umfassend aufklären, und zwar so lange, bis dieser auch wirklich über all seine Ansprüche Bescheid weiß und sich richtig auskennt. Gemeinsam werden wir eine Lösung finden – wenn das vermittelt wird, gehen am Ende alle mit einem besseren Gefühl nach Hause.

Wir brauchen außerdem mehr Stolz, dem Staat und den Menschen dienen zu dürfen, wir brauchen den unbedingten Willen, dem Staat und den Menschen wirklich zu dienen. Der Staatsdiener als aufmerksamer, freundlicher Dienstleister, der sein Glück in unserer Zufriedenheit sieht – das sollte mehr sein als bloß eine realitätsferne Utopie. Ebenso wie der Staatsdiener, der dem Bürger bereits mit der Wahl seiner Kleidung signalisiert, dass er ihm Respekt entgegenbringt und natürlich auch genauso respektvoll behandelt werden möchte.

Jeder einzelne Beamte kann seine Behörde täglich bürgernäher machen. Das ist gar nicht so schwer. Es erfordert vielleicht nur ein bisschen mehr Mut und Engagement, denn wer nicht nur »Nein« sagen, sondern wirklich etwas Positives bewegen will, muss das 1. wollen, 2. umsetzen und 3. dazu stehen. Das heißt: Der Beamte muss herauskommen aus der Deckung, darf sich nicht mehr hinter Verordnungen und Regeln verstecken, hat bewusst ein »Risiko« einzugehen, das meist gar nicht so groß ist. Die Befriedigung aber, die man mit so einer konstruktiven Einstellung erzielt, dürfte alle Unbill alsbald ausgleichen. Und wenn die anderen sehen, wie erfolgreich man damit fährt, wird sich auch schnell die allgemeine Angst davor legen, einen »auf den Deckel« zu kriegen.

In vielen Lebensbereichen ist die Beschleunigung kaum auszuhalten und überfordert die Menschen. Alle sprechen von der Notwendigkeit der Entschleunigung. Nur in den Behörden, wo sie äußerst ausgiebig praktiziert wird, ist sie völlig fehl am Platze. Denn da draußen, liebe Ämter, haben wir nicht mehr alle Zeit der Welt. Da brauchen wir eure Unterstützung, damit wir in Zeiten der verdichteten Arbeitsprozesse und eines globalen Wettkampfs nicht durch eure Trägheit unter die Räder kommen. Die Entscheidungsprozesse, die andere an der Arbeit hindern, müssen dringend beschleunigt werden. Schluss mit dem sinnfreien Wiedervorlage-Irrsinn. Auch hier gilt für jeden Behördenverantwortlichen: Nutze deine Spielräume, wäge ab, entscheide und stehe dann dazu. Deine Arbeit wird dir mehr Spaß machen. Und alle werden zufriedener sein.

Und lasst euch nicht immer mangelnde Konsequenz vorwerfen, wenn die Bürger streiten und die Politiker Besseres, weil Populäreres zu tun haben. Selbst bereits erkannte und benannte Probleme geraten dann zu schnell in Vergessenheit – mit unabsehbaren Folgen. Beispiel Flut. Völlig überraschend steigen nach einem Jahr wieder die Pegelstände, und erst dann fällt allen wieder ein: Mensch, hatten wir nicht die Deiche stärken und erhöhen wollen? Mist, irgendwie ist das liegen geblieben. Und schon haben wir wieder den Salat. Wobei nicht selten auch die Bürger selbst ihren Teil dazu beitragen, nach dem Motto: Unser großartiges Deichprojekt ist leider nicht vollendet worden, weil sich die Einwohner eines Dorfes nicht einigen konnten und das Ganze erst noch langwierig vor den Gerichten ausfechten wollten. In so einem Fall bringen tausend Kilometer höherer Deich nicht so wahnsinnig viel, wenn es an anderer Stelle auch nur für wenige Meter immer noch so aussieht wie vor einem Jahr. Genau hier tritt dann natürlich das Wasser ein und spült ins eigentlich gut geschützte Hinterland. Das ist nicht zu verstehen, das kann nicht sein, da muss der Staat in Gestalt seiner beamteten Diener doch Fakten schaffen und das Ruder an sich reißen. Mit dem übergeordneten Interesse der Republik oder der Kommune ließen sich bei solchen Konflikten durchaus Lösungen erzwingen. Der Deich wird geschlossen oder erhöht, wer etwas dagegen hat, kann das jetzt melden und wird entschädigt. Ist das undemokratisch? Ich glaube nicht. Das ist vernünftig und kommt schließlich allen zugute.

Recht und Gerechtigkeit: Von Streithanseln und rechtsfreien Räumen

1. War früher wirklich alles besser?

Die Justiz war für mich lange eine ferne, fremde Welt, mit der man eigentlich nie in Kontakt kam. Meine Eltern sprachen nicht von Angeklagten oder Verurteilten. Von solchen Fällen erfuhren wir in der Familie höchstens aus den Nachrichten oder der Zeitung. Zwar gab es im Freundeskreis der Eltern Rechtsanwälte, die waren mir aber ziemlich suspekt, weil ich von ihnen pauschal annahm, sie würden ausschließlich Mörder verteidigen. Lieber mochte ich unseren Nachbarn, der früher als Kommissar bei der Sitte gewesen war, was ich im Detail aber noch nicht hören durfte. So blieb mir von den langen Geschichten, die er bei seinen Besuchen in meinem Elternhaus erzählte, aus dieser anderen, bizarren Welt vor allem das farbenfroh ausgemalte Bild von verschlagenen Verbrechern und der unangefochtenen Autorität ihrer Richter. Zivilrechtliche Prozesse mied man damals wie die Pest. Sie waren teuer und irgendwie unsicher – es gab ja noch keine Rechtsschutzversicherungen für jedermann, mit denen später die Klagefreudigkeit erst so richtig mobilisiert wurde, und eventuelle Konflikte am Gartenzaun wurden tatsächlich noch ausdiskutiert. Streithammel galten als unangenehme Gesellen und absolute Ausnahme, der gerichtsnotorische Prozesshansel war noch kein prägender Teil unseres Nationalcharakters.

Eher unfreiwillig brachte uns eines Tages ausgerechnet unser korrekter Vater die Praxis des deutschen Gerichtsverfahrens sehr anschaulich nahe. Mein Bruder und ich fanden die Sache eigentlich lächerlich. Aber da unser Vater darin die Hauptrolle spielte, wagten wir nicht, das auch laut zu bekunden. Alles fing damit an, dass mein Vater seinen Mercedes vor dem Haus meiner Großeltern in Melle geparkt hatte und damit beschäftigt war, den Wagen zu beladen. Plötzlich trat ein junger, recht schnöselig auftretender Polizeibeamter an ihn heran und stellte ihn forsch zur Rede. Das war bereits eine extrem ungünstige Ausgangslage, mit der die Katastrophe programmiert war. Denn mein Vater erwartete von jedem jederzeit Benimm und geschliffene Umgangsformen, insbesondere von Amtspersonen und vor allem von uniformierten Amtspersonen. Das gebührte ihm als ehemaligen, mehrfach verwundeten Wehrmachtsoffizier – in seiner Wahrnehmung – wie selbstverständlich. In diesem Punkt kannte er keine Nachsicht, darauf legte er stets großen Wert.

Ob mein Vater nicht sehe, fragte der junge Polizeimeister, dass er hier im absoluten Parkverbot stünde, was nur und schnellstens durch sofortiges Beenden der Packarbeiten und Entfernen des Wagens wiedergutzumachen sei. Man muss dazu sagen, dass mein Vater sehr schnell explodieren konnte. Und so strafte er diese Insubordination, als die er das aus seiner Perspektive vorlaute Vorgehen des Beamten empfand, auch sogleich ab. Ich stand nur ein paar Meter entfernt im Vorgarten, verborgen hinter einem Strauch, und beobachtete zu Tode erschrocken, wie mein Vater den Polizisten lauthals zurechtwies. Eine direkte Konfrontation zwischen der Staatsmacht und meinem Vater, das war für mich kaum auszuhalten. Immer erregter wogte der Schlagabtausch hin und her, und plötzlich klemmte der Polizist noch während des Streits völlig ungerührt einen Strafzettel an die Windschutzscheibe. Das brachte meinen alten Herrn vollends auf die Palme. Das können Sie doch nicht machen, wir sind doch noch mitten in der Argumentation, da können Sie doch nicht einfach Fakten schaffen, warf er dem Uniformierten außer sich vor. Der schnodderte bloß zurück: Ich kann hier alles! Was die Gemütslage meine Vaters nicht wirklich verbesserte. Jetzt schaltete er erst recht auf Gegenangriff und holte seinen Fotoapparat aus dem Haus, um das 50 oder 60 Meter von dieser Stelle hinter einer blühenden Birke versteckte Halteverbotsschild zu fotografieren. Sein Standpunkt: Wir sind ortsfremd, das Schild ist verdeckt, wir haben es nicht gesehen und von dem Parkverbot nichts ahnen können. Ein Bußgeld ist absolut unangemessen. Und so ein Ton sowieso. Doch der Beamte blieb hart und zog ebenso erbost von dannen. Mein Bruder und ich konnten vor Herzklopfen kaum atmen oder reden. So hatten wir unseren Vater trotz seiner kurzen Zündschnur noch nie toben sehen – und ganz bestimmt nicht vor einem hochoffiziellen Repräsentanten des Staates.

Zu Hause begann mein Vater unverzüglich mit den Nacharbeiten. Es musste schriftlich mit einem Rechtsanwalt gedroht werden, die Fotos wollten entwickelt werden. Der Ton hatte die Musik gemacht. Wäre der junge Streifenpolizist gegenüber meinem Vater freundlicher und kulanter aufgetreten, hätte er ihn gebeten, das Packen baldmöglichst zu beenden und dann den Wagen umzusetzen – der deutschen Justiz und vielen Beteiligten wäre ein nicht sonderlich spektakuläres, aber nerviges Verfahren erspart geblieben. Mein Vater hätte auch einfach auf dem Teppich bleiben können und vielleicht nicht gleich seine Offiziersehre missachtet sehen sollen. Aber das stand nicht zur Debatte. Ein solches Verhalten konnte und wollte er keinesfalls durchgehen lassen. Bei diesem Ton? Niemals!

Der Sitz des Meller Amtsgerichts befand sich in einem windschiefen Gemäuer mitten in der Stadt. Später fand hier die Polizeistation, noch später eine Bibliothek ein neues Zuhause. Zum ersten Prozesstag fuhr mein Vater den weiten Weg von Köln noch allein, darüber wurde gar nicht diskutiert. Die Verhandlung wurde sogleich vertagt, was wir blöd fanden, mein Vater aber bereits als eine Art Teilsieg feierte. Zum zweiten Termin durften mein Bruder und ich mit, das war natürlich eine aufregende Sache. Aber im Saal wollte uns der Vater dann doch nicht dabeihaben, das wollte er allein ausfechten. Zunächst hatte er – auch ohne Urteil – das Bußgeld bezahlen müssen, bekam dann aber während der Sitzung in weiten Teilen Recht: Die Reaktion der Ordnungskraft sei überzogen gewesen. Das Gericht folgte ihm auch in seiner Auffassung, dass das Schild überhaupt nicht wahrnehmbar gewesen sei. Dieser Aspekt war ihm besonders wichtig. Die Gerichtskasse zahlte ihm seine Strafgebühr zurück, und das Geld – meiner Erinnerung nach 44 Mark – investierte er sogleich in eine dreibändige Tucholsky-Ausgabe (deren weißer Buchrücken mich bis heute an die Geschichte erinnert).

Uns allen, vor allem aber meinem Bruder und mir, fiel ein schwerer Stein vom Herzen. Wir waren über alle Maßen froh, dass wir dem Monster Gericht und seinen Undurchsichtigkeiten entkommen waren. Unserem Gefühl nach war unser Vater gerade noch einmal mit einem blauen Auge an lebenslanger Haft in Sing-Sing vorbeigekommen. Wir fanden uns deutlich gereift und glaubten mit einem Mal zu wissen, was gemeint war mit dem Spruch: Vor Gericht und auf hoher See bist du in Gottes Hand. So in etwa hatte es sich angefühlt. Wir spürten: Damit will man nichts zu tun haben, in diesem Rechtsgewese kommt man schnell in Situationen, die man unbedingt vermeiden sollte. Vor allem aber das Bild des ausrastenden Vaters vor dem Polizisten hatte sich uns eingeprägt. Das war uns sehr, sehr unangenehm, eine ähnliche Situation wollten wir bis ans Ende unserer Tage nicht mehr erleben müssen.

Onkel Ulrich, der Journalist, brachte mir eines Tages noch einen anderen eindrucksvollen Aspekt des deutschen Ordnungsapparates sehr anschaulich nahe. Bei einer Recherche auf der Polizeistation in Melle, damals ja noch Kreisstadt, ließ er mich als kleinen Jungen – wohlgemerkt mit meiner Einwilligung – eine halbe Stunde in die Arrestzelle einsperren, während er beim Wachhabenden recherchierte. »Damit du mal siehst, wie das ist!«, lautete seine pädagogisch wertvolle Grundidee. Erst fand ich das noch ganz lustig, aber kaum war die Tür zu, wurde mir das gleich sehr unheimlich. In dieser unwirtlichen Zelle erwartete ich jede Sekunde aggressive Ratten, die es auf mich abgesehen hätten. Es war zu eng, zu feucht, zu einsam, ich fing an zu weinen und wollte zu Mami. Das war ein durchaus eindringliches Erlebnis, das lange nachwirkte. Immer wenn ich an der ehemaligen Polizeistation vorbeifuhr, musste ich an diese fürchterlichen Minuten in der Arrestzelle denken, selbst 50 Jahre später noch. Mein armer Onkel wurde dafür übrigens von meiner Großmutter sehr gescholten. Aber aus diesem Grund kann ich heute die Forderung von Jugendrichtern nach erweiterten Möglichkeiten für Kurzzeitarrest bei jugendlichen Tätern durchaus nachvollziehen – die abschreckende Wirkung ist auf jeden Fall enorm.

2. Willkommen in der Realität!

Generell haben die Menschen großes Vertrauen in unsere Justiz und bringen ihr großen Respekt entgegen. Dass der Rechtstaat grundsätzlich alle gleich behandelt und dadurch auch der Kleine jederzeit gegen den Großen und Mächtigen gewinnen kann, wird als Errungenschaft erster Güte weithin anerkannt und sehr geschätzt. Sehr plastisch sieht man das an unserem höchsten Gericht: Kaum eine Institution genießt ein so hohes Ansehen wie das Bundesverfassungsgericht. Die Notwendigkeit dieser Institution und ihre existenzielle Bedeutung für unsere Demokratie hat ein Großteil der Bevölkerung sehr wohl verstanden und weiß das zu würdigen. Das ist also die allgemeine Einstellung zu unserem Rechtswesen. Die gilt aber für die allermeisten Menschen nur so lange, bis sie selbst involviert sind. Das Verhältnis zu Justitia ändert sich meist radikal, sobald aus der Betrachtung von außen eine eigene praktische Erfahrung wird. Selbst zu erleben, was der Unterschied ist zwischen Recht und Gerechtigkeit, zwischen Recht haben und Recht bekommen, hinterlässt einen prägenden Eindruck. Und hat massive Auswirkungen auf die Einstellung zu unserem Staat und zur Demokratie generell. Schnell wird das System als ungerecht und in höchstem Maße ineffizient empfunden. Der Schock der Rechtspraxis hat meist verschiedene Ursachen.

Die Undurchschaubarkeit der Justiz: Die meisten Menschen wissen gar nicht, wie das System wirklich funktioniert. Niemand hat es ihnen in der Vergangenheit je erklärt, und niemand erläutert ihnen im konkreten Ernstfall die Mechanismen so, dass man diese auch wirklich versteht. Es bleibt ein seltsames Paralleluniversum, ein Buch mit sieben Siegeln, dem man sich einfach ausgeliefert fühlt, an dem man verzweifelt.

Nächstes Problem: die Illusion der TV-Gerichtsshow. Auch wenn es seltsam und als Widerspruch zum oben genannten Problem klingen mag: Durch die quotenstarken Gerichtsshows im Fernsehen glauben viele Menschen, sie *wüssten*, wie so ein Prozess funktioniert. Sie erwarten tatsächlich einen ähnlichen Ablauf und eine ähnliche Geschwindigkeit wie im TV, wo innerhalb von 45 Minuten alles über die Bühne geht – in einem Raum an einem Ort: Beweisaufnahme, Ermittlung, Entlastung, Beratung, Urteilsverkündung. Wer mit diesem Bild den realen Saal betritt, ist automatisch entsetzt und verblüfft, wie öde ein Verfahren sein kann, wie undurchsichtig das Verhalten, wie formelhaft die Sprache. Da kann man sich schnell wie auf einem anderen Planeten fühlen.

Noch so ein Problem: die mangelnde Umsetzung von Urteilen. Gerichtliche Entscheidungen, womöglich sogar von ranghohen Instanzen, wirken sich nicht in der Praxis aus, sie werden einfach nicht durchgesetzt. Das muss nicht immer die Schuld der Justiz selbst sein, das kann auch an den verantwortlichen Aufsichtsbehörden liegen, aber das sorgt regelmäßig für Ärger und Frust. Eine Erfahrung, die Tausende von Bürgern überall im Land machen, die sie auf die Palme bringt und ratlos zurücklässt. Ein Beispiel von unseren Zuschauern: Mit dem Kreditbearbeitungsgebühren-Urteil des BGH vom Mai 2014 in der Hand gehen Kunden zu ihrer Bank, um sich über die Praxis dort zu beschweren und zu Unrecht verlangte Gebühren bei Verbraucherdarlehen zurückzuverlangen. Wenn da aber alle nur abwinken, dann bleibt bloß Fassungslosigkeit. Das versteht niemand.

Dabei darf man aber nicht übersehen, dass dieses Gefühl manchmal nur deshalb entsteht, weil der Erboste die letzte Stufe des Verfahrens übersehen hat, sprich: Das Urteil ist noch nicht rechtskräftig, oder jemand ist in Berufung gegangen. Die menschlich nachvollziehbare, wenngleich nicht wirklich überlegte Reaktion: Wer vor Gericht nicht sein eigenes Rechtsempfinden bestätigt sieht, findet automatisch gleich das ganze System zweifelhaft, marode und am Ende korrupt.

Oder dieses Problem: die gefühlte Kälte der Justiz. Das Gericht stützt sich völlig unemotional auf Fakten und Beweise, die Laien vor dem Pult des Richters sind dagegen emotional bis unter die Haarspitzen – ein wahrscheinlich unauflösbarer Gegensatz. Da denkt der Normalbürger vielleicht: »Der da vorn lebt doch nicht in meiner Welt. Der hat doch keine Ahnung. Wie der schon redet. Wie soll so einer im Namen des Volkes Urteile fällen können?« Was uns in der Redaktion bei den zahlreichen Fällen, die uns unsere Zuschauer schildern, immer wieder auffällt, ist zum einen die erschreckende Anzahl der vermuteten Justizirrtümer und die Bereitschaft vieler Menschen, sehr schnell von einem Justizirrtum zu sprechen, wenn sie nicht Recht bekommen haben. Dabei gibt es oftmals keine Dokumente, keine Beweise, keine zweiten Quellen, aber ein großes Gefühl von Ungerechtigkeit. Oft ist der Kern des Geschehens nicht mehr herauszuarbeiten. Wenn diese Menschen vor Gericht erscheinen, wollen sie nicht nach dem Zwiebelprinzip alle Faktenschichten aufblättern, sie wollen einfach mal alles von sich erzählen und als Mensch erkannt werden, dem viel Schlimmes widerfahren ist. Aber hier muss man ehrlich sagen: Das ist nicht die Aufgabe des Gerichts. Für die Zuwendung, die sie suchen, ist die Justiz die falsche Adresse. Da ist der Ärger absehbar, das Gefühl der Ohnmacht ebenfalls: Das System hilft mir nicht, will mich nicht verstehen, ist nicht meins. Eine krachende Niederlage wäre wohl einfacher zu verstehen und zu verkraften.

Und dieses Problem: die Grenzen juristischer Möglichkeiten. Es gibt Fälle, in denen die Justiz an ihre Grenzen stößt, Fälle, die mit juristischen Mitteln einfach nicht zu lösen sind. Da bricht für viele der Glaube an unser Rechtssystem zusammen, von dem sie sich Gerechtigkeit erhofft hatten. Groteske Einzelbeispiele voller Unglaublichkeiten scheinen immer wieder den ohnehin weit verbreiteten Eindruck zu bestätigen, wie kalt und absurd das System ist. Wir haben uns mit dem Fall einer Frau beschäftigt, die beim Arzt nach einer profanen Diagnose eine Spritze bekommen hatte und daraufhin tragischerweise ins Wachkoma gefallen war. Nur die Augen konnte sie noch bewegen. Das nahm ihren Ehemann so mit, dass er heftige psychische Probleme bekam und nur noch halbtags arbeiten konnte; ihr Vater starb in Folge der Aufregungen an einem Herzinfarkt. Ein erster Gutachter stellte grobe Fahrlässigkeit fest, doch der darauffolgende Prozess gegen den Arzt wurde aus unterschiedlichen Gründen immer wieder verschoben. Ingesamt waren es fünf Termine, die nicht eingehalten wurden, das Verfahren dauerte drei Jahre. Am Ende wurde es eingestellt, weil nicht mehr zweifelsfrei festzustellen war, wie alles zusammenhing und wer Schuld hatte. Der Fall war juristisch nicht zu lösen. Zurück blieben eine ruinierte Familie und ein Fall, der keinen Täter hatte und der demzufolge nicht gesühnt werden konnte. Für die Betroffenen eine traumatisierende Erfahrung: Da liegt nun unsere Mutter im Koma, aber die Welt dreht sich weiter, und wir werden mit unserem Schmerz, unserem Schrei nach Gerechtigkeit einfach allein gelassen? Kein Wunder, dass sich insgeheim viele wünschen, es gäbe sie auch in der Realität, die raffinierten Methoden à la *CSI Miami*, mit denen man schließlich doch noch »die Wahrheit« herausfindet, und die unglaublich schlauen und beredten Staranwälte à la *Boston Legal*, mit deren Hilfe sich alles zum Guten wendet. Umso schlimmer ist die Ernüchterung, wenn dem nicht so ist. Wie erbärmlich die Wirklichkeit manchmal aussieht, wie schlampig die Ermittlungsbehörden in Einzelfällen arbeiten, haben wir ja erst kürzlich im Zusammenhang mit den Morden der rechtsradikalen NSU erfahren. Da bleibt einem nur der Mund offen stehen.

Das war im Bereich des Strafrechts früher, vor zwanzig, dreißig Jahren allerdings noch häufiger der Fall als heute. Die Öffentlichkeit und die Betroffenen hatten fast immer den Eindruck, die Justiz kümmere sich allein um die Täter, nie um die Opfer. Einerseits zu Recht, denn vor dem Richter geht es tatsächlich nur um die Zuordnung der Schuld und ihre Beurteilung, also naturgemäß in erster Linie um die Täter. Was andererseits aber auch gar nicht anders sein kann, das ist nun mal die Aufgabe und Vorgehensweise der Gerichte. Doch damit sich die Opfer nicht im Stich gelassen fühlen, ist seitdem eine Menge von staatlichen und privaten Stellen getan worden. Die Unterstützung durch das Opferentschädigungsgesetz oder Einrichtungen wie der Weiße Ring haben die Situation der Leidtragenden von Verbrechen erheblich verbessert.

Und dieses ewige Problem: die Langsamkeit des Rechtwesens. Eine einhellige Klage, die unsere *akte*-Redaktion tausendfach von Zuschauern erreicht, die uns um Hilfe und Unterstützung bitten: Niemand versteht, warum das alles immer so lange dauern muss. Nichts geht schnell, nichts geht zeitnah. Das ist zermürbend und oft auch kontraproduktiv, weil so an entscheidenden Stellen Ursache und Wirkung derart auseinanderfallen, dass sie nicht mehr fühlbar, nicht mehr nachvollziehbar sind. Insbesondere im Strafrecht, und vor allem beim Jugendstrafrecht, mahnen ja selbst Richter immer wieder schnellere Verfahren an. Ihr Argument: Jugendliche verstehen eine Strafe nur, wenn sie möglichst schnell auf die Tat folgt. Nur dann hat sie den erhofften Effekt. Wenn etwa ein Urteil für eine Schlägerei erst Jahre später erfolgt, wird der Täter diesen vielleicht entscheidenden Warnschuss überhören. Die Gefahr ist groß, dass er dann gar keinen Zusammenhang mehr zwischen seiner Tat und der verhängten Strafe sieht, ergo auch nichts daraus lernt.

Selbst engagierte Vertreter aus den eigenen Reihen wie die frühere Berliner Jugendrichterin Kirsten Heisig – die später Selbstmord beging – haben immer und immer wieder öffentlich in sehr klaren Worten auf diese Unzulänglichkeiten und Versäumnisse hingewiesen. Nur noch als lahme Ente würden die Jugendlichen den Staat betrachten, dem sie folglich keinen Respekt mehr entgegenbringen könnten. Ihr Vorschlag:

Lieber schnelle und klare Ansagen gerade für junge Ersttäter, statt eine juristische Pirouette nach der anderen zu drehen. Du hast Mist gebaut, das sind die Regeln, an die musst du dich halten, wenn nicht, droht dir dies und das. Und wenn es sein muss, lieber gleich ein Kurzzeitarrest – sofort erfahrbar, sofort wirksam – als Monate später ein paar Sozialstunden im Kindergarten. Denn die grundsätzliche Überlegtheit des Rechtsstaates, der alles hin und her abwägt, kommt bei manchen eben nur als Schwäche an – zu ihrem Nachteil und zum Nachteil von uns allen. Kirsten Heisig sprach damit vielen aus der Seele, befeuerte die mediale Diskussion, aber eine echte Wirkung auf den Justizapparat hatte das nicht. Auch das Gefühl, dass die Richter die mutmaßlichen Täter, die von der Polizei gerade erst gefasst worden sind, viel zu oft viel zu schnell wieder laufen lassen, nagt am Vertrauen der Bürger.

Für den Laien ist es auch in keiner Weise nachvollziehbar, dass sich das Rechtssystem von den Beklagten immer wieder austricksen lässt. Da werden Prozesse mit offensichtlichen Lächerlichkeiten in die Länge gezogen, ohne dass man dagegen groß etwas machen kann. Gerichtstermine platzen, weil die Leute aus fadenscheinigsten Gründen nicht erscheinen: krank, keine Zeit, Auto kaputt, Gutachter kann nicht, dem Anwalt kam was dazwischen – und das gerne auch zwei, drei Mal hintereinander. Das kann man einfach niemandem mehr erklären. Prozesse, die sich über Jahre hinweg ziehen, machen Menschen fertig und führen zu tiefem Frust. Überall um sie herum Beschleunigung, ein Leben im Turbotakt, aber gerade hier, bei der Justiz erfahren sie eine Entschleunigung der Vorgänge bis hin zur Lahmarschigkeit. Das hinterlässt Spuren.

Die Bundesbürger in West und Ost haben von ihrer Justiz inzwischen eine gleich hohe Meinung, wie eine Allensbach-Umfrage vom August 2014 zeigt. Aber 71 Prozent fürchten, dass die Gerichte überlastet sind und dass sich Richter und Staatsanwälte nicht genug Zeit nehmen könnten für die einzelnen Verfahren. Da 2000 Richter bundesweit fehlen, ist diese Sorge berechtigt. Für die Ärgerquelle »Verfahrensdauer« jedoch tragen die Bundesbürger durchaus eine gewisse Mitverantwortung.

Ein zentrales Problem: die Streithansel-Republik. Früher hätte man noch über die Behauptung diskutieren können, ob die Deutschen ein Volk von Rechthabern sind oder nicht. Heute nicht mehr. Denn die Statistiken sprechen eine eindeutige Sprache: Zehntausende Bundesbürger wollen in den allernebensächlichsten Streitigkeiten mit ihren Nachbarn und anderen Mitmenschen nicht nur einfach ihr Ziel erreichen, sie wollen die Richtigkeit ihres Standpunkts auch unbedingt von einem Gericht bestätigt bekommen. Also überziehen sie sich landauf, landab mit Prozessen, verstopfen die Amtskanäle und bringen die Justiz an den Rand der Totalüberlastung. Diese Neigung zur verbissenen Schlaumeierei war noch nie schön oder sympathisch, aber erst mit der in Mode gekommenen Rechtsschutzversicherung für fast jeden und fast alles wurde daraus eine Art Nationalsport. Die Rechtsschutzversicherung wird als eine Art juristische Flatrate betrachtet, die einen geradezu auffordert, möglichst oft und für jedes Kinkerlitzchen vor Gericht zu ziehen.

Wir haben mehrfach über einen schier unglaublichen Fall auf der Schwäbischen Alb berichtet. Da gab es zwei riesige Grundstücke nebeneinander mitten in der Pampa. Es war wirklich sehr viel Platz, viel Gras, sah fast aus wie eine Weide – auch die Wohnhäuser und Nutzgebäude lagen angesichts der riesigen Flächen weit auseinander. Als aber einer der beiden Eigentümer eine neue Garage errichtete, tat er das ziemlich dicht an der Grundstücksgrenze, was allerdings nicht weiter auffiel, denn es gab nicht überall Zäune. Und so geschah es, dass der Garagenbauer sich nicht an die geltende Abstandsregelung hielt. Das hatte praktisch keine Auswirkung, bis auf eine gewisse »Verschattung«, wie das im korrekten Amtsdeutsch heißt, auf dem Nachbargrundstück. Konkret bedeutete das: Bei einem bestimmten Sonnenstand, und nur dann, verdunkelte die neue Garage einige wenige Quadratmeter der Nachbarwiese. Eine winzige Fläche im Vergleich zum wahrlich ausladenden Gelände. Es war so, als würde man sich in der Sahara über einen feuchten Fleck aufregen. Aber da kennen wir unsere deutschen Rechthaber und unsere ordentlichen Gerichte schlecht. Es kam zu mehreren Prozessen, der Kläger gewann am Ende, die neue Garage im Wert von mehreren Zehntausend Euro musste wegen eines kleinen Schattens auf dem Gras nebenan abgerissen werden. Das ist keine Satire, das ist Deutschland heute. Man kann sich auch hier nur an den Kopf fassen. Aber die Richter können oft nicht anders, als ihre Zeit mit so einem Unsinn zu verschwenden, weil sich diese Fälle bei ihnen bis zur Decke stapeln. Eigentlich müsste man solche Fälle mit dem Stempel »Absurd« versehen und zurückweisen.

Oft geht es um den genauen Verlauf von Grundstücksgrenzen, um Mauern, die zu dicht dran stehen, um Bäume, die zu viel Laub rüberwerfen, um Wegerechte von der Straße zu Häusern in der zweiten Reihe über fremder Leute Grundstück hinweg. Es gibt bei diesen Streitigkeiten ein immer wiederkehrendes Grundmuster: Einer nimmt die Umstände klaglos hin, vielleicht zu lange, sodass sie als Gewohnheitsrecht empfunden werden, dann plötzlich fällt es ihm auf, er erregt sich, beide Seiten streiten sich, die Lage eskaliert, und irgendwann stehen sich zwei völlig ausgeflippte Menschen mit Dachlatten in der Hand und Todesflüchen auf den Lippen gegenüber. Oder die nervenden Tauben des einen fliegen über das Grundstück des anderen und scheißen alles voll oder gurren zu laut und zu fröhlich den ganzen Tag vor sich hin. Die Kette ließe sich endlos weiterführen. Wegen allem und nichts wird geklagt und leidenschaftlich gestritten, gerne jahrelang, da werden Nachbarn zu Hyänen, ohne einen Funken Versöhnungswillen, ohne das geringste Interesse an einer friedlichen Beilegung. Es geht nur noch darum, dem anderen zu zeigen, dass man selbst im Recht ist, der andere aber selbstverständlich nicht. Oft artet das so aus, dass man nicht mehr nur einfach Recht bekommen will, sondern für sein eigenes Seelenheil am liebsten gleich die ganze Existenz des Nachbarn ruiniert sehen würde. Jeder (un-)vorstellbare menschliche Abgrund wird hier ausgelotet, jede noch so hässliche Fratze des deutschen Michels offenbart.

Die Heftigkeit dieser Nachbarschaftskriege – die an die TV-Serie *Picket fences – Tatort Gartenzaun* erinnern – ist teilweise erschreckend, das Vorgehen brutal, die Einstellung der Beteiligten jenseits aller zivilisatorischen Kategorien. Im Nachhinein muss oft das sogenannte Ausrasten als Entschuldigung herhalten: der plötzliche Verlust jeglicher Selbstbeherrschung und Selbstdisziplin, der Mitmenschen zu Megären macht. Ganz nach dem Motto: »Eigentlich bin ich ein umgänglicher Typ, aber der andere, der hat es so weit getrieben, da kam bei mir der rohe Urmensch durch.« Ach so, na dann. Es ist unfassbar, wie viele Gewaltexzesse so motiviert sein sollen – bis hin zum Totschlag! Und natürlich ist in jedem Fall immer das Gegenüber schuld. Eigene Verantwortung: Wieso denn? Wer »ausrastet«, schiebt die Schuld gerne weit weg von sich auf ein anderes »Ich«, welches ihm selbst unheimlich ist. So lässt sich das eigene aggressive Vorgehen wenigstens irgendwie »erklären«, gemeint ist natürlich immer: entschuldigen, schönreden. Verantwortung für sich selbst zu übernehmen, sieht anders aus.

Teilweise überschreiten die erbosten Kleinkrieger die Grenze zum Kriminellen: Wir kennen Fälle, da haben sich die Streitparteien gegenseitig die Hütte über dem Kopf angezündet, Türen eingetreten, Wände beschmiert, haben einander belauert, geschlagen und mit dem Hackbeil bedroht. In einem Fall in Berlin hat uns eine Frau ganz unverhohlen vor der Kamera erklärt, was sie mit dem Mann von gegenüber machen würde, käme der jemals bei ihr zur Tür herein: Gegen das Schienbein und zwischen die Beine wolle sie dem treten, und wenn er ihr bis in die Küche folgte, griffe sie in die Schublade, um sich ihr längstes Messer zu packen und es ihm tief ins Gedärm zu rammen. Allein die Vorstellung verschaffte ihr tiefe Befriedigung. Nein – das ist nicht unbedingt der Geist der einst beliebten Aktion »Unser Dorf soll schöner werden«. Selbst professionelle Mediatoren strecken angesichts von Verbohrtheit und Hass die Waffen. In einigen Fällen, in denen wir mit ihrer Hilfe vermitteln wollten, winkten sie schon nach kurzer Zeit ab: Kompromiss unmöglich, Hopfen und Malz verloren.

Kurzum: Wir sind definitiv eine Streithanselrepublik mit mehr als 600 000 Verfahren pro Jahr allein im Bereich solcher Nachbarschaftskonflikte. Diese Zahl ist ein Hinweis auf nationale Wesenszüge, die alles andere als sympathisch sind. Statt erwachsen miteinander zu reden, statt Konflikte im Gespräch zu klären, nehmen wir zu lange hin und warten ab, rufen dann aber gleich den Anwalt an, der Konflikte für uns klären soll, wozu wir selbst nicht mehr imstande sind. Manche machen das, weil sie um jeden Preis ihren eigenen Vorteil gesichert und durchgesetzt sehen wollen. Manche scheinen das aber auch geradezu zu genießen, als eine Art von Alltagsthrill. Vielleicht liegt es auch daran, dass so viele die elementarsten Grundregeln des menschlichen Miteinanders und der Kommunikation verlernt haben oder – schlimmer noch – nie gelernt haben: zuhören, überdenken, eigene Positionen korrigieren, Kompromisse schließen, Niederlagen akzeptieren. Auf der anderen Seite gibt es einen ganzen Berufsstand, der tendenziell genau davon profitiert, auch wenn nicht jeder Anwalt gleich bei jedem zu langen Ast über dem Nachbargrundstück begeistert in die Hände klatscht. Als ich selbst in jungen Jahren mit dem Gedanken spielte, Rechtsanwalt zu werden, gab es im ganzen Bundesgebiet rund 30 000 Anwälte, heute sind es mehr als fünf Mal so viele, etwa 160 000. Sie alle brauchen Mandanten und Streitfälle zum Leben. Das sind Wachstumsraten, auf die niemand wirklich stolz sein kann.

Aber es geht nicht nur um überhängende Äste im Garten und Gebäude, die an der falschen Stelle den falschen Schatten werfen. Sind die Noten der eigenen Kinder zu schlecht, verklagen ehrgeizige Mittelschichtler gerne auch schon mal die Schule oder die Lehrer, gab es auf dem Spielplatz eine Rauferei, muss natürlich gleich die Polizei ran. Das Gefühl, im Leben wie im Beruf in einem harten, erbarmungslosen Wettbewerb zu stehen, in einer immer kälteren Welt die Ellenbogen ausfahren zu müssen, führt dazu, dass alle umso rücksichtsloser ihre Interessen durchsetzen wollen – um nicht als die letzten Trottel in dem bösen Spiel dazustehen. Diesen Druck, diesen Geist geben die Eltern ungefiltert an ihren Nachwuchs weiter. In einer globalisierten Welt, in einer für mich unüberschaubaren Wirtschaftsordnung, die mich jederzeit zum Opfer machen kann, wehre ich mich – allzeit bereit, mit dem Messer zwischen den Zähnen. Die Kampfzone wird auf den Spielplatz ausgeweitet, die Schule, die Uni, überall hin. Harte Bandagen anlegen, Anwalt bereithalten, los geht's. Stell dir vor, da draußen ist Krieg, und wir müssen alle hin.

Auch mit unserer Sendung *akte* haben wir immer wieder unsere ganz eigenen Justizerfahrungen sammeln dürfen – vor allem mit Pressekammern. Dorthin zitieren uns gern jene Geschäftsleute, denen wir angeblich zu nahe getreten sind, wenn wir wissen wollten, warum sie unsere hilfesuchenden Zuschauer so behandelt, über den Tisch gezogen oder schlicht gnadenlos übervorteilt haben. Am spektakulärsten jedoch war unsere Gerichtserfahrung im Jahr 2000. Ganz Deutschland sprach damals über Kokainkonsum, nachdem sich Fußball-Coach Christoph Daum so selbst um den Job des Bundestrainers gebracht hatte.

Wir hatten untersucht, wie weit Koks im Land verbreitet war – und konnten in unserer Sendung Kokainspuren nachweisen, die sogar bis in den Reichstag hineinreichten. Das Echo war enorm, alle grinsten sich eins, die Berliner BZ druckte auf ihrer Titelseite ein Bild vom Reichstag, überschrieben mit Riesenlettern: »Schneekoppe«. Schwer erträglich für das Hohe Haus und seine vornehmsten Repräsentanten. Und so erteilte nach Erörterung im Ältestenrat der Präsident des Bundestags dem Autoren des Berichts und mir – als Moderator sozusagen der Überbringer der schlechten Nachricht – Hausverbot. Das bezog sich allerdings nicht nur auf den Reichstag als Sitz des Bundestags, sondern gleich auf alle Liegenschaften des Bundestags, immerhin 600 Gebäude (!) in der ganzen Republik. Das war eine radikale Beschneidung unserer journalistischen Möglichkeiten und somit ein unglaublicher, inakzeptabler Vorgang. Also klagten wir dagegen vor dem Verwaltungsgericht Berlin. Es wurde ein hoch spannender Prozess: Die Bundesrepublik Deutschland, agierend in Gestalt von Bundestagspräsident Wolfgang Thierse, wurde vertreten durch den Anwalt Gernot Lehr, später juristischer Beistand von Bundespräsident Christian Wulff im Kampf um sein Amt, wir hatten meinen langjährigen Rechtsvertreter Johannes Kreile in den Ring geschickt. Die Herren lieferten sich einen überaus eindrucksvollen Schlagabtausch auf höchstem Niveau, der selbst die Richter durchaus amüsierte. Nach vier Stunden siegten wir. Das Gericht folgte unserer Auffassung, dass diese Einschränkung für einen politischen Journalisten praktisch eine Art Berufsverbot bedeuten würde, was nicht hinzunehmen sei. Außerdem sei die Wiederholungsgefahr gleich null, zudem hätte der Bundestag in seinen Maßnahmen gegen uns abgestuft reagieren müssen und nicht gleich zur schwersten Keule, dem Hausverbot, greifen dürfen. Nach knapp einem Jahr war das Hausverbot wieder aufgehoben. Und wir fühlten uns wie jeder, der vor Gericht, noch dazu gegen die ganz Großen, gewinnt: Ein bisschen wie der legendäre »Müller von Sanssouci«, der im festen Glauben an die gerechte Justiz (»Es gibt ja noch Gerichte in Berlin!«) den Fortbestand seiner Mühle vor Gericht hatte durchsetzen können, obgleich sein Prozessgegner niemand geringerer war als der preußische König Friedrich II.! Was kann es Gerechteres geben als ein Verfahren vor einem deutschen Gericht! Aber wir wissen – so ist es leider nicht immer.

Immer wieder, bis in die jüngste Vergangenheit hinein, wird das grundsätzlich positive Bild der Justiz, das in unserer Gesellschaft größtenteils vorherrscht, besorgniserregend überschattet:

Das Vertrauen in die Unabhängigkeit der Justiz bröckelt. Trotz öffentlichkeitswirksamer Verurteilungen von Prominenten wie Uli Hoeneß – durchaus ein Beweis dafür, wie unabhängig die Justiz auch Mächtige und Reiche behandelt – unterstellen viele den Gerichten eine Art Klassenjustiz. Ein weitverbreitetes Gefühl, das natürlich durch Deals wie mit Formel-1-Zar Bernie Ecclestone scheinbar bestätigt wird. Wenn der sich mit der absurd hohen Summe von 100 Millionen Dollar freikaufen darf, kommt das schnell als Reichenjustiz an, egal wie juristisch korrekt das im Detail auch gewesen sein mag. Die Außenwirkung ist verheerend.

Das Vertrauen in die Unerschrockenheit der Justiz ist angeschlagen. Das Verhalten der Gerichte und Sicherheitsorgane gegenüber jenen Clans, die in einigen unserer Citys das kriminelle Milieu zu beherrschen scheinen, steht immer wieder in der Kritik. Da werde zu wenig gemacht, da werde zu langsam oder überhaupt nicht reagiert, der Staat zeige sich schwach, die Beamten hätten Angst, hier entstünden sogenannte rechtsfreie Räume. Damit ist gemeint: Die Ordnungskräfte kontrollieren diese Clans, ganze Großfamilien, und ihre Machtsphären nicht mehr oder nicht in ausreichendem Maße und überlassen den Kriminellen das Sagen. Politiker und leitende Polizisten beeilen sich stets, die Existenz solcher rechtsfreier Räume zu bestreiten. Bürger und Experten haben allerdings einen ganz anderen Eindruck.

In unserer Sendereihe *Fahndungsakte* – eine Art *Aktenzeichen XY ungelöst* im privaten Fernsehen – hatten wir einen Profiler als ständigen Gast, einen Professor der Polizeihochschule in Villingen-Schwenningen. Ein unabhängiger Kopf, der unumwunden zu seiner Einschätzung stand: Ja, natürlich gibt es rechtsfreie Räume, und ja, sie sind viel umfangreicher als offiziell zugegeben. Er konnte sie sogar detailliert benennen – bis in einzelne Straßenzüge hinein. Wohin die Polizei nur mit deutlich erhöhter Mannstärke gehe, und das auch nur, wenn mehrere Alarmglocken gleichzeitig schrillten – ermittelt werde da eher selten. Wenn Bürger hören, wie die Liberalität unseres Landes als Schwäche ausgenutzt und belächelt wird, wenn die Medien darüber berichten, wie Polizisten und selbst Feuerwehrleute bei Einsätzen etwa in Berlin-Neukölln von wütenden Mobs bedroht, attackiert und vertrieben werden, oder wie sich in Form von Friedensrichtern oder einer selbst ernannten »Scharia-Polizei« eine Art Paralleljustiz zeigt, dann läuft für viele etwas dramatisch schief mit unserer Justiz.

Auch bestimmte Anwälte haben Anteil am angeschlagenen Ruf von Justitia. Niemand hat in jüngster Zeit dem Ansehen eines ganzen Berufsstandes wohl so geschadet wie sogenannte Abmahnanwälte. Abmahnen ist zwar eine anwaltliche Kernaufgabe. Aber mittlerweile lassen sich ganze Kanzleien von professionellen Abzockern einspannen – in einem derartigen Umfang, dass man von einer landesweiten Plage sprechen kann. Inzwischen hat sich die Situation zwar etwas beruhigt, neue Gesetze gegen Internet- und Telefonabzocke und vor allem klare Urteile haben gegriffen – doch das fiese Spiel mit den Ängsten der Menschen geht weiter.

Und so funktioniert es: Im Auftrag von Firmen, die oft nur gegründet wurden, um Mahnschreiben initiieren zu können, verschickten Anwälte Rechnungen an Computerbenutzer, denen sie die Bezahlung angeblich rechtmäßig zustande gekommener Abonnements abverlangten – oder denen sie den illegalen Download von Musik- oder Filmfiles vorwarfen. Das *kann* einen ernsthaften juristischen Hintergrund haben. Aber was sagt man zu Kanzleien, die am Tag bis zu 3000 solcher Drohbriefe durch ihre Frankiermaschinen jagen? Oft ohne konkreten Beweis für das unterstellte Fehlverhalten der angeschriebenen Person. So war es im Einzelfall gar nicht nachweisbar, ob es sich nicht eventuell um eine ungeschützte WLAN-Verbindung gehandelt hat, auf die jeder zugreifen kann, oder um einen unbeaufsichtigten 14-jährigen oder doch um den Ehemann. Aber das war den Absendern auch egal. Nicht selten warteten sie sogar sorgsam ab, bis die Aufbewahrungsfristen für die Daten bei den Telefonanbietern abgelaufen waren, um erst dann ihre Mahnschreiben zu verschicken – in der Gewissheit, dass sich kein Angeschriebener ohne diese Daten gerichtsfest verteidigen kann.

Bei solchen Drohbriefen, ob von Anwälten oder Inkassobüros, zeigte sich immer wieder: Im Schnitt zahlten rund zehn Prozent der Angeschriebenen vor Schreck sofort, etwa ein Fünftel erhob Einspruch. Bei den restlichen ließen die Abzocker – teilweise Jahre später! – erneut nachfassen, sodass davon wiederum zehn Prozent zahlten. Ein Riesengeschäft für alle Beteiligten. Bei einigen der emsigsten, uns namentlich bekannten und mehrfach porträtierten Abzockeranwälten sollen zu Spitzenzeiten bis zu 20 000 Euro Mahngebühren *täglich über Jahre hinweg* eingegangen sein. Dabei ließen sich viele Anwälte nicht einmal *jeden* ihrer Mahnvorgänge bezahlen – was enorm teuer geworden wäre –, sondern kassierten nur im Erfolgsfall, wenn der Abgemahnte auch wirklich geblecht hatte. So stellt sich kein redlicher Mensch den Beruf des Anwalts vor. Die Anwaltskammern übrigens auch nicht.

Mehrere der Standesvertretungen wiesen ihre schwarzen Schafe darauf hin, dass ein Anwalt laut Rechtsanwaltsgebührenordnung *nicht kostenfrei* für jemanden tätig werden darf. Für *alle* Mahnbriefe, und wenn es bis zu 3000 täglich sind, müssten die Anwälte also Rechnungen an ihre Abzocker-Auftraggeber stellen, nicht nur für die Briefe, mit denen tatsächlich Geld eingetrieben wurde. Dann allerdings sieht die Sache schon ganz anders aus, dann ist das Riesengeschäft nämlich ganz schnell keines mehr. Mit solchen Anwälten möchte niemand in Verbindung gebracht werden: Als wir von *akte* einige Banken darauf hinwiesen, welche Gestalten bei ihnen ein Konto unterhielten, kündigten ihnen die Banken nicht selten umgehend – sodass die schlimmsten Raffzähne plötzlich und wiederholt ohne Kontoverbindung dastanden. Die Banken als Wahrer des Guten – auch das gibt es …

3. Was muss sich ändern?

Selbst noch mehr Anwälte und noch mehr Justizangestellte würden wahrscheinlich nicht zu einer nennenswerten Beschleunigung der Verfahren führen, deren Zähigkeit und Länge alle so gerne anprangern. Angesichts eines Volkes von kleinmütigen Prozessjunkies, die alle Konflikte, selbst der lächerlichsten Art, auf eine höhere juristische Ebene heben möchten, kann man auch in den Gerichten nur hilflos mit den Schultern zucken. Ihre Aufgabe ist es, Recht zu sprechen, aber mangelnde Erziehung und mangelnde Bereitschaft zur Solidarität können sie nicht ersetzen. Auch hier sieht man: Wenn der Egoismus des Einzelnen überhand nimmt, wenn also die Sozialfähigkeit abnimmt und gleichzeitig Moral, bürgerlicher Anstand und Vernunft – die wichtigen Bindemittel unserer Gesellschaft – an Bedeutung verlieren, hat am Ende niemand etwas davon. Alle leiden, alles wird teurer, unsere Gesellschaft wird noch kälter. Für die Justiz heißt das konkret: Die Prozesse werden noch länger, Unsummen werden verschwendet, Kapazitäten missbraucht. Das ist die generelle Lehre auch in diesem Bereich: Keine staatliche Regelung kann ein gesundes Maß an Vernunft und Eigenverantwortung ersetzen, die Alternativen sind immer teurer, umständlicher und unbefriedigender. Am Ende all dieser Fragen steht immer die grundsätzliche Überlegung: Was für eine Solidargemeinschaft wollen wir wirklich sein – oder eben nicht sein?

Es ist eine erschreckende und traurige Entwicklung, wenn erwachsene Bürger nicht mehr in der Lage sind, zivilisiert, ohne Anleitung und Mediation, ohne Staatsanwalt und Rechtsvertreter einvernehmliche Lösungen für Alltagsprobleme zu finden. Es geht um die einfachsten Kommunikationstechniken, die anscheinend immer weniger Menschen beherrschen oder anwenden wollen. Es geht um das Zuhören, das Verstehen, das Nachfragen, es geht um das Eingehen auf den anderen, um die Notwendigkeit, sich auf Kompromisse einlassen zu können – und um die Fähigkeit zu akzeptieren, dass man auch selbst unrecht haben oder gar eine Niederlage einstecken kann. Bei vielen Erwachsenen kommt jede Hilfe zu spät, sie sind wahrscheinlich für diese Art des Diskurses verloren. Aber man würde sich wünschen, dass die jüngere Generation zumindest auf der Schule, auf den Unis und in der Ausbildung wieder besser mit diesen elementaren Instrumenten des menschlichen Miteinanders ausgerüstet wird.

Dennoch muss alles getan werden, um die Verfahren zu beschleunigen. Eine deutliche Straffung der Zeitspanne von der Anklage bis zur Strafe muss oberste Priorität haben. Wir brauchen Experten, die sich des Problems annehmen und dafür schnell praktikable und effiziente Lösungen erarbeiten.

Um das deutsche Streithanseltum besser in den Griff zu bekommen und die Justiz, die sich auf die relevanten Dinge konzentrieren soll, zu entlasten, dürften viele Fälle gar nicht erst vor Gericht verhandelt werden. Wir brauchen höhere Hürden, sodass vieles direkt über Mediatoren geht. So wie sich viele Firmen schon jetzt in ihren Verträgen untereinander dazu verpflichten, im Streitfall nicht vor Gericht, sondern vor branchenkundige Schiedsstellen zu ziehen. Das spart Zeit, Kosten und Nerven für alle Beteiligten. Und es wäre eine durchaus begrüßenswerte Möglichkeit, Recht und Gerechtigkeit auch außerhalb von Gerichtssälen erlebbar zu machen.

Die Rechtsschutzversicherungen, die sich überall aufdrängen, müssen bitte klar definierte und viel drastischere Grenzen ziehen, um die Fälle, die sie annehmen und finanzieren, deutlich zu reduzieren. Das würde die Hemmschwelle, wegen jeder Bagatelle gleich zum Anwalt zu laufen, um einiges erhöhen. Schon bei Unterzeichnung des Versicherungsvertrages muss den Kunden klar sein, dass ihnen diese Police nur in wirklich relevanten Konfliktfällen von Nutzen sein wird.

Die deutsche Justiz darf kein Buch mit sieben Siegeln sein. Ihre Verfahren und Methoden müssen allen klar sein, sollten also am besten schon intensiv in der Schule erläutert werden, aber auch an den Berufsschulen und Universitäten. Ganz unabhängig davon, ob man in diesem Bereich arbeiten will oder nicht. Denn es mag vielleicht für einen Teil unserer Gesellschaft inzwischen fast normal sein, nicht nur einen Steuerberater, sondern auch einen Anwalt zu haben – für den Großteil ist es das aber nicht. Die Folge: wachsendes Unverständnis gegenüber der komplizierten Welt des Rechts und Frust darüber, sich als Bürger keine Geltung verschaffen zu können und stattdessen – gefühlt – untergebuttert zu werden. Und wenn man dann glaubt, sich nur noch durch die Wahl extremer Parteien gegen »die anderen«, die einem vermeintlich den Platz streitig machen, behaupten zu können, gewinnt die Entfremdung von Justiz und Staat ganz schnell an politischer Bedeutung. Deshalb brauchen wir dringend mehr neutrale Beratungsstellen, die im Konfliktfall helfen und dauerhaft schlichten können.

Urteile, die generelle Regeln für alle festlegen – wie zum Beispiel in Sachen Kreditbearbeitungsgebühren –, müssen zügig und für alle nachvollziehbar umgesetzt und angewandt werden. Entscheidungen, die jeder nachlesen kann, die aber in der Praxis keinerlei Wirkung entfalten, schwächen die Stellung und die Wahrnehmung des Rechtsstaates erheblich.

Die Bürger wünschen sich eine faire und unerschrockene, starke Justiz, die keine Furcht vor Mächtigen zeigt, sei es im politischen Raum oder auf der Straße. Sie wollen nicht, dass offensichtliche Probleme wie rechtsfreie Räume geleugnet und wegdiskutiert, sondern benannt und rasch und selbstbewusst angegangen werden.

Ärzte und Gesundheit: Von Göttern in Weiß und Profit-Optimierern

1. War früher wirklich alles besser?

Ärzte genossen bei uns zu Hause höchstes Ansehen und waren gern gesehene Gäste. Wir hatten einige in der Verwandtschaft. Auch meine Mutter wäre gern Ärztin geworden, aber die Realisierung dieses glühenden Berufswunsches scheiterte am Krieg und allem, was danach dringender und wichtiger erschien als die Träume einer jungen Frau. Nicht verwunderlich, dass sie diesen Beruf auch für ihre Söhne erstrebenswert fand, also rutschte ich nach Abitur und Wehrdienst da irgendwie hinein – wie auch mein jüngerer Bruder, der einige Jahre später folgte. Im Gegensatz zu mir zog er diesen Weg allerdings durch, sogar mit großem Erfolg. Er brachte es rasch bis zum Chefarzt einer katholischen Klinik, was meine Mutter restlos begeisterte. Leider starb ausgerechnet er, der mit Leib und Seele Arzt war, 2010 mit nur 51 Jahren an einer Herzkranzgefäßkrankheit, die er selbst und andere nicht erkannt hatten. Das war ein schwerer Schock für uns alle. Dabei hatte er stets topfit gewirkt, war Ausdauersportler, Marathonläufer, der bei einem Belastungs-EKG noch kurz vor seinem Tod den Apparaturen alles abverlangt hatte, sodass seine Kollegen den Test grinsend abbrachen. Und dann aus heiterem Himmel der tödliche Herzinfarkt. Das war grausam und ungerecht.

Mein Bruder war ein begnadeter Chirurg, Arzt aus Berufung. Er hatte seinen dreifachen Facharzt gemacht und hörte nie auf, sich um das Wohl seiner Patienten zu sorgen. Selbst wenn alles aussichtslos schien, ging er wieder und wieder alle Daten durch, um doch noch eine Lösung zu finden. Sein Tatendrang und sein Optimismus, gepaart mit einer ungeheueren Professionalität, waren grenzenlos. Nach seinem viel zu frühen Tod erlebten wir alle und vor allem seine Kinder, welche Bedeutung und Wirkung der Arztberuf im Allgemeinen haben kann – und wie man im Besonderen die konkrete Arbeit meines Bruders geschätzt hatte. Und das auf sehr direkte, bewegende, rührende Art: Zur Beerdigung strömten Hunderte Menschen, von denen ich viele noch nie zuvor gesehen hatte, vor allem frühere Patienten und Kollegen. Viel zu klein war die Kapelle, per Lautsprecher wurde die Andacht nach draußen übertragen. Überall saßen und standen Menschen mit Tränen in den Augen, im Wandelgang, vor der Aussegnungshalle, am Wegesrand. Eine derart geballte und beeindruckende Form der Ehrerbietung hatte ich noch nie erlebt. Es gibt wohl keinen anderen Beruf, der seine »Kunden« so dankbar machen kann. Bei meiner eigenen journalistischen Arbeit ist das auf jeden Fall nicht so.

Mir selbst war rasch klar geworden, dass die Zunft in Weiß nicht meine Zukunft sein würde. Nach fünf Semestern schmiss ich das Medizinstudium – und war grenzenlos erleichtert. Ich wollte nämlich schreiben, neugierig sein, Journalist werden – wie mein Onkel, mit dem ich den Vornamen und schließlich auch den Beruf teilte. In dem Moment, da ich das erste Mal das Verlagshaus der *Kölnischen Rundschau* betrat und der Geruch der Druckerschwärze mir in die Nase stieg, war ich glücklich. Ich wusste, das ist das einzig Wahre, so willst du arbeiten, so willst du leben. Meine Mutter soll angesichts dieser Kehrtwende in meiner beruflichen Laufbahn einige Nächte durchgeweint haben, derart unverständlich war ihr dieser Schritt in die Niederungen der Medien.

Mein Vater hatte große Probleme mit den Augen und später auch mit dem Herzen. Er ertrug das tapfer und wurde beinahe 90 Jahre alt – aber es war vor allem meine Mutter, die ihn die erheblichen Einschnitte in seine Lebensqualität zu ertragen half. Und so hatte die Familie auch aus Patientenperspektive schon früh intensiven Kontakt zu Ärzten. Das Verhalten und das Auftreten des Fachpersonals in den Krankenhäusern war zumeist imposant, nicht selten geradezu theatralisch. Ein Auftritt, wie er in anderen Branchen wohl kaum denkbar wäre: Die Tür springt auf, herein stürmt der heilige Professor, in seiner Selbsteinschätzung irgendwo zwischen dem legendären Chirurgen Ferdinand Sauerbruch und Gott, dahinter ein unterwürfiges, gehetztes Weißkittelgeschwader, das nur dazu dient, dem verehrten Gelehrten einen würdigen Hintergrund zu bilden. Der Professor spricht salbungsvolle Worte, hält und streichelt kurz Hände und Köpfe der erbarmungswürdigen Patienten, macht gelegentlich ein, zwei Witzchen, über die alle in der Runde angestrengt laut lachen, wenn sie nicht gerade mit geflissentlichem Nicken beschäftigt sind. Insgesamt war die Visite oft eine überaus skurrile und unfreiwillig höchst komisch wirkende Szene.

Der Umgang mit dem »Krankengut« (Ärzte-Deutsch für »Patienten«) ist für viele Ärzte eine echte Herausforderung. Das liegt teilweise auch an der Ausbildung. Zu meiner Studienzeit in den 70er Jahren wurde man als angehender Arzt erst vergleichsweise spät an echte Patienten herangelassen. Wenn dann die selbstbewussten »Eins Komma null«-Abiturienten, die sich oft vor allem von der Aussicht auf gesellschaftliches Ansehen und fette Gehaltsschecks hatten locken lassen, merkten, dass dieser Umgang mit Menschen einfach nicht ihr Ding ist, war es zu spät – den meisten war das aber auch wurscht. Im absoluten Notfall würden sie halt Medizinhistoriker oder Pathologe werden. Die sollten sich mal nicht so haben, die verwöhnten Patienten.

Der militärische Umgangston in den Krankenhäusern war sowieso ziemlich gewöhnungsbedürftig. Noch dazu glaubten die Ärzte oft, sich alles rausnehmen zu können: unklar sprechen, rotzig sein, unhöflich sowieso, Leute warten lassen, Fragen unzulänglich oder gar nicht beantworten – die Liste ließe sich unendlich fortsetzen. Der weiße Kittel war für viele eine Art Berechtigungsschein für unzivilisiertes Verhalten mit eingebauter Ausspielungserlaubnis von Überlegenheitsgewissheit. Seine herausragende Stellung erlaubte es dem Arzt, ein Verhalten an den Tag zu legen, das man von keinem anderen Dienstleister auch nur im Ansatz zu ertragen bereit gewesen wäre. Nur das jederzeit spürbare Machtgefälle zwischen Heiler und Leidendem machte es möglich. Für etliche Mediziner sicher ein sehr schöner Nebeneffekt dieser Tätigkeit, bei einigen konnte man allerdings den Eindruck gewinnen, dass das ihr Hauptantrieb war. Doch das schlechte Benehmen von Berufsrüpeln hat das hohe Ansehen und die Autorität des Berufsstandes in der Vergangenheit nie wirklich erschüttern können.

Von dieser Fundamentalkritik stets ausgenommen war der eigene Hausarzt. Denn der war das personifizierte Vertrauen, liebenswürdig und aufopferungsvoll, zu jeder Zeit zu einem Besuch am Krankenbett in der heimischen Wohnung bereit. Er war das Sinnbild all dessen, was diesen Beruf so einzigartig machte. Ein Mann (sorry, aber es waren meistens Männer) der klaren, weisen Worte, auf die auch die Eltern widerspruchsfrei hörten, ein Vertrauter der Familie, dem nichts verborgen blieb und der nicht selten auch die Funktion des Beichtvaters und Ratgebers übernehmen durfte. Wenn er klingelte und mit seinem schwarzen ledernen Arztkoffer das Zimmer betrat, wurde alles gut. Er wollte und konnte wirklich helfen, er sah zuerst den Menschen und dann den Patienten, er dachte an alles, aber ganz bestimmt nicht zuerst ans Honorar, das bei so vielen anderen eine so immens wichtige Rolle spielte.

Bei uns zu Hause, klar, sah man schon das enorme Geld, das damals in dem Beruf zu verdienen war, aber es galt lediglich als gerechte Begleiterscheinung einer wahrhaft edlen Aufgabe. Es ging vor allem um den Sinn, um die gute Tat, um ein Wirken für die Allgemeinheit. Auch um die gesellschaftliche und gesundheitspolitische Bedeutung, um das Ansehen und die spannenden Dinge, die man als Mediziner machen konnte. Als leuchtendes Beispiel sahen wir unseren Kinderarzt »Onkel Dr. Rudi«, eine Seele von Mensch, der Jahr für Jahr seine halben Sommerferien opferte, um in Afrika für die Ärmsten der Armen unentgeltlich zu arbeiten. Das hat uns imponiert, das hat uns inspiriert, das war der Wesenskern des Arztberufes für uns.

2. Willkommen in der Realität!

Das Ansehen der Ärzteschaft ist generell noch immer blendend, der Geldaspekt scheint in der öffentlichen Wahrnehmung nach all den Kürzungsdebatten über Honorare im Gesundheitswesen ein bisschen in den Hintergrund getreten zu sein. Es herrscht immer noch die Vorstellung vom Arzt als Kombination aus Gott in Weiß und Popstar. Aber der mediale Einfluss hat deutliche Spuren hinterlassen. Durch diverse Fernsehformate geprägt, stellen sich einige die Arbeit des Arztes vor wie in der Schwarzwaldklinik, andere träumen von einer Art Dr. House, dem genialen Faktenhuber, der nach normalen Maßstäben eine Vollmeise hat, jedoch alle Diagnoserätsel aufgrund seiner bestechenden Fähigkeiten zu lösen vermag. Projektionen, die bei den meisten Menschen zerbröseln, sobald sie selbst die erste Nacht im Krankenhaus verbracht haben.

Wenn ich in unserer Verbrauchersendung *akte* Beiträge anmoderiere, die sich etwa mit Ärztepfusch befassen, verweise ich fast immer darauf, dass es natürlich Hunderttausende im Gesundheitswesen gibt, die auch heute hart und ehrlich gearbeitet und einen super Job gemacht haben. Und dass deren Wirken überschattet wird vom Fehlverhalten weniger. Ein Fehlverhalten, das sich vielleicht letztlich als Missgeschick herausstellt – oder eben als dramatische Fehlkonstruktionen des gesamten Systems. Was in besonderem Maße auf das System und die Mediziner in Krankenhäusern zutrifft.

Die Krankenhauswelt wirkt auf die meisten Menschen kalt, auf absolute Effizienz ausgerichtet. Der Arzt als Profi, der es gewohnt ist, mit Profis zu arbeiten. Profis kennen die Anforderungen des Arztberufs, kennen die Beschränkungen, kennen die Notwendigkeiten. Nichts stört diese Profis mehr als Amateure, die sich ständig von der Seite einmischen: Patienten und/oder ihre Angehörigen, die mit ihren emotionalen Bedürfnissen so gar nicht in die effiziente Maschinerie passen. Die haben Angst, die heulen rum, die sind besorgt, die haben keine

Ahnung und verstehen noch nicht einmal die geläufigsten Fachtermini. Das bedeutet für die Götter in Weiß natürlich vor allem Zeitverschwendung, eine Zumutung nach dem Motto: »Ach, Gottchen, wollen die schon wieder dumme Fragen stellen oder einfach nur ein bisschen gestreichelt werden? Wo denken die eigentlich hin, was glauben die eigentlich, wo sie hier gelandet sind? Das ist hier kein Kuschelcamp für die zuwendungstechnisch Unterversorgten, das ist ein funktionierendes großes Räderwerk, das auf so alberne Gefühle nun wirklich keine individuelle Rücksicht nehmen kann. Die sollen sich alle mal ein bisschen zusammenreißen.«

So denkt der Mediziner. So kommt es einem zumindest oftmals vor. Aber weil er ein moderner Mediziner ist, weiß er natürlich, dass er von außen betrachtet wie ein Dienstleister wirken sollte, wenigstens dem Anschein nach. Erst recht, wenn er möglicherweise für einen privaten Anbieter arbeitet, der serviceorientiert auftreten möchte. Also kommt demonstrativ gezeigte Arroganz gegenüber dem »Kunden« nicht mehr so gut an. Das ist ein Dilemma, aus dem der schlaue Mediziner einen ganz einfachen Ausweg gefunden hat: Er ist dauernd und permanent gehetzt. Er geht nicht, er rennt, er würde ja gerne zuhören, kann aber gerade leider nicht. Er steht zwar momentan am Bett, ist in Gedanken aber schon drei Räume weiter. Ein durchaus probates Mittel, um den Patienten und ihren Angehörigen zu entkommen.

Kaum sieht der Arzt fragende Gesichter auf dem Flur, beschleunigt er auch schon seine Schritte und entzieht sich ihnen mit dem bedauernden Hinweis auf dringend wartende Patienten oder andere furchtbar wichtige Dinge, die ihn stressen. Schließlich hat er sich um das Wohlergehen aller zu kümmern. Niemand wird ihm das übelnehmen, im Gegenteil, er hinterlässt eher noch ein schlechtes Gewissen, weil man es gewagt hat, ihn mit banalen Fragen an der Erledigung weitaus bedeutenderer Aufgaben zu hindern. Stress als Entschuldigung für alles. Der Hit von Tim Bendzko »Nur noch kurz die Welt retten« scheint als Endlosschleife in Ärzteköpfen zu laufen – Antrieb und Schutzschild zugleich, das ihnen zusätzliche Belastungen vom Hals halten soll.

Der Patient als Störfaktor, der den Ablauf nur unnötig bremst – diese Einstellung scheint für einen gewissen Teil der Krankenhausmediziner zur Basis ihrer Arbeit zu gehören. Darüber hinaus treibt sie das Profitsystem Krankenhaus mit seiner krassen Arbeitsverdichtung, der allumfassenden Zuständigkeit, den endlos langen, gesundheitsgefährdenden Schichten und dem schier unbegreiflichen, geradezu kafkaesken Dokumentationswahnsinn an den Rand des Zusammenbruchs, sodass sie alles abwehren, was sie aufhält. Dazu kommt der Druck des lebenslangen Lernens, der in kaum einem anderen Beruf so stark sein dürfte wie in diesem. Diese extremen Zwänge und Anforderungen entfremden die Menschen in Heilberufen unerbittlich von ihren Patienten. Die sich inmitten dieser täglichen Zerreißprobe manchmal nur noch wie störende Staffage fühlen.

Und weil sie sich so ungern bremsen lassen, verhindern viele Ärzte bewusst ein vernünftiges Gespräch mit dem Patienten und werfen stattdessen lieber ihre rhetorischen Nebelwerfer an. Sie rattern in ihrer Akronym-Sprache drauf los, inklusive englischer Verhaspelungen sowie lateinischer und griechischer Schnipsel, und hauen ihre Abkürzungen dem Fragenden oder schlicht Hoffenden ungebremst um den Kopf. Das Ziel ist erreicht, wenn der Betroffene eingeschüchtert und entmutigt gar nicht mehr auf die Idee kommt, noch eine weitere Frage zu wagen.

Die Voraussetzungen dafür, jenseits des technokratischen Fachchinesisch verstanden zu werden, wären Wille, Fähigkeit und vor allem Zeit. Oft mangelt es an allen drei Faktoren, manchmal nur an zwei, aber immer und überall, das ist die erste Lektion für alle Patienten, mangelt es – wie eben beschrieben – an Zeit. Diese Erfahrung ist uns bereits so in Fleisch und Blut übergegangen, dass wir jede Abweichung, jedes Anzeichen von Zuwendung und jedes Fünkchen von »sich Zeit nehmen« mit Freudentränen in den Augen begrüßen: Dass wir das noch erleben dürfen! Was für ein gänzlich unerwartetes Geschenk, darauf hatten wir gar nicht mehr zu hoffen gewagt!

Der durchschnittliche Arztbericht liegt im Grad der Unverständlichkeit noch weit vor dem legendären Beispiel von Helmut Schmidt, der sich einst im Bundestag über seine ihm unverständliche Stromrechnung beklagte. Handschriftlich Verfasstes ist fast immer so gut wie unlesbar und kann in Verbindung mit den scheinbar willkürlich vorgenommenen Abkürzungen im Text kaum als Kommunikationsform gelten, die andere ja immerhin noch empfangen und dechiffrieren müssen. Im Nachhinein bin ich deshalb froh, dass ich in meinem Medizinstudium wenigstens den großen Anatomiekurs besucht habe, der umfassende Zusammenhänge verständlich vermittelte. Das hilft mir selbst heute noch, zumindest einen Teil des ärztlichen Erläuterungen zu verstehen.

Aber es gibt auch Veränderungen, die Mut machen: Erfahrene Schwestern, die in aller Selbstverständlichkeit Ärzte auf Fehler oder Versäumnisse hinweisen, junge Mediziner, die selbstbewusst ihre eigene Meinung auch gegenüber dem Vorgesetzten äußern. Allerdings ist der Hierarchie-Dünkel in der Welt der Medizin immer noch ein vormoderner, den es so ausgeprägt wohl kaum noch irgendwo anders gibt – außer vielleicht bei der Bundeswehr und einigen vorgestrigen Konzernen.

Fehldiagnosen und Behandlungsfehler, so selten sie vergleichsweise auch vorkommen mögen, belasten das Verhältnis zwischen Arzt und Patient besonders eklatant. In die Öffentlichkeit gelangt das Thema meist nur, wenn sich die Betroffenen in ihrer Not und Empörung an die Medien wenden. Denn in der Regel folgt auf den erlebten Schrecken noch die demütigende Behandlung durch die Verursacher, denen man sich hilflos ausgeliefert fühlt.

Einmal hat sich eine Frau an unsere Redaktion gewandt, die nach einem Sturz ins Krankenhaus gegangen war, um sich dort untersuchen zu lassen. Der Arzt diagnostizierte eine ausgekugelte Schulter und renkte sie wieder ein. Es war aber keine ausgekugelte Schulter, sondern ein massiver Bruch im Schultereckgelenk. Durch die Drehbewegung beim Einrenken zogen sich Muskelfasern in den offenen Bruch, und die Patientin musste so schnell wie möglich operiert werden. Unglücklicherweise zog sie sich während des Aufenthalts in der Klinik diverse Krankenhauskeime zu. Einige Nachoperationen waren notwendig. Zurück blieben grob entstellende Narben und eine verstörte junge Frau, die danach ihren Job als Model an den Haken hängen konnte. Die Klinik stritt jede Verantwortung ab. Es blieb nur der mühselige, nervenaufreibende und einschüchternde Weg vor Gericht. Das Letzte also, was man in so einer Situation will, die einen ohnehin überfordert.

Diese Haltung ist weit verbreitet, dank der Versicherungen der Kliniken. Die raten ihren Ärzten in jedem Fall: Bloß keine Selbstbezichtigung, kein Schuldeingeständnis, keine Entschuldigung, die als solche gewertet werden könnte. Das mag der technisch-juristisch »richtige« Rat sein, aber der hat natürlich für die Betroffenen und ihre Angehörigen erschütternde Folgen, die oft noch Jahre später nachwirken. Insofern ist das ein unwürdiger, menschenverachtender, herzloser Rat, der an den Bedürfnissen der unnötig Leidenden in sträflicher Weise vorbeigeht. Eine Handlungsanweisung direkt aus der Schublade des kalten Technokraten, der keine Menschen, sondern nur abzuarbeitende Fälle und seinen zu maximierenden Profit sieht.

In einem Hilferuf an die *akte*-Redaktion beklagte ein Mann den Tod seines Bruders, dem in der Klinik ein Luftröhrenschnitt gemacht werden musste. Der Assistenzarzt traf aber im entscheidenden Moment nicht die Luftröhre, sondern die Speiseröhre, und der Mann erstickte. Der Arzt sagte: »Oh, tut mir leid«, drehte sich um und ging, das war's. In einem anderen Fall war ein Mann aus Berlin beim Röntgen einer derart hohen Strahlung ausgesetzt worden, dass sein Hüftgelenk schwer geschädigt wurde und er fortan im Rollstuhl sitzen musste. Wir hatten auch schon Fälle, bei denen die Narkose nicht richtig funktionierte und die Patienten bei vollem Bewusstsein die OP durchlitten, ohne sich bemerkbar machen zu können. Eine Erfahrung, die für immer traumatisiert. Einer der Fälle, die uns am meisten erschütterten, war der einer jungen Frau, die sich in der Entbindungsklinik einen der aggressivsten Krankenhauskeime einfing, die es gibt. Dieser MRSA-Keim frisst das Muskelfleisch weg, sodass es »weit im Gesunden«, wie Operateure sagen, herausgeschnitten werden muss. Die bemitleidenswerte Frau fühlte sich hinterher wie ausgeweidet, überall fehlten Muskelbündel. Dreizehn Operationen waren notwendig, verteilt über Monate, inklusive Hauttransplantationen, inklusive künstlichem Koma. Das Schlimmste für sie: Das Kind, mit dessen Geburt alles begann, starb wenig später, ihre Ehe zerbrach. Den einzelnen Schuldigen an dieser menschlichen Katastrophe zu finden ist unmöglich. Das Problem dahinter ist aber klar zu benennen: Denn natürlich gibt es solche aggressiven Keime im Krankenhaus, und natürlich darf es sie nicht geben – aber wer bitte zieht aus so einem Fall weitreichende, nachhaltige Konsequenzen? Für keinen anderen Fall in der Geschichte von *akte* haben unsere Zuschauer so viel Geld gespendet wie für diesen, kein anderes Schicksal hat sie so angerührt. Die Klinik selbst schien ungerührt. Diese Fälle sind schlimm, diese Fälle sind Ausnahmen. Aber in der Art, wie entsetzte Angehörige von der Klinikbürokratie abgewimmelt werden, liegt System.

Doch die Dreiecksbeziehung Arzt-Patient-Gesundheitswesen ist nicht nur wegen der Männer und Frauen in Weiß so schwierig. Auch die Patienten selbst verschärfen die Situation durch ihr Verhalten:

Die Deutschen gehen sehr oft zum Arzt, viele zu oft. Das ist unter anderem ein Resultat der zunehmenden Überalterung der Republik. Für manche ältere Damen und Herren ist der Besuch beim Arzt eine der wenigen Möglichkeiten, aus der Vereinzelung auszubrechen und ein bisschen menschliche Zuwendung zu erfahren. Durchaus berechtigte und anrührende Motive. Eine Tante von mir ging in manchen Monaten bis zu 18 Mal zum Arzt, das hat sie selbst nachgezählt. Sie war nicht sonderlich krank, es war für sie einfach eine Chance, Kontakt nach draußen zu haben. Ein bisschen Warten, ein kleiner Plausch, umsorgt werden, Aufmerksamkeit bekommen, das hat sie froh und munter gemacht. So gesehen: Die Medizin hat gewirkt. Aber so ganz im Sinne des Erfinders ist das natürlich nicht, wenn man an das ohnehin schon überlastete Gesundheitssystem denkt.

Die Deutschen feiern häufig krank. Ein Blick auf die Krankenstatistik deutscher Arbeitnehmer lässt das Bild eines dauerkranken Volkes entstehen. In Berlin beispielsweise fehlt laut Statistik jeder Beamte der Senatsinnenverwaltung durchschnittlich pro Jahr 37,6 (!) Arbeitstage wegen Krankheit. Im Bundesdurchschnitt der Arbeitnehmer sind es immerhin noch 11,5 Tage (Zahlen von 2012). Das bedeutet natürlich nicht, dass alle pauschal einfach krankmachen. Bei einer heftigen Grippe liegt man schon mal 14 Tage flach. Aber: Die ist doch eher die Ausnahme. Und Tatsache ist nun mal, dass Krankfeiern von gar nicht so wenigen Beschäftigten schon Teil der Arbeitsplanung ist: Freitags gerne mal fehlen, montags blau machen – und es sind immer Ärzte, die ihnen dabei zur Seite stehen. Adressen von besonders krankschreibefreudigen Medizinern werden unter der Hand oder auch ganz offen weitergereicht. Es gibt Praxen, da können sich die Arbeitnehmer die begehrten gelben Zettel gleich vorne am Tresen abholen, ohne lästige Untersuchung. Der Einzelne mag das toll finden, aber was sagt das aus über unsere Gesellschaft und ihren im globalen Wettbewerb unabdingbaren Einsatzwillen – oder über das Berufsethos der beteiligten Ärzte?

Die Deutschen werden immer dicker und leben immer ungesünder – zumindest einige Bevölkerungsgruppen, die jeder für sich nicht selten Maß und Ziel aus den Augen verlieren. Die allgegenwärtige Fit-for-Fun-Rhetorik in den Medien sowie der Fitnessstudio- und Marathonwahn können nicht darüber hinwegtäuschen, dass die Republik in zwei Gesundheitslager zerfällt: Die einen kämpfen auf den Laufbändern um die Ideallinie, die anderen stopfen sich vor dem Fernseher oder Computer mit Snacks voll. Und das geht schon bei den Schulkindern los: Die dicken Schleckermäulchen von heute sind die Diabetes-Patienten von morgen. Früher haben wir entsetzt auf die Superdicken in den USA geschaut, heute wundern wir uns kaum noch, wenn die Berliner Feuerwehr eine 350-Kilo-Frau per Kran aus ihrer Wohnung holt, weil sie es durchs Treppenhaus nicht mehr nach unten schafft. Natürlich gibt es gewisse Stoffwechselstörungen, die zu Fettleibigkeit führen, aber noch häufiger ist es einfach die schlechte Ernährung. Dabei kann sich wirklich jeder gesund ernähren. Man muss es nur wirklich wollen.

Essen als Ersatz für Liebe, Essen aus Langeweile – es gibt viele Gründe für Kalorienexzesse. Die Essgewohnheiten von Kindern und Jugendlichen verlottern, weil sie es von ihren Eltern nicht anders vorgelebt, nicht anders *gesagt* bekommen. Teilweise sind die Eltern ja kaum in der Lage, für ihr eigenes Leben Verantwortung zu übernehmen, wie sollen sie da auch noch ihre Kinder in die richtige Richtung lenken? Da kaufen sie ihren Sprösslingen lieber noch eine Tüte Chips statt sich bei einem »Nein« auf den zu erwartenden Streit einzulassen. Die Folge: Grundschüler, die nicht einmal auf einem Bein stehen oder rückwärts gehen können, übergewichtige Kinder, die keinen Liegestütz schaffen und nach einem Zehn-Meter-Lauf außer Atem sind – ein Trauerspiel. Schuld sind die Eltern. Ausbaden müssen es die armen Kinder. Und später wir alle über die steigenden Krankenkassenbeiträge.

Die Medizin- und Gesundheitsbranche ist schon heute mit Abstand die größte in Deutschland. Mit zweieinhalb Millionen Arbeitnehmern sind hier viel mehr Menschen beschäftigt als etwa in der international erfolgreichen deutschen Autoindustrie. So viele Ärzte und so viele Möglichkeiten zu helfen gab es noch nie zuvor in unserem Land. Mit unserer High-Tech-Medizin sind wir in der Lage, wahre Wunder zu vollbringen. Vielleicht werden wir bald noch ganz andere Szenarien erleben. In einer Einladung der Berlin-Brandenburgischen Akademie der Wissenschaften hieß es kürzlich: »Wie realistisch ist das Zukunftsszenario eines Chirurgen, der von einem Ort der Erde gleichzeitig sieben Operationen per Computer und Internet leitet?«

Doch der Alltag der allermeisten Menschen ist derzeit vor allem von einer Erfahrung geprägt, nämlich der, beim Facharzt keinen zeitnahen Termin mehr zu bekommen. Und das wird in den kommenden Jahren noch deutlich schlimmer werden, denn die Babyboom-Generation überschreitet gerade die Schwelle zum Ruhestand. Nie gab es mehr alte Menschen, die im Alter versorgt werden wollen, bei gleichzeitig immer weniger Beitragszahlern und immer aufwendigeren Behandlungsmethoden. Das Problem ist bekannt, die Lösung nicht. Auf einen überzeugenden Entwurf für die Zukunft warten die Versicherten bisher vergeblich. Man kann das naiv nennen. Oder ignorant. Ganz bestimmt aber ist es unverantwortlich.

Das Vertrauen in das System des Gesundheitswesens ist angeknackst. Heute gehen alle Krankenversicherten instinktiv von einer Zweiklassenmedizin in Deutschland aus: Es gibt die lukrativen Privatpatienten, die jederzeit überall sofort einen Termin bekommen, Chefarztbehandlung sowieso, und es gibt den großen Rest, die graue Kassenmasse, die um jeden Termin und eine vernünftige Behandlung kämpfen muss und sich nie sicher sein kann, ob es nicht doch noch eine bessere Methode gibt, die aber aus Kostengründen unterbleibt, vielleicht sogar den wertvolleren Privatpatienten vorbehalten ist. Allerdings ist die Annahme einer solchen Zweiklassengesellschaft falsch beziehungsweise: Die Dinge sind bereits weiter fortgeschritten. Ein Mitarbeiter unserer Produktionsfirma hat das kürzlich selbst erleben dürfen. Seine kleine Tochter hat Rheuma und bekam während eines Ferienaufenthaltes an der Ostsee einen heftigen Schub, der sofort behandelt werden musste. Unser Mitarbeiter wollte sich lieber nicht auf die medizinischen Möglichkeiten in dem kleinen Urlaubsort verlassen und fuhr seine Tochter zum Krankenhaus in die nahe gelegene Kreisstadt, entschied sich dort dann aber doch noch für die Weiterfahrt zum Uniklinikum in Greifswald. Die dortigen Ärzte haben ihn für diese Entscheidung sehr gelobt – weil es ja heutzutage eindeutig eine Dreiklassenmedizin gebe: Stadt, Land, privat. Und wenn es geht, am besten immer gleich in die Uniklinik, da hätten sie auf jeden

Fall noch andere Sachen zu bieten als in den kleineren Häusern. Fazit: Such dir gut aus, woran du erkrankst und wen du dann wo aufsuchst. Nicht gerade beruhigend für Leute, die auf dem Land leben und besorgt beobachten, wie ein Krankenhaus nach dem anderen geschlossen wird.

Schon heute fehlen in strukturschwachen Gegenden massenweise Ärzte. Die alten Mediziner gehen in Rente, die Jüngeren haben keine Lust aufs Landleben. Durch die zu beobachtende Flucht in die Städte und das Verbleiben von immer weniger Menschen in manchen Regionen wird sich diese Entwicklung noch verschärfen. Es wird immer schwieriger werden, genügend qualifizierte Ärzte für die Versorgung der Menschen auf dem Land zu finden. Gleichzeitig beobachten wir eine Wanderbewegung unserer gut ausgebildeten Jungärzte von hier nach Frankreich oder in die Schweiz, stärker noch nach England, Irland oder gar nach Norwegen oder Schweden. Ihr Arbeitsmarkt wird zunehmend globaler. Teilweise entspricht das ihrer Abenteuerlust, teilweise locken woanders einfach bessere Arbeitsbedingungen und höhere Verdienste – auf jeden Fall erscheint ihnen ihr Einsatz im Ausland lukrativer als irgendwo in Mecklenburg-Vorpommern auf dem Land. Die Folge: Viele, die sich hier auf Staatskosten ausbilden lassen, zahlen diese Unterstützung nicht in Form von Steuern zurück, sondern verdienen ihr Geld lieber woanders. Da fragt man sich schon, ob das für die Gesellschaft nicht vorteilhafter organisiert werden kann.

3. Was muss sich ändern?

Auch wenn es wie eine Binsenweisheit klingt: Die Medizin muss trotz aller Kostenbeschränkungen und Effizienzbemühungen wieder den Menschen in den Mittelpunkt stellen. Es kann nicht sein, dass der, um den es eigentlich geht, nämlich der Patient, unter dem rücksichtslos dahinwalzenden High-Tech- und Bürokratiepanzer begraben wird. Wir wollen Ärzte, die sich die Zeit nehmen können, die sie für ihre Patienten brauchen. Wir wollen Ärzte, die in einer Sprache sprechen, die der Patient restlos versteht. Wir wollen Ärzte, die innerhalb von Strukturen arbeiten, die den Patienten nicht zum profit-optimierenden Faktor degradieren. Kurzum: Wir wollen eine Medizin mit Herz und Verstand, die den Menschen als Menschen ernst nimmt und seine Kümmernisse begreift. Wem das naiv vorkommt, der weiß, wie sehr ihn die Realität schon frustriert hat.

Mehr Herz erwarten wir Patienten vor allem, wenn mal etwas schiefgegangen ist. Die allermeisten Menschen haben durchaus Verständnis für Fehler, egal wie die juristische Schuldfrage später bewertet wird. Niemand ist gerne das Opfer von Fehldiagnosen oder Behandlungsfehlern, aber Schicksalsschläge sind den Patienten nicht fremd. Auch wenn sie hoffen, dass sie ihnen nicht widerfahren. Wenn so etwas dann doch passiert, sollten die Verantwortlichen zu allererst den Opfern ihr Bedauern ausdrücken. Das würde den meisten sofort helfen und ihnen trotz der erlittenen Beeinträchtigung wenigstens etwas Seelenfrieden geben. Es geht bloß darum, Mensch zu sein: Ja, das tut uns aufrichtig leid, wir stehen alle hier, weil wir so zerknirscht sind. Es ist absurd, zu welchen Verrenkungen und abnormalen Verhaltensweisen die Ärzte von ihren Versicherungen gezwungen werden, obwohl sie mit solchen Situationen wahrscheinlich oft gern anders umgehen würden. Das Verhältnis Krankenhaus-Patient leidet darunter stärker, als eine Versicherung je leiden könnte, wenn sie für sich und das Krankenhaus eben nicht die geringstmögliche Zahlung herausholt. Es geht doch um so viel mehr – um das spürbare Miteinander.

Ich bin fest davon überzeugt, dass wir zumindest in den Krankenhäusern einen neuen Beruf brauchen: den Facharzt für Medizininformation. Das müsste ein regulär ausgebildeter Mediziner sein, der genau versteht, was seine Kollegen tun und wollen, der aber nur eine existenziell wichtige Aufgabe hat: Er muss dem Patienten in aller Ruhe erklären, woran er erkrankt ist und wie man ihn in der Klinik zu behandeln gedenkt. Er spricht in einer klaren Sprache, die allgemein verständlich ist, er beantwortet unermüdlich alle Fragen und seien sie auch noch so »dumm«, er ist ein glänzender Kommunikator, einfühlsam, warmherzig, geduldig. Er ist der Fachsprecher für all diejenigen Kollegen, die unten in der Galeere rudern müssen. Er kann zugleich die gerichtsfeste Dokumentation der erforderlichen Informationsvermittlung leisten. Ich bin mir sicher, dass sich dadurch nicht nur das Verständnis des Patienten für alle Klinikvorgänge verbessern würde, sondern sich durch diese Art der Betreuung und Zuwendung auch der Heilungsprozess erheblich beschleunigen würde. Die behandelnden Ärzte würden entlastet, der Patient wäre zufrieden, die Heilkurve verliefe besser – ein Gewinn für alle Seiten. Manchmal muss man eben unorthodox denken und handeln.

Außerdem sollte unbedingt schon bei der Ausbildung viel stärker darauf geachtet werden, wer für die menschliche und damit ganz wesentliche Komponente des Berufs qualifiziert ist. Man geht dabei heute schon vielfach neue Wege und wählt bewusst auch solche Kandidaten aus, die den Numerus clausus – also das Traumabitur – *nicht* haben, aber offensichtlich über andere für den eigentlichen Beruf entscheidende Fähigkeiten verfügen wie Leidenschaft, Einfühlungsvermögen, Genauigkeit, Sensibilität, Menschenfreundlichkeit. Die heutzutage in Kliniken herrschenden Controller mögen vielleicht lieber den Typus »Eiskalter Zyniker mit dem Rechenschieber in der Hand«, aber wir Patienten verdienen eine bessere Behandlung.

Das immer stärkere Gefühl einer Zweiklassenmedizin ist genauso unangenehm wie die generelle Unterversorgung weiter Landstriche mit Haus- und Fachärzten. Wir müssen junge Leute, die eine hervorragende Ausbildung an unseren durch die Allgemeinheit subventionierten Universitäten genossen haben, stärker motivieren, diese Lücken zu füllen, und sei es nur für ein paar Jahre. Wenn gut ausgebildete Ärzte nach ihrem Abschluss gleich ohne Probleme ins Ausland abwandern, ist die nötige

Mobilität offenbar vorhanden – aber sie geht buchstäblich in die falsche Richtung. Notfalls muss man auch über finanzielle Anreize (nachträgliche Gebühren für abwandernde Ärzte, Gebührenerlass für freiwillige Jahre auf dem Land) und andere innovative und, ja!, auch dirigistische Maßnahmen nachdenken. Im Freistaat Sachsen hatten Krankenkassen und Ärztevertretungen schon die richtige Idee: Sie finanzieren jungen Leuten das Medizinstudium, wenn die sich verpflichten, danach einige Zeit als Landarzt zu arbeiten. Aber: Es gibt nur 20 Studienplätze – und die sind in Ungarn. Weil das Projekt in Deutschland auf – na? – bürokratische Hindernisse stößt: Da geht es um rechtliche Fragen, ob so eine Verpflichtung mit der Freiheit der Berufswahl kollidiert oder ob man dem Monopol der zentralen Studienplatzvergabe überhaupt einen solchen Sonderweg entgegensetzen darf.

Die Kassen müssen noch viel stärker Vorsorgemaßnahmen fördern. Auch hier können finanzielle Anreize helfen, wie zum Beispiel Rabatte auf die Beiträge jener, die Sport treiben und auf ihre Ernährung achten. Die Vermeidung von späteren Gesundheitsschäden ist ein hochsensibles Thema, weil es logischerweise die intimsten Lebensbereiche betrifft. Aber andererseits widerspricht es sowohl dem menschlichen Anstand als auch der ökonomischen Vernunft, tatenlos dabei zuzusehen, wie ganze Bevölkerungsschichten an den Folgen ihres Übergewichts erkranken. Insbesondere wenn es sich um Kinder handelt, die es zu Hause leider nicht besser lernen.

Einiges ist an Kindergärten und Schulen schon getan worden, aber die Bereiche Ernährung und Sport sind gerade für die Kleinsten noch stark ausbaufähig. Nur wenn ihnen dort jemand zeigt, was man außer Chips und Pommes noch essen kann und wie viel Spaß es macht, sich zu bewegen, entkommen sie vielleicht der Fettfalle, in die sie sonst – da es ihre zum Teil sozial schwachen, zum Teil überforderten Eltern selbst nicht besser wissen – tapsen. Professionelle Ernährungsberatungsstellen in öffentlichen Ämtern, an Schulen und Kindergärten, Ernährungswissenschaft in Theorie und Praxis als bundesweites Schulfach – wir müssen innovativ denken!

Lebensversicherungen unterscheiden bereits zwischen Rauchern und Nichtrauchern, weil die jeweilige Lebenserwartung signifikant anders ausfällt. Wenn wir das Gesundheitssystem bezahlbar halten wollen, werden auch die Krankenkassen ihre Beiträge in Zukunft aus Kostengründen viel stärker differenzieren müssen, als das derzeit üblich ist. Wer stark übergewichtig durchs Leben geht und damit bewusst Gesundheitsschäden in Kauf nimmt, für die dann später die Allgemeinheit aufkommen soll, der handelt im Prinzip genauso fahrlässig wie jemand, der raucht oder gefährliche Sportarten betreibt, die in teuren Behandlungen enden. Und das bekommt nicht nur der Betroffene zu spüren, sondern auch jeder einzelne Versicherte über die erhöhten Beiträge. Klar: Die Aufzählung zeigt schon, wie schwierig es werden würde, nach einzelnen Risikogruppen zu differenzieren, aber das darf uns nicht davon abhalten, das System noch einmal neu zu überdenken. Der Wille des Einzelnen zur Eigenverantwortung auch im Gesundheitsbereich muss dringend gestärkt werden!

Der demografischen Entwicklung kann keiner entkommen: Es gibt immer mehr Alte, die immer länger medizinische Hilfe brauchen, und immer weniger Junge, die das mit ihren Beiträgen finanzieren können. Wie soll ein heute schon überfordertes und zu teures Gesundheitswesen damit fertig werden? Wie sehen realistische Szenarien aus, was ist der große Plan? Und was bedeutet das konkret für jeden einzelnen Arbeitnehmer, für die betroffenen Alten? Wir brauchen dringend eine tabufreie gesellschaftliche Diskussion über diese elementaren gesellschaftlichen Fragen, die keiner gerne anfasst, weil wir ahnen, dass die Antworten uns allen nicht gefallen werden. Nur: Mit der Vogel-Strauß-Haltung kommen wir da nicht weiter.

Wohnen: Von Immobilienhaien und Mietnomaden

1. War früher wirklich alles besser?

Mein Bruder und ich sind in dem schönen Einfamilienhaus unserer Eltern in Köln groß geworden. Das war zur Hälfte mit Weinranken überzogen, die sich im Herbst spektakulär verfärbten. Es sah so gut aus, dass wir Kinder sogar ohne Murren bereit waren, das viele Weinlaub zusammenzurechen, das jeden Herbst zu Boden schaukelte. Das eigene Haus war für meine Eltern von enormer Bedeutung – es war die Realisierung des gemeinsamen Traums von Frieden, Rückzug, Burg, Vorzeigeobjekt. Einer ihrer glücklichsten Tage war, als unsere Mieter der ersten Jahre Anfang der 60er auszogen und wir von da an das ganze Haus für uns allein hatten. Verblüffenderweise habe ich keinerlei Erinnerung an die Mieter »unten«, ich weiß noch den Namen, habe aber keine Gesichter oder Stimmen gespeichert. Irgendwie wollten meine Eltern kein allzu enges Miteinander, sondern das Verhältnis auf professioneller Vermieter-Mieter-Ebene beruhen lassen. Für uns Kinder war die Sache mit dem Mieten daher irgendwie etwas Undurchschaubares, Geheimnisvolles, eben was für Erwachsene.

Dann begannen »unten« die Vorbereitungen für den familienlegendären »Umbau«. Bevor es losging, durften wir Kinder die alten Tapeten vollmalen, drinnen Fahrrad fahren, Ball spielen. Wir genossen es, völlig frei zu sein von Verboten jeder Art – und wir wussten: Diese Freiheit verdankten wir dem Auszug der Mieter. Der Umbau brachte uns ein ausgedehntes Wohnzimmer, das zwei Räume zusammenfasste, einen von meinem Vater selbst entworfenen Kamin und ein prächtiges Blumenfenster,

Ausdruck der Gartenleidenschaft meiner Eltern, die sich stundenlang durchs Unterholz wühlen oder über Neuanpflanzungen reden konnten. Mein Bruder und ich teilten diese Begeisterung nie: Bei uns ging es eher darum, gerecht auszuhandeln, wer den Rasen mähen, den Holzzaun streichen und die Rosen winterfest machen muss. So machten wir uns »nützlich«, wie Eltern den Nachwuchs damals zu loben pflegten, was sich wiederum auf die Höhe des Taschengelds auswirkte. Wie es in und um das Haus herum aussah, war immer ein großes Thema. Meine Mutter hatte jungverheiratet in *dem* Kölner Einrichtungshaus gearbeitet, worauf sie bis heute sehr stolz ist. Und sie war Leserin der ersten Stunde der Zeitschrift *Schöner Wohnen*. Dementsprechend musste bei uns permanent etwas ausprobiert oder umgestellt werden, bis es ihren hohen Ansprüchen genügte. So hatten wir auch erst nach vielen Versuchen einen Platz für unser aller Lieblingsstück gefunden – ein kleines Kapitell, also der obere Teil einer Säule, die mal Teil des Kölner Doms gewesen und irgendwann von den Steinmetzen der Dombauhütte ausgetauscht worden war. Und jetzt hatten meine Eltern den Sandstein mit sehr viel Aufwand zu einem Drittel in die Wohnzimmerwand eingelassen. Zwei Drittel standen frei und waren über Jahrzehnte hinweg ein echter Hingucker.

Das Eigenheim war für uns etwas Selbstverständliches, wir dachten gar nicht darüber nach. Viel Zeit verbrachten wir auch im Elternhaus meiner Mutter in der Nähe von Osnabrück. Dort war sie groß geworden, ebenfalls im eigenen Haus, Baujahr 1926. Das hatte damals 26 000 Goldmark gekostet, wie in der Familie erzählt wurde. Was mir erst mal gar nichts sagte, aber dann las ich irgendwo, dass Mercedes in demselben Jahr einen gewaltigen Sportwagen vorgestellt hatte, der auch diese Summe kostete. Fortan hieß es stets: Opas Haus war genauso teuer wie dieses Auto von Mercedes. Ein Vergleich, der meiner Mutter nicht sonderlich gefiel, denn ein Haus ist natürlich immer viel wertvoller als ein Auto … Wie mein Vater aufgewachsen war, wussten wir nur aus Erzählungen, denn im Krieg war fast alles zerstört worden. Wie die Villa in Zwickau und später die

Dresdner Wohnung mit Blick auf die Elbe ausgesehen hatten, konnten wir uns ausmalen, wie wir wollten: mit endlos langen Fluren, unzähligen Zimmern und einer Art eingebautem Spielplatz für schlechtes Wetter. So ein Zuhause kann die Fantasie schon ganz schön beflügeln …

Da auch die Freunde meiner Eltern so ähnlich wohnten, erschienen mir Garten und Garage als eine Art Standard. Dass dem nicht so war, lernte ich erst, als ich später Mitschüler in deren Zuhause besuchte. Ich weiß noch, wie sehr es mich beschäftigte, als ich das erste Mal bei Leuten war, die in einem Mehrfamilienhaus ziemlich weit oben wohnten. »Kommst du *runter*?«, musste ich fragen, wenn ich mit dem Freund dort spielen wollten – bei uns hieß es immer: »Kommst du *raus*?« Diesen Unterschied hatte ich natürlich sofort herausgehört. Alles andere warf viele ungeklärte Fragen auf: Wo ließ man in drei Zimmern all seine Sachen? Stand deshalb der Schuhschrank *vor* der Wohnungstür, auf dem Treppenabsatz? Auf dem Nachhauseweg war ich einigermaßen verwirrt. So zu wohnen war mir einfach neu.

Auf dem Gymnasium schärfte sich dann das Bewusstsein dafür, dass eine Gesellschaft nun mal aus verschiedenen sozialen Schichten besteht. Und nach Schule, Wehrdienst und Studium wurde ich als Student dann selbst ein Mieter in Köln. Eine neue und leider nicht sehr angenehme Erfahrung. Mit Massen von Mitbewerbern drängte ich mich durch stickige Flure und musste absolut indiskrete Fragen beantworten. Wie viel man verdiene, wie man so lebe, wie viel Besuch man erwarte – die unmöglichsten Aspekte wurden ohne Scham beleuchtet. Antwortete ich nicht oder nur zögerlich, war der Ofen sofort aus. Ein Gefühl von Abhängigkeit und Demütigung machte sich breit. Aber natürlich wollte ich der eine unter den 100 Hoffnungsvollen sein, dem das große Glück des Zuschlags gewährt würde.

Mein erstes eigenes Domizil in Köln war ein Eckhaus, Am Rinkenpfuhl, dritte Etage, direkt gegenüber dem damaligen Finanzamt – morgens nach dem Aufstehen konnte ich gleich den Sachbearbeitern bei der Zeitungslektüre zuschauen. Das Haus stand in einer engen, typisch kölschen Innenstadt-Einbahnstraße. Die Wohnung war mit ihren 24 Quadratmetern sehr gut geschnitten. Sie hatte ein komplettes Bad, eine richtige Küche und einen größeren Raum mit breiter Fensterfront. Als meine Eltern in ihren Altersruhesitz zogen, vermachten sie mir ihren alten Gummibaum, den ich leichtfertig annahm. Doch das Ding war so riesig, dass es locker drei Kubikmeter Luftraum wegnahm und überall störte. Also stellte ich den Gummibaum notgedrungen in die Badewanne, damit er aus dem Weg war. Bei jeder Wannennutzung musste ich ihn wieder zur Seite räumen. Aber ich brachte es nicht übers Herz, das Geschenk meiner Mutter in die Mülltonne zu stopfen, obwohl das mein Leben deutlich vereinfacht hätte.

Meine Vermieterin war eine ältere Dame aus dem Vorgebirge, der Hausverwalter ein Anwalt. Der hatte nebenan eine Garage, vor der ich einmal aus Bequemlichkeit geparkt hatte. Bei der nächsten Begegnung sagte er prompt zu mir: »Wenn Sie den Wagen nicht weggestellt hätten, hätte ich Ihnen die Ohren lang ziehen müssen!« Unglaublich – so hatte noch nie jemand mit mir gesprochen. Was bildete der sich ein? Da merkte ich, es passieren höchst ungewöhnliche Dinge zwischen Vermietern und Mietern.

Im Laufe der Zeit machte ich alle Erfahrungen, auf die wohl jeder Mieter gerne verzichten würde. Von unverständlichen Nebenkostenabrechnungen, sich verziehenden Türen bis hin zum schnell auftauchenden und wuchernden Schimmel war alles dabei. Trotzdem stellte sich mir lange Zeit nicht die Frage: mieten oder kaufen – ich wollte es einfach nur schön haben, mich wohlfühlen und kurze Wege haben. Und ich wollte erst einmal flexibel bleiben, weil ich mich an die Stadt nicht dauerhaft gebunden fühlte. Solange meine riesige Bücherwand aus fünf großen Billy-Regalen irgendwohin passte, war meine Welt in Ordnung.

Mit meiner ersten Frau bezog ich dann eine Wohnung in der Nähe vom Barbarossaplatz. Dort ergatterten wir in einem der wenigen Gründerzeithäuser, die im Krieg nicht vollständig zerstört worden waren, den absoluten Wohntraum: 110 Quadratmeter, 3 Meter 50 hohe Decken, riesige Fenster, Holz, so weit das Auge reichte. Da begann das Leben noch einmal neu – für zwar auch schon ganz ordentliche 10 Mark pro Quadratmeter, kalt, allerdings frisch renoviert. Den Altbau in einen Traum verwandelt hatten die schlanke, elegante und hinreißend liebenswürdige Hausbesitzerin und ihr – zunehmend weniger schlanker und sehr lebenszugewandter – Partner, die sich mit Hingabe und viel Liebe zum Detail um ihre Immobilie kümmerten. Das Paar zeigte mir, wie Vermieter auch sein können: engagiert und fair, offen und zugleich verwundbar, denn natürlich waren sie ebenso abhängig von ihren Mietern wie die Mieter von ihnen. Angesichts all des Geldes, das sie ins Haus gesteckt hatten, waren sie darauf angewiesen, dass wir unsere Miete zuverlässig überwiesen. Nach und nach renovierten sie alle Einheiten in dem fünfstöckigen Haus. Und es stimmte alles, von alten Holzkassettentüren bis hin zum völlig überarbeiteten Dielenboden. So etwas fand man in Köln sonst überhaupt nicht mehr.

Später in Berlin machte ich mit meiner heutigen Frau ganz eigene Erfahrungen: Irgendwie schienen fast alle Wohnungen in Charlottenburg Altbau zu sein, riesig und voller verspielter Details. So war es in ihrer Wohngemeinschaft, in der wir anfangs lebten – und in unserer ersten gemeinsamen Wohnung: Dachgeschoss mit Blick auf eine Kastanie im Innenhof. Dort schafften wir es aufgrund unserer Arbeitsbelastung in den ersten eineinhalb Jahren nicht einmal, die Umzugskartons richtig auszupacken, und lebten deswegen sehr, sagen wir, spontan. Dann lief unser Mietvertrag aus, die Besitzer wollten selbst einziehen, wurden aber als Diplomaten überraschend doch noch mal versetzt und nahmen deshalb zwei junge Damen als Mieterinnen auf. Die nutzten die Wohnung, wie wir mitbekamen, sogleich für die Ausübung ihres Berufs, hatten reichlich Herrenbesuch – und als sie sich schließlich der Kündigung beugten, ließen sie bei ihrem Nacht- und Nebelauszug sämtliches Mobiliar der Einbauküche mitgehen, dazu alle Sanitäreinrichtungen und die Heizkörper.

Auch das erleben Vermieter mit ihren Mietern. Und doch stürzten wir uns später selbst in das Abenteuer, ein altes Mietshaus in Potsdam zu sanieren und zu vermieten, was meine Perspektive natürlich auch noch einmal veränderte. Wir selbst leben immer noch in Charlottenburg in einer schönen Wohnung, die wir irgendwann auch gekauft haben. Aber eins habe ich bei all den Wohnungswechseln gelernt: Fairness ist alles. Ob als Mieter oder Vermieter. Wir wollen Fairness, wir erwarten Fairness, wir fordern Fairness ein. Das ist die Basis, auf der sich eigentlich alle Probleme lösen lassen.

2. Willkommen in der Realität!

Wohnen ist ein Beispiel dafür, wie sehr sich die Politik – egal auf welcher Ebene – von aktuellen, aber eigentlich absehbaren gesellschaftlichen Veränderungen überraschen lässt – und wie schnell sie sich wieder von der Aufgabe abwendet, wenn das Herumdoktern an den Symptomen erste Effekte gezeigt hat. Meine Lokalredaktion der *Kölnischen Rundschau* gewann Anfang der 80er Jahre einen Preis für ihre Serie über die damals grassierende »Wohnungsnot in Köln«. Die ersten geburtenstarken Jahrgänge drängten auf die Universitäten, in die Städte, gründeten Familien – die Wohnraumversorgung war nicht mitgewachsen. Später rüttelte sich das mit allerlei Baumaßnahmen zurecht – und jetzt, nach 30 Jahren, reden wir wieder darüber. In Berlin gibt es ein Gesetz, das die Nutzung von Wohnraum als Ferienwohnungen für die Millionen Berlin-Touristen verbietet. Die Preise stiegen enorm an – auch wegen der neuen Kaufnachfrage sogar aus dem Ausland. Irgendwie wiederholt sich alles – und scheint zugleich noch komplizierter geworden zu sein.

Wohnen ist für viele zum Problem und zum teuren Luxus geworden. Wer nicht das Glück hat, auf einem sehr alten, sehr günstigen Mietvertrag zu sitzen oder einen – auch das gibt es noch – nachsichtigen Vermieter zu haben, der muss teilweise scharf kalkulieren. Oder aus finanziellen Gründen umziehen – sich verdrängen lassen, sagt man inzwischen. Anfang der 80er Jahre hat man in Köln zum Beispiel nur rund ein Fünftel seines Gehalts für die Miete ausgegeben, heute liegen wir locker bei einem Drittel, teilweise bei 40 Prozent und drüber. Die Lage ist vielerorts geradezu dramatisch geworden. In manchen Städten wie Berlin wandeln sich im Laufe weniger Jahre ganze Stadtteile, ihre Bewohner werden einfach ausgetauscht: bodenständig, aber arm, gegen mobil und wohlhabend. Bislang kannte man diese Art von Gentrifizierung nur aus den Vereinigten Staaten, jetzt ist sie auch bei uns Wirklichkeit. Ältere Menschen mit schmalen Renten haben gar keine Chance, in ihrem Viertel wohnen zu bleiben, wenn die Häuser saniert werden und die Investoren danach – völlig legal – die Mieten anheben. Derjenige, dessen Wohnung eben noch sicher und bis zum Lebensende garantiert schien, auch wenn sie »nur« gemietet war, muss plötzlich erleben, wie das alles ins Wanken gerät. Für viele ein Schock.

In Städten wie München, Frankfurt oder Stuttgart schaffen es alle, die keine Großverdiener sind, kaum noch, eine finanzierbare Wohnung zu finden. Junge Lehrer, Feuerwehrleute, Krankenschwestern, Altenpfleger und Polizisten, ganze Berufssparten werden so aus den Metropolen gedrängt, wo ihre Arbeit aber dringend gebraucht wird. Wenn hart arbeitende Menschen sich in akzeptabler Nähe zu ihrem Arbeitsplatz keine Wohnung mehr leisten können und dadurch gezwungen sind, stundenlange Anfahrtswege in Kauf zu nehmen, dann ist das eine schlimme Entwicklung. Da muss die Politik dringend klare Signale setzen und die Fehler der Vergangenheit korrigieren. Da ist die viel diskutierte Mietpreisbremse nur ein Anfang. Denn ein nicht unerheblicher Teil des aktuellen Problems ist von der Politik selbst verschuldet.

In der jüngeren Vergangenheit hatten es viele Kommunen sehr eilig, ihre städtischen Wohnungen um jeden Preis loszuwerden. Dankbar gaben sie Zehntausende solcher Einheiten an millionenschwere Großgesellschaften ab – die mittlerweile vielerorts der Kern neuer Probleme sind. Für die Verkäuferseite war das kurzfristig eine feine Sache. Städte wie Dresden waren so auf einen Schlag schuldenfrei. Aber zu welchem gesellschaftlichen Preis? Diese Ausverkaufspolitik hat erhebliche Schwierigkeiten auf dem Wohnungsmarkt geschaffen.

In Berlin beispielsweise hat man den sozialen Wohnungsbau schon lange vollständig aufgegeben, vor allem den, der teilweise von Privatleuten finanziert wurde, die dadurch Steuervorteile hatten. Eigentlich eine sehr vernünftige Idee für eine Kommune, der es an allen Ecken und Enden an Geld mangelt: Da ihr selbst die finanziellen Mittel für den notwendigen sozialen Wohnungsbau fehlten, lockte sie das Geld privater Investoren an, natürlich mit gewissen finanziellen Anreizen – sprich: Abschreibungsmöglichkeiten oder Förderungen. Denn schließlich wird ja auch privates Geld nicht einfach verschenkt. Das Ergebnis war eine klassische *Win-win*-Situation: Die Stadt konnte die dringend benötigten Sozialwohnungen finanzieren, die unteren Einkommensschichten bekamen preiswerten Wohnraum, und die privaten Investoren hatten etwas sehr Sinnvolles mit ihrem Geld getan – und bekamen für ihre Anlagegelder steuerliche Vergünstigungen oder auch Barausschüttungen. Aber Berlin ist eben Berlin, und so blieb es nicht aus, dass sich immer lautere Stimmen darüber mokierten, wie sich hier Reiche auch noch am Elend der anderen bereicherten. Das sinnvolle Modell wirkte auf einmal wie eine Quersubventionierung von ein paar Gierhälsen. Als Berlin nicht zuletzt unter dem Eindruck dieses vehementen Protests die Anschlussförderung schließlich kappte, ging die Rechnung für diverse Investoren plötzlich nicht mehr auf. Viele der Gesellschaften, in denen die Anleger organisiert waren, konnten ihre Verpflichtungen den Banken gegenüber nicht mehr bedienen. Einige der Gesellschaften gingen pleite, die Investoren verloren unwiederbringlich jede Menge Geld. Nicht wenige der vorher so angefeindeten Geldgeber mussten jetzt Insolvenz anmelden, einige sollen sogar Selbstmord begangen haben. In anderen Gesellschaften haben die Anteilseigner Geld in Millionenhöhe nachgeschossen, was den meisten sicher auch nicht leicht gefallen ist – aber immerhin haben sie die Wohnanlagen erhalten können, die mit ihrem Geld errichtet worden waren.

Das aber war und ist die Ausnahme. Deshalb sind die Folgen solcher Entscheidungen für die Menschen in Berlin und anderswo mittlerweile sehr heftig zu spüren: In jedem Bezirk fehlen Sozialwohnungen. Und wenn solche Objekte fehlen, leiden zuerst ärmere und ältere Menschen unter den unaufhaltsam steigenden Quadratmeterpreisen. Sie können sich den Mietzins nicht mehr leisten, müssen ausziehen. Und im Nu entstehen durch diese Verdrängung radikal neue Bevölkerungsstrukturen, wie gerade in Teilen Berlins in den vergangenen Jahren sehr gut zu beobachten war. Eben noch ein lebhaftes, spannendes Viertel, wurde der berühmte Prenzlauer Berg so umfassend saniert, dass sich das nur noch die neue Mittelschicht leisten kann. Die, die sich jetzt dort wohlfühlen, werden nicht ganz ohne Grund ironisch das »Bionade-Biedermeier« genannt. Und bizarr-aggressive Kleingeister machen ihrem Ärger über solche Entwicklungen Luft mit persönlichen Hetzparolen wie »Schwaben raus«.

Das fehlende Angebot an preiswerten Wohnungen artet für viele Menschen zur Lebenskatastrophe aus. Wir kennen Fälle von verzweifelten, alleinerziehenden Frauen, die sich in einem wahren Abwärtsstrudel wähnten und deshalb noch weniger Gehör bei denen fanden, von denen sie sich eine neue Wohnung erhofften: Als Geringverdiener oder Hausfrauen mit einer Anzahl an Kindern, die kaum über dem Durchschnitt lag (um genau zu sein: drei), waren sie kaum noch vermittelbar. Vermieter um Vermieter schickte sie weiter. Niemand wollte sich »so viele« Kinder ins Haus holen, niemand wollte die Miete direkt vom Jobcenter bekommen. Eine Frau, die an unsere Redaktion schrieb, war am Ende ihrer Kräfte und wagte kaum noch, sich bei den zuständigen Ämtern zu melden, weil sie dachte, die seien schon zu genervt von ihr. Da ist eine Stufe der Verzweiflung erreicht, die einfach unvorstellbar ist.

Warum ist der private Vermieter da so ungnädig? Weil er sich keinen Zahlungsausfall leisten kann und daher bei der Auswahl der Mieter lieber auf Nummer sicher gehen will. Davon haben wir alle schon gehört: Der Vermieter hat vor Gericht wenig Chancen, zahlungsunwillige oder -unfähige Mieter wieder loszuwerden, Mietausfälle summieren sich schnell auf viele Tausend Euro, die Renovierung von möglicherweise verlebten oder gar verwüsteten Räumen lässt sich auf absehbare Zeit durch keine angemessene Mietsteigerung wieder reinholen. Die von vielen gefürchteten Mietnomaden hinterlassen Wohnungen oft in einem Zustand, den man sich, ohne ihn mit eigenen Augen gesehen zu haben, kaum vorstellen kann. Wir haben immer wieder darüber berichtet, haben Wohnungen gezeigt – die der Vermieter rechtlich erst öffnen darf, wenn die Nomaden dauerhaft verschwunden sind oder in irgendeiner Form Gefahr im Verzug besteht –, die eine einzige Müllhalde waren. Wo alles stank, alles verstopft war, wo es schimmelte, wo Müll und Fäkalien sich türmten – vor allem, weil solche Menschen überdurchschnittlich häufig mit überdurchschnittlich vielen Haustieren leben, die noch dazu überdurchschnittlich selten Gassi geführt werden. Klar, es gibt eine Art Mietnomaden-Hotline, bei der sich Vermieter informieren können. Aber das tun sie selten, weil sie gar nicht glauben mögen, dass die ein wenig lebhaften jungen Leute da vor ihnen auch dazugehören sollen. Geschichten über Mietnomaden, die das Nichtbezahlen zum Lifestyle machen, verunsichern Vermieter zusätzlich. Und diese Storys sind keineswegs eine Erfindung des Privatfernsehens, die hat es immer schon gegeben, wenn vielleicht auch nicht so dreist wie heute. So muss im Einzelfall eine arme, alleinerziehende Mutter unter der Furcht des Vermieters vor Mietnomaden leiden, auch wenn sie sich selbst gar nichts zuschulden kommen ließ.

Wer seine Miete nicht mehr aufbringen kann, der weiß im Regelfall sehr schnell, dass ihm sein Leben zu entgleiten droht. Er weiß, dass der Vermieter nach zwei ausstehenden Mieten die Kündigung aussprechen kann. Und dann kann es – mehr oder weniger schnell – vorbei sein mit der bürgerlichen Existenz samt Behausung, Adresse und Konto und Briefkasten. Wenn Einkünfte ausbleiben und Mahnungen sich türmen – dann reagieren viele Menschen nach demselben Muster: Sie können nicht mehr und stecken den Kopf in den Sand. Sie werfen ihre Post ungeöffnet weg, verdrängen die Probleme, statt sie anzupacken. Sie haben deshalb oft keine Dokumente zur Hand, sie wissen auch nicht, wie man sich Unterstützung organisiert, wem sie ihre Hoffnungen und Wünsche mitteilen können – und fühlen sich stattdessen fremder Willkür ausgeliefert. Sie verpassen jede Frist – und »plötzlich« kommen die Räumungsklage und der Räumungsbescheid, der aber in den fünf ungeöffneten Briefen über Wochen und Monate hinweg angedroht worden war. Nicht selten erreichen das Sozialamt oder auch unsere Redaktion einen Tag vor diesem Termin verzweifelte Anrufe von Menschen, die völlig fassungslos sind, dass sie einfach so vor die Tür gesetzt werden sollen. Diese Menschen fühlen sich in die Ecke gedrängt und sehr, sehr alleine. Es gibt davon mehr in Deutschland, als die Öffentlichkeit wahrhaben will. Diese Menschen leiden meist unsichtbar. Aber sie leiden. Auch und nicht zuletzt unter der Angst vor Obdachlosigkeit. Die muss in Deutschland nicht sein, natürlich nicht. Dafür gibt es viele staatliche und nichtstaatliche Stellen und Hilfseinrichtungen, die genau das verhindern sollen. Aber die Angst davor, die lähmende Angst, in einem Übergangsheim zu landen – diese Angst ist furchtbar und Ausdruck des Gefühls, dauerhaft überfordert zu sein, das niemand allein überwindet.

Die Entwicklungen auf dem Mietmarkt beeinflussen den Großteil der Deutschen in existenziellem Ausmaß, denn die meisten wohnen hierzulande nach wie vor zur Miete. Die Eigentumsquote schwankt konstant zwischen schwachen 38 bis 42 Prozent, im Gegensatz zu Ländern wie China, wo sie fast 80 Prozent beträgt. Aber auch europäische Nachbarländer wie beispielsweise Großbritannien weisen einen bedeutend größeren Anteil an Immobilienbesitzern aus. Auf dem heutigen Mietmarkt begegnen die Wohnungssuchenden zwei verschiedenen Arten von Vermietern – zum einen den Privatvermietern, zum anderen riesigen Wohnungsgesellschaften. Der Privatvermieter mit vielleicht einer oder ein paar wenigen Wohnungen oder einem Haus ist tendenziell eher um eine angenehme Atmosphäre bemüht, nicht zuletzt weil ihn jeder Konflikt Geld kostet. Will er unliebsame Mieter vor die Tür setzen, ist das – wie bereits erwähnt – mit einem nicht unerheblichen Aufwand verbunden: möglicherweise mit stattlichen Anwalts- und Gerichtskosten, Auslagen für den Gerichtsvollzieher, dazu Zahlungen für Umzug und Renovierung, eventuell auch für den Makler, der die lästige Suche nach einem geeigneten Nachfolger übernimmt, also mit sehr viel Geld- und noch mehr Nerveneinsatz. Das will jeder vernünftige Vermieter natürlich unter allen Umständen vermeiden. Er will – das kann ich aus eigener Erfahrung sagen – Ruhe und Konstanz.

Der Horror eines jeden Vermieters sind die Trickser, die Forderer, die selten oder nie zahlen, aber gleich dabei sind, einen Mieteranwalt und den Mieterverein für sich zu mobilisieren. In Zuschriften an die *akte*-Redaktion verfluchen nicht wenige Vermieter ihre Entscheidung für diese Form der Geldanlage – dabei ist die Immobilienvermietung immerhin die zweitwichtigste Vermögensanlage in Deutschland nach den Lebensversicherungen. Die Vermieter berichten vor allem von der endlosen Zeit, die es braucht, greifbares Unrecht selbst mithilfe der Gerichte zu beseitigen – und wie sehr es schmerzt, sich in seinen eigenen vier Wänden auf der Nase herumtanzen zu lassen. Da passt es ins Bild, was das Deutsche Institut für Wirtschaftsforschung herausgefunden hat: Von den sieben Millionen privaten Vermietern hierzulande verdienen drei Millionen überhaupt nichts durch die Vermietung und Verpachtung ihrer Immobilie. Eine halbe Million davon *verliert* mit ihren Objekten sogar Geld!

In vielen Regionen ist die Mehrheit der Mieter jedoch mit großen Gesellschaften als Vermieter konfrontiert, die einen gewaltigen Wohnungsbesitz kontrollieren. Wo durchorganisierte Firmen Abertausende von Wohnungen verwalten, ist für den einzelnen Mieter keine Zeit mehr, sein Wohlgefühl spielt keine Rolle. In den vielen Jahren unserer Sendung haben uns Tausende Zuschauer ein übereinstimmendes Bild von den Akteuren dieser Gesellschaften gezeichnet: Sie gebärden sich als kalte Bürokraten im Dienste anonymer Verwaltungsgesellschaften, bieten kaum Termine zum persönlichen Gespräch, sodass niemals ausreichend Zeit für Diskussion, Abwägung und Einigung bleibt. Auf Einwände oder Schreiben der Mieter wird so gut wie gar nicht reagiert, Fristen, die der Mieter setzt und nicht sie selbst, werden ignoriert. Es gibt nur Nachzahlungsforderungen, aber einen Nachweis für die eigenen Berechnungen zu erbringen scheint unter der Vermieterwürde. So entsteht das Abschreckungsszenario vom arroganten Apparat, mit dem man den Kontakt lieber meidet, da der sich sowieso nicht für das gedeihliche Zusammenleben der Mieter und anscheinend nicht mal richtig für die Wohnanlage interessiert. Die meisten Mieter haben das Gefühl: Die sind einfach böswillig – alles, was die machen, ist undurchsichtig, nicht fair, nicht gut für uns.

Billige Wohnungen als Spekulationsobjekt – diese Spielart des Kapitalismus erzielt heute angesichts niedriger Zinsen und hohem Käuferinteresse Renditen, die über allem liegen, was Banken anbieten oder Aktienanlagen stabil einbringen. Die Wohnung, das Haus – diese immobilen Werte waren im wahrsten Sinne des Wortes lange Zeit *die* Pfeiler im Leben eines jeden Bundesbürgers. Objekte in großem Umfang aufkaufen, Häuser auf legalem oder illegalem Wege »entmieten« – das war Anfang der 80er Jahre neu. Auch damals mussten vor allem die Banken mitmachen, die bei den zu jener Zeit enorm hohen Zinsen (teilweise bis zu 14 Prozent!) höchste Darlehen vergaben, die sich aber nicht auf Basis der real zu erzielenden Mieterträge rechneten, sondern auf Basis der horrenden Summen, die die neuen Großbesitzer aus ihren Mietern herauszupressen *gedachten*. Das war eine Fratze des freien Marktes, auf deren Bekanntschaft alle gerne verzichtet hätten. Mit welcher Entschlossenheit plötzlich die sogenannten Immobilienhaie auftauchten und ihre Opfer ausnahmen, war ein Schock für die alte, verträumte Deutschland AG, die es bis dahin auch ein wenig nach dem Motto »leben und leben lassen« angehen ließ. Der Immobilienhai belächelte diese Naivität, nutzte sie aus und biss die Träumer alle weg. Er war die Inkarnation des gewissenlosen, nur der eigenen Gewinnmaximierung verpflichteten Geldschneiders, dem jedes menschliche Verständnis abging und der alle Werte des gesellschaftlichen Miteinanders verhöhnte und ignorierte. Der Immobilienhai war ein permanentes Feindbild, weil er per se nichts Gutes im Schilde führte, sondern als gefräßiger Nimmersatt die Grundlage unseres privaten sozialen Friedens angriff.

Den einzelnen Immobilienhai gibt es zwar wohl regional noch, aber längst ist er nicht mehr das Hassobjekt der Republik, wie etwa in den 80er Jahren der Großgrundbesitzer Kaußen, der von Köln aus ein Imperium von angeblich 100 000 Mietwohnungen dirigierte. An seine Stelle sind komplexere, ungleich verzwicktere, weil nach außen hin kultivierter wirkende Strukturen getreten, gerne in Gestalt einer hochseriösen, börsennotierten Gesellschaft. Das sind Wohnungsgiganten wie etwa die Deutsche Annington, die bundesweit Zehntausende Einheiten besitzt und immer weiter wächst. Die braucht nicht nur gute Umsatz- und Gewinnzahlen, die braucht auch die berühmte »Fantasie«, also die Story von noch mehr Wachstum und Gewinn, auf die Anleger abfahren sollen. Es geht stets auch um eine neue Geschichte für die Börse. Deswegen sind solche Großgesellschaften *der* Nimmersatt von heute – immer hinter noch mehr Fläche her, noch mehr Wohnungen, noch mehr Fluktuation, denn bei Auszug des alten und Einzug des neuen Mieters ist es ja gesetzlich erlaubt, den Mietzins zu erhöhen. Für die einzelnen Mieter heißt das: Die Immobilie ist zur Handelsware geworden, und das fühlt sich nicht gut an. Es wirkt, als stünde ihr Grundrecht auf Wohnen, ihr Grundrecht auf sich Wohlfühlen gleich mit zur Disposition der neuen Herren. Verunsicherung macht sich breit, die schnell in Argwohn und Abwehr umschlägt. Geschichten über sogenannte Immobilieninvestoren tun ihr Übriges – wie die über den Innsbrucker René Benko, der als Karstadt-Aufkäufer plötzlich ins Rampenlicht trat, vor 20 Jahren noch nichts hatte und nach lukrativem Immobilienhandel jetzt auf ein Vermögen von angeblich 850 Millionen Euro blicken soll. Da kapiert jeder, wie profitabel das Geschäft mit dem Wohnen – und dem Leben – fremder Leute ist. Denn: Wie soll so etwas seriös gehen? So viele lukrative Innenstädte gibt es in Österreich doch auch wieder nicht! Wenn ein Tycoon dieser Größe auftritt, halten Mieter alles für möglich, sind Verärgerung und Ablehnung besonders schnell entflammt. Die Kritik ist immer simpel, aber sehr oft berechtigt. Unsere Zuschauer, die bei Großgesellschaften zur Miete wohnen, klagen konstant über einen Stau an Reparaturen und grundlegender Sanierung – vor allem beim Dach, bei der Dämmung der Wände, bei den Sanitäranlagen, den Heizungen, den undichten Fenstern. Und das alles hat in ihren Augen System: Weil nicht ausgegebene Instandhaltungsrücklagen die Bilanz aufpeppen – wieder ein Pluspunkt, wieder eine Börsen-»Geschichte«, nach denen die Anleger ständig suchen. Nur diesem einen Ziel, da sind sich die Mieter einig, dienen undurchsichtige Abläufe und verwirrende Abrechnungen.

3. Das muss sich ändern

Wir müssen dringend den sozialen Wohnungsbau reaktivieren, denn wir brauchen deutlich mehr bezahlbare Wohnungen für Gering- und mittlerweile ja selbst für Normalverdiener. Wir alle wollen doch, dass beispielsweise unsere Kinder morgens von einer ausgeschlafenen und hoch motivierten Grundschullehrerin unterrichtet werden, die nicht nach zwei Stunden U- und S-Bahn schon völlig kaputt den Tag beginnt, weil sie sich mit ihrem Gehalt nur eine Wohnung weit draußen vor den Toren der Stadt leisten kann. Das ist ineffizient, das ist unmenschlich, das führt zu einer Zweiwohnklassen-Gesellschaft, der niemand das Wort reden kann.

Selbstverständlich muss dieser neue soziale Wohnungsbau schnell, aber mit Augenmaß organisiert werden. Denn wer heute dafür den Startschuss gibt, kann erst in ein paar Jahren über diesen Wohnraum verfügen. Bis dahin werden wir den Bevölkerungsrückgang überall im Land sehr viel deutlicher spüren als derzeit. Aber weil dieser Rückgang nicht gleichmäßig verteilt sein wird und sich in den Städten vielleicht überhaupt nicht bemerkbar macht, dürfen wir keine Überkapazitäten schaffen. Wenn in Deutschland nur noch 65 statt 80 Millionen Menschen leben, werden Hunderttausende Wohnungen leer stehen – möglicherweise aber nicht dort, wo sie gerade gebraucht werden. All diese Aspekte müssen bei der Planung berücksichtigt werden.

Und: Der neue soziale Wohnungsbau muss ohne neue Schuldenaufnahme der öffentlichen Hand, dafür aber mithilfe privater Investoren gestemmt werden. Dass es dafür steuerliche Vorteile, wie besondere Abschreibungsbedingungen, geben muss, ist logisch. Niemand verschenkt sein Geld, Anreize sind notwendig. Die Politik muss aber das Rückgrat haben, solche Anreizmodelle gegen absehbare Anfeindungen zu verteidigen, durchzusetzen – und zu kontrollieren.

Gleichzeitig sollten wir der neuen immobilen Realität ins Auge sehen, die in Großbritannien zum Beispiel schon längst Alltag ist. Es gibt ein Anrecht auf Wohnen. Trotzdem hat kein Mensch, weder Mieter noch Eigenheimbesitzer, automatisch das Recht auf einen lebenslangen Bestandsschutz seines Wohnraums oder des Stadtviertels, in dem er wohnt. So hart das auch ist: Wer sich eine teurer werdende Gegend nicht mehr leisten kann, kann nicht darauf setzen, dass ihm die Politik die alte Bleibe sichert.

Das ist auch nicht deren Aufgabe. Viel wichtiger ist es, Mietern jahrelange Demütigungen, wie beschrieben, durch Vermieter zu ersparen. Dazu braucht es geeignete Regelungen und nicht ständige Deregulierung, die auf die Hoffnung setzt, die Kräfte des Marktes würden schon alles irgendwie schaukeln. Auch hier stellt sich die alles entscheidende Frage an jeden Einzelnen – und an sein Herz, an sein Verantwortungsgefühl: Wie würdest du das finden, du Hausbesitzer, du Vorstand der Wohnungsverwaltungsgesellschaft, du Investor, wenn deine eigene Mutter mit einem so skrupellosem Vermietervorgehen konfrontiert wäre? Oder du selbst als alter Mensch? Was sagt dein Gewissen dazu, dein Herz?

Handwerker: Vom redlichen Zauberer zur Waschmaschinen-Mafia

1. War früher wirklich alles besser?

Der erste Handwerker, den ich bewusst wahrgenommen habe, war ein Anstreicher im Haus meiner Großeltern. Der hockte im Flur und lackierte sehr sorgfältig und akkurat die Holzverkleidung der Treppe, die in den Keller führte. Auf seinen sehr haarigen Unterarmen hatte er maritime Tätowierungen – ich erinnere mich an einen Anker, der mir schwer imponiert hat, so etwas sah man damals nicht oft. Aber wenn, dann hatten die Zeichen noch eine Bedeutung, so auch bei ihm: Er erzählte mir, wie er vor vielen Jahren zur See gefahren sei, sprach von fernen Ländern und Städten, deren Namen ich noch nie gehört hatte, und schilderte, wo er sich den Anker hatte stechen lassen. Das klang nach Abenteuer und Freiheit, und ich hörte ihm wie gebannt zu und träumte mich in seine fantastischen Geschichten. Die Großmutter sah gar nicht gerne, wenn ich mit ihm sprach, sie dachte wohl, der Anstreicher könnte unangemessene Sachen erzählen, aber diese Furcht war unbegründet.

Während er mir das alles erzählte, widmete er sich gleichzeitig hingebungsvoll seiner Arbeit. Das machte großen Eindruck auf mich, wie dieser Mann mit seiner schillernden Vergangenheit hoch konzentriert und mit allergrößter Aufmerksamkeit, ja, mit geradezu zärtlicher Sorgfalt das Holz an der Treppe meines Großvaters behandelte. Er war die Sorgfalt auf zwei Beinen. Es gab noch kein Krepppapier zum Abkleben, trotzdem zog er die geradesten Striche und nutzte Pinsel in den verschiedensten Größen, um auch in die kleinsten Ecken zu gelangen. Kein Aufwand schien ihm zu groß, nichts übermalte er mal eben so, nirgends tropfte ihm Farbe auf den Boden, sorgsam wusch er nach getaner Arbeit seine Werkzeuge aus. Mit kritischem Blick und nicht wenig Stolz musterte er abends sein Tagewerk. Ich verstand sofort, was für ein befriedigender Beruf das sein muss, wenn man am Abend sieht, was man geleistet hat. Da gibt es keine Entfremdung, alles liegt da, alles lässt sich zuordnen: sein Werk, sein Stolz. Einfach toll.

Seitdem lasse ich mich gerne von den handwerklichen Fähigkeiten anderer Menschen beeindrucken. Mir imponiert, wenn jemand etwas besonders gut mit seinen Händen machen kann, denn so ein Talent ist mir beim besten Willen nicht in die Wiege gelegt worden. Mir fehlt einfach ein gewisses, oder eher: *das* entscheidende Sensorium für Materialien, ihre Geheimnisse und Möglichkeiten, das man braucht, um alltägliche Wunder vollbringen zu können. Mir imponieren auch Leute, die angesichts einer verreckten Karre, eines qualmenden Autos selbstbewusst die Hände in die Hüfte stemmen und emotionslos sagen können: »Klarer Fall, das liegt natürlich an diesem und jenem. Nicht schlimm, ich gucke mal nach, kriegen wir gleich hin.« Ich selbst denke in so einem Fall nur aufgeregt: »Oh Gott, das Herz des armen Autos ist zerrissen … was kann es nur sein … Hunderttausende Möglichkeiten, von denen man garantiert 99 Prozent nie verstehen oder sehen wird … möglicherweise ist es das endgültige Ende.«

Es ist einfach wunderbar, jemandem dabei zuzusehen, wie er etwas aus Holz oder Metall baut, wie das Werk vor den eigenen Augen entsteht, wie sich Fachwissen, Talent und Akribie in einem konkreten Objekt manifestieren. Ein Prozess und ein Ergebnis, das näher am eigentlichen Tun gar nicht sein kann: greifbar und begreifbar, eine ganz besonders schöne Form der Arbeit, die aus dieser Perspektive weit weniger abstrakt ist als viele Bürojobs, als jede Managementtätigkeit, als Fließband- oder Akkordarbeit. Im Handwerk ist bis heute ein Zusammenhang zwischen dem Arbeitenden und seinem Produkt oder Werk erkennbar wie sonst vielleicht nur in der Kunst – wenngleich das natürlich auch in dieser Branche selten geworden ist. Der Möbelbauer, der einen Tisch anfertigt oder einen Sekretär oder ein anderes Unikat, ist die Ausnahme, klar, aber in diesen Ausnahmen wird das grundsätzliche Wesen einer solchen Tätigkeit deutlich.

Ich hatte das Glück, solche Ausnahmen des Öfteren kennenzulernen, wie zum Beispiel den Kölner Teppichverleger, der den ganzen Tag Auslegeware in einer großen Wohnung zugeschnitten und festgenagelt hatte. Abends lehnte er sich an einen Türrahmen, betrachtete mit vor der Brust verschränkten Armen zufrieden sein vollendetes Werk und sagte im schönsten Kölsch: »Isch künnt Daach un Naach Teppich verläje!« Das kam mit so einer Inbrunst, so einem Glücksgefühl aus dem Mann heraus, dass es eine wahre Wonne war. Im Handwerksberuf ist der Werkstolz ein wichtiger Teil des Alltags.

Von meinen Großeltern und meinen Eltern habe ich gelernt: Der Handwerker ist immer ehrlich und bodenständig, hilfsbereit und jederzeit einsatzbereit. In der Regel kannte man ihn schon länger und konnte sich uneingeschränkt auf ihn verlassen. Handwerker, egal ob Geselle oder Meister, waren stolze Typen, deren Zuverlässigkeit man mit der Loyalität des Stammkunden belohnte. Im besten Fall war die Entscheidung für einen bestimmten Handwerker eine Entscheidung fürs Leben. Man hatte den einen Schreiner, den einen Klempner, den einen Fliesenleger, den einen Fernsehtechniker. Das war natürlich nicht nur die reine Anhänglichkeit, sondern hatte seinen Grund: Die Berufsausbildung über das international hoch angesehene Duale System – praktische Ausbildung in der Lehrfirma und theoretische Unterweisung an der Berufsschule – hat nicht nur viele hervorragende Handwerker hervorgebracht, sondern ist längst auch selbst ein Exportschlager weltweit. Die deutschen Gesellen wissen sehr viel über ihren Job und seine Grundlagen und sind deutlich besser für den Alltag gerüstet als ihre Kollegen in den USA oder in Großbritannien, wo in diesen Berufen nur angelernt wird.

Später bekam das idealisierte Bild des Berufsstandes erste kleine Risse. Mein Vater hatte 1972 extra für die olympischen Sommerspiele in

München den ersten Farbfernseher für uns besorgt. Aber nicht gekauft, wegen der damals noch horrenden Preise, sondern geleast – unsere erste Begegnung mit diesem neuen Finanzierungsinstrument, das natürlich aus den USA kam. Doch der Apparat war nicht nur ein Quell der Freude. Gleich mehrfach ging das edle Teil kaputt, und es war überaus lästig, dafür den richtigen Servicemann zu mobilisieren. Die Vertragswerkstatt war ständig überlastet. Wer beherrschte das sonst noch, wer durfte da überhaupt ran? Das war ein nerviger Marathon. Meine Mutter hatte dagegen mit dem örtlichen Maler ihre Probleme. Der sollte im Wohnzimmer eine Wand flaschengrün anstreichen. Das war todschick und damals der letzte Schrei, und weil meine Mutter großen Wert auf ein schönes Zuhause legte, mussten wir genau so eine Wand haben. Der junge Anstreicher pinselte zur Erheiterung von uns Kindern auf die weiße Raufasertapete erst einmal ein ulkiges grünes Mondgesicht, das er anschließend übertünchen wollte. Leider deckte die Farbe dann nicht richtig, das Gesicht wollte und wollte nicht verschwinden. Ich weiß nicht, wie oft der arme Kerl darübergehen musste, aber meiner Mutter hat er damit richtig schlechte Laune gemacht – und über die Preise schimpfte sie auch.

Als Kunde unterschied man damals sehr bewusst zwischen den Gesellen – sozusagen den Haudegen der Zunft – und den Meistern, deren Kenntnis, Ansehen und gesellschaftlicher Rang Respekt geboten. Wenn ein älterer Handwerker »immer noch« Geselle war, überlegte man sofort, was da schiefgelaufen war, weil der doch schon lange »weiter« und Meister sein müsste. So auch bei dem Maler mit dem Anker auf dem Unterarm im Haus der Großeltern. Der auf die Frage nach seiner unvollendeten Karriere eine plausible und überzeugende Antwort hatte: Er wollte bewusst gar kein Meister werden, keine Leute ausbilden und sich größer aufstellen, ihm reichte das so, er wollte nur in Ruhe malern und sich keinen zusätzlichen Stress aufladen. Er war wohlüberlegt Geselle geblieben, ohne diese Entscheidung jemals bereut zu haben. Der weit gereiste Maler sagte: »Ich brauche ab und zu meinen Anschiss und einen, der mir sagt, wo's langgeht. Und ich brauche auch mein Bierchen zwischendurch!«

Klar, Handwerker hatten natürlich aufgrund ihrer harten Arbeit immer großen Durst. Der Handwerker und sein Bier, das gehörte irgendwie zusammen. Frei nach dem Motto einer berühmten Düsseldorfer Privatbrauerei: »Ein jeder spricht vom vielen Trinken, doch niemand spricht vom großen Durst.« Die typisch deutsche Mineralwasser-Obsession, die uns alle dazu verdammt, permanent ein kleines oder größeres Fläschchen mit uns herumzuschleppen, wie man es sonst nur bei Kleinkindern sieht, ist ein vergleichsweise junges Phänomen. Erstaunlicherweise sind die Deutschen davor aber auch nicht verdurstet, vielleicht hatten sie auch nur weniger Durst, oder vielleicht waren doch alle latent dehydriert, man weiß es nicht genau. Sicher ist aber, dass frühere Generationen, wenn sie etwas tranken, etwas »Richtiges« tranken, und für richtige Männer war das Getränk der Wahl eben Bier. Das hatte wohl weniger etwas mit weitverbreitetem Alkoholismus zu tun als mit der Folklore des jeweiligen Handwerks, was aber bei dem einen oder anderen, insbesondere auf dem Bau, streckenweise schon kranke Züge annahm. Irgendwie schien es Teil der Gewerbefreiheit zu sein, mittags schon Alkohol zu trinken. Dass der »Stift«, also der Lehrling, mal eben zum Kasten-Bier-Holen geschickt wurde, war völlig normal. Man kann sich kaum mehr vorstellen, mit welchem Promillepegel da früher herumgemauert wurde. Heute wäre das auf jeder ordentlichen Großbaustelle ein schweres Vergehen. So ändern sich die Zeiten – manchmal eben auch in die richtige Richtung.

Das Handwerk war sehr lange eine harte Männerwelt. Man erzählte sich schlüpfrige Witze und hatte ein Frauenbild, das einem heute wie aus dem tiefsten Neandertal vorkommt – was allerdings nicht unbedingt etwas mit dem Handwerks-, sondern dem generellen Zeitgeist zu tun hatte. Aber wenn sich die Handwerker in ihren Pausen einfach einen leeren Eimer nahmen, ihn umdrehten, sich draufsetzten, um dann auf ihren Knien die mitgebrachten Wurstbrotpakete mitsamt der BILD-Zeitung oder in Köln dem *Express* auszupacken, war das eine durchaus, man könnte fast sagen: archaische Angelegenheit. An dieser Konstellation hat sich einiges geändert, wenn auch nicht alles. Neben der BILD-Zeitung gehört heute bestimmt ein Smartphone zur Ausrüstung. Aber zumindest beim Wurstbrot bin ich mir nicht so sicher, wie viel sich da geändert hat … Eines ist klar: Der Anstreicher, der sich mir vor vielen Jahren mit dem verblassten Anker auf dem Unterarm so unauslöschlich eingeprägt hatte, wäre wahrscheinlich vollständig von den Socken, wenn er die allgemeine Tattoo-Begeisterung in Deutschland miterleben könnte.

2. Willkommen in der Realität!

Handwerker sind zu teuer und zu unwissend, sie haben die Arbeit nicht erfunden und die Pünktlichkeit schon gar nicht – mittlerweile ein weitverbreitetes Vorurteil. Wie »die Beamten« erfreuen sich auch »die Handwerker« eines stereotypen Stempels in der Bevölkerung. Allerdings sind sie selbst, zumindest einige Vertreter ihrer Zunft, daran nicht ganz unschuldig. Daran müssen sie aber dringend arbeiten. Denn auch im Handwerk steht der Generationenwechsel an. Gut 200 000 Handwerksunternehmer werden in den nächsten zehn Jahren in Rente gehen. Kein Wunder, dass die Handwerkskammern mit einer neuen Kampagne vor allem Studienabbrecher locken, um das Akademische mit dem Praktischen zu versöhnen.

Die Risse im Bild des hehren Handwerkers wurden tiefer, als der Handwerksprofi nicht länger Einzelgänger sein wollte und sich stattdessen mit anderen zu einer Firma zusammenschloss, als sein Stundenlohn aufging im Preis einer »Arbeitsstunde«, die noch dazu Lohnnebenkosten, Gemeinkosten der Firma, ein bisschen Gewinn und zunehmend

Mehrwertsteuer umfasste. Bereits in den 80er Jahren staunte man doch sehr über »unbotmäßige Forderungen«, die plötzlich auf dem Tisch lagen. Bei stolzen 50 Mark, die einem die Vertragswerkstatt pro Stunde für die Autoreparatur berechnete, war eine Schwelle erreicht, die viele Kunden zum Grübeln brachte. Egal wie begründet diese Preisgestaltung gewesen sein mag, das war einfach eine Stufe über dem, was man zu akzeptieren bereit war. Da ging man doch wirklich lieber zum netten (einzelnen!) Schrauber um die Ecke, der mit seinen Rechnungen auf dem Teppich blieb.

Handwerker sind fast immer zu teuer – das war schnell der neue Tenor, der für schlechte Stimmung sorgte. Wobei die Bundesbürger fein unterschieden zwischen notwendigem Spezialistentum und Arbeiten, die man irgendwie doch mit ein bisschen Disziplin und gutem Willen auch selbst erledigen könnte. Der Gasboiler ist kaputt? Völlig klar, da muss der Fachmann ran, das Ding soll einem ja nicht um die Ohren fliegen. Das Kinderzimmer braucht einen neuen Anstrich? Für den Maler so viel Geld auszugeben kommt nicht infrage, das ist dann wohl die Aufgabe für's nächste Wochenende …

Zum Bild des Geldschneiders im Blaumann gesellte sich zudem der Eindruck vom Stümper im falschen Beruf: Handwerker kommen zu spät oder gar nicht, verteidigen diese Unhöflichkeit bisweilen auch noch geradezu rüpelhaft, erledigen kleinere Arbeiten unverhohlen genervt und berechnen unglaubliche Summen für ihre Anfahrtswege – so schallte es schon bald empört durchs Land. Diverse Begegnungen mit Klempnern, die ratlos vor einfachen Schäden der Wasserleitung standen oder unverrichteter Dinge wieder von dannen ziehen mussten, weil sie das einzig weiterhelfende Werkzeug leider am anderen Ende der Stadt vergessen hatten, bestätigten diesen Eindruck noch. Teure Parkettspezialisten, die viel zu feuchtes Holz verlegten, was zu auffälligen Spalten zwischen den allmählich trocknenden und deshalb schrumpfenden Dielen führte und gewehrschussähnliche Geräusche durch die Nacht peitschen ließ, wenn wieder eine Klebestelle riss – so etwas erschütterte das Vertrauen erheblich. Oder Waschmaschinen-Spezialisten, die lange fahrig in den Innereien des Apparates herumfummelten, nur um im Gewirr der Stromkabel doch allenfalls einen banalen Wackelkontakt zu finden – das stimmte doch nachdenklich. Und dann auch noch die Jüngeren, die sich anscheinend nicht mehr in der Nachfolge einst stolzer Zünfte sahen, sondern es vorzogen, unangemessen aufzutreten und sich so zu kleiden, als wären sie hauptberuflich bei den Hells Angels beschäftigt.

Die Summe dieser Einzelerfahrungen verzerrte das Bild dieses Berufsstandes nachhaltig. Man vertraute dem Handwerker nicht mehr blind. Das fiese Gift des – oft berechtigten – Zweifels hatte das Grundvertrauen in dieser einst so schönen Beziehung zersetzt.

Der praktische Rat an den zweifelnden Kunden kann nur lauten: Suchen Sie auch weiterhin den Handwerker auf, der sich in der Vergangenheit bewährt und Sie als Kunden zufriedengestellt hat. Je weniger Anonymität und Zufälligkeit in der Geschäftsbeziehung herrschen, desto größer ist die Wahrscheinlichkeit, dass sie für beide Seiten befriedigend und langfristig verläuft. Glücklich sind diejenigen, die ihn noch haben, »ihren« Schuster, Klempner oder Fliesenleger. Denn Erfahrung ist durch nichts zu ersetzen. Oder wie es der Werbeslogan für die Gelben Seiten vor 20 Jahren schon einmal formulierte: »Vielleicht hätte er jemanden fragen sollen, der sich damit auskennt!« Expertise, Werkstolz und Selbstbewusstsein redlicher Handwerksbetriebe sind ein Gewinn für jeden Kunden. Wenn jemand sagt: »Wir machen in der vierten Generation Parkett. Wenn wir etwas richtig gut können, dann Parkett«, dann klingt das bestimmt nicht nur in meinen Ohren wie Musik. Und wenn man dann sieht, wie diese Experten Holz anfassen, zärtlich und zupackend zugleich, es schleifen, schmirgeln und ausbessern, es Platte für Platte sanft zu Boden legen, mit leichter Hand sicher und entschlossen an den richtigen Platz ruckeln - allein dieser Anblick beruhigt, überzeugt und inspiriert.

Trotzdem hat der Handwerker von heute das verloren, was er in meinen Kinderaugen hatte: das Magische, das Zauberhafte, die fast überirdische Fähigkeit, das Kaputte zu retten und einfach immer alles reparieren zu können. Heutzutage klappt das keineswegs mehr immer oder vielleicht auch immer seltener. Das mag zum einen daran liegen, dass ich die Sache nicht mehr mit Kinderaugen betrachte … Zu einem gewissen Teil liegt das aber auch – so paradox das klingt – an der »Geiz-ist-geil«-Mentalität der Kunden. Denn diese Mentalität hat den Charakter vieler Produkte verändert. Wenn die Sachen billiger sein müssen, damit sie ihre Käufer finden, lassen die Hersteller sie eben schneller kaputtgehen, damit die Käufer sie schneller ersetzen müssen. Der vorzeitige Defekt (Fachbegriff »geplante Obsoleszenz«) scheint heute ein wichtiges Wesensmerkmal vieler Güter – und zwar nicht nur der besonders preisgünstigen – zu sein und gleichzeitig typisch für die kurzsichtige Geschäftsstrategie ihrer Unternehmen. Warum sonst wird eine Waschmaschine beworben mit »1400 Umdrehungen pro Minute«, wenn sich nach mühseligem und Nichtfachleuten untersagtem Öffnen der rückwärtigen Verkleidung herausstellt, dass auf der Motorabdeckung der Warnhinweis steht, das vom Werk eingebaute Teil vertrage nur 1000 Umdrehungen. Oder wieso hat der Mixer keine metallenen Getrieberäder, sondern nur welche aus Kunststoff, die viel schneller abgeschliffen sind und keine Kraft mehr übertragen? Und wer hat sich nicht schon mal gefragt, was auf dem Rührgerät die außen aufgeklebte Abkürzung KB soll? Kurzzeitbetrieb heißt das. Und wenn man die Gebrauchsanweisung gelesen oder ernst genommen hätte, dann wüsste man auch, dass man das handelsübliche Gerät oft nur ein paar Sekunden am Stück nutzen dürfte, um es dann minutenlang abkühlen lassen zu müssen, was die Zubereitung eines schlichten Kuchens zu einer zeit- und nervenaufreibenden Angelegenheit macht. All das haben wir in unserer Verbrauchersendung *akte* herausgefunden. Und dafür kann der Handwerker nun wirklich nichts – und auch nicht der überforderte Reparaturbetrieb.

Auch andere unlösbare Defekte haben oftmals nichts mit der vermeintlichen Unfähigkeit des Handwerkers zu tun, sondern damit, dass viele Gerätschaften durch ihre technischen Erweiterungen so kompliziert geworden sind, dass nur hoch spezialisierte Fachbetriebe mit modernsten Prüfgeräten überhaupt noch etwas zu erkennen und auszurichten vermögen. Und da bekommen die Probleme eine ganz andere Dimension. Früher wusste man zwar auch nicht, wie man eine Waschmaschine repariert, hatte aber eine ungefähre Vorstellung davon, was wohl der Experte tun müsste, damit alles wieder läuft. Heute sieht das Innenleben der Waschmaschine aus wie ein voll verkleideter Pkw-Motor, der die meisten ratlos macht und nach dem nächstbesten, möglichst billigen Service rufen lässt. Und damit sind wir mittendrin in der Welt der Nicht-Meister und der Nicht-Spezialisten. Das Tun dieser Servicebetriebe schadet dem Image der ganzen Branche gewaltig – weil sich gerissene Geschäftemacher genau den Bereich ausgesucht haben, wo Geldschneider unmittelbar auf verzweifelte Kundschaft treffen. Das Vorgehen ist oft skandalös, wie wir aus Tausenden Zuschauerberichten wissen, und führt zu weiterem Argwohn gegenüber »dem Handwerker« an sich, von dem man befürchtet, er ziehe einen garantiert über den Tisch.

Habe ich meine Waschmaschine bei einer der üblichen »Geiz-ist-geil«-Institutionen erworben, können die mir möglicherweise keinen örtlichen Techniker oder Betrieb nennen, der mich rettet. Also lande ich mit ziemlicher Sicherheit entmutigt-hoffnungsvoll bei einem dieser ominösen Waschmaschinen-Reparaturdienste, dessen Visitenkarte ich letztens im Briefkasten hatte. Und schon stecke ich in den Fängen der Waschmaschinen-Abzockmafia, die ähnlich operiert wie ihre uncharmanten Kollegen von der Schlüsseldienst-Mafia oder die Trickser von der Fernseherreparatur. Diese Unternehmen sind erstaunlich oft einschlägig bekannt, berüchtigt und gerichtsnotorisch. Meist entsprechen sie in keiner Hinsicht den Anforderungen der Handwerkskammern – schmücken sich aber nicht selten mit einem Meister mit Ingenieur-Titel und besonders solidem deutschen Namen. Für diese vertrauensbildende Maßnahme nehmen sie ein x-beliebiges Bild eines ansprechend aussehenden Mannes aus dem Internet, ziehen ihm per Photoshop einen blauen Kittel über und schreiben beispielsweise darunter »Diplom-Ingenieur Ulrich Meyer«. Schon sieht das alles sehr seriös und kompetent aus. Wir haben einmal ein solches Fake-Profil enttarnen können: Der Abgebildete hatte nichts mit der Firma zu tun und war auch kein Ingenieur, sondern ein Model aus dem Schwäbischen; er reagierte entsetzt, als wir ihm erklärten, wozu sein Konterfei im Internet missbraucht wird.

Grundsätzlich sollten alle Waschmaschinen-Reparaturen zu Hause ausgeführt werden können. Wenn das Gerät erst einmal weggefahren werden muss, wird die Reparatur wahrscheinlich so teuer, dass sie sich gar nicht mehr lohnt. Deswegen ist es wichtig, sich gleich von der Verkaufsstelle der Maschine den entsprechenden seriösen Fachservicebetrieb nennen zu lassen, dem man vertrauen kann. Der hat natürlich seinen Preis, der Sie vielleicht anfangs verblüffen mag – die Höhe der vorab veranschlagten Kosten können Sie aber rasch in der Verkaufsstelle überprüfen lassen. Und dann werden Sie merken: Zuverlässigkeit hat eben ihren Preis. Und verlangt auch eigenen Einsatz!

Die betrügerischen Helfer dagegen nehmen die Maschine ganz sicher mit, bringen das Ding aber meist erst nach mehrfachen Anrufen und Rückforderungen wieder, verlangen zuvor jedoch – wie Lösegeld bei einer Entführung – absurde Summen. In einem der haarsträubendsten Fälle, über die wir berichtet haben, wollten zwei Handwerker einer alten und völlig überforderten Dame zuerst 500 Euro abknöpfen. Als sie erklärte, so viel Geld sinnvollerweise nicht zu Hause zu haben, lud man sie kurzerhand in den Lieferwagen, nicht ohne den Reparaturpreis auf 1000 Euro hochzuschrauben, und fuhr mit ihr zum nächsten EC-Automaten, damit sie Bargeld abheben konnte. Vor dem Aussteigen gab man ihr noch den guten Rat, gleich 1500 Euro abzuheben, man habe sich beim Addieren der Positionen leider verhauen und das gerade erst – aber gerade noch rechtzeitig – festgestellt. Die Skrupellosigkeit dieser fiesen kleinen Szene ist oft Teil des ganzen Geschäftsmodells – und diese kriminellen Auswüchse legen sich wie ein Schatten auf das Gesamtbild der Handwerker. Man stelle sich vor, die eigene Mutter oder Oma oder man selbst gerät in der eigenen Wohnung an solche Typen! Das will natürlich niemand. Der beste Ratschlag: Auf jeden Fall den Reparaturdienst aus dem Laden um die Ecke bestellen und keine ominösen Firmen aus dem Internet oder dem Telefonbuch anfunken. Sehr oft haben die nicht mal eine richtige, also auffindbare Adresse, sodass man notfalls nicht einmal eine Klage platzieren kann.

Wir haben die Waschmaschinen-Mafia mit unseren Reportern schon von Berlin nach Leipzig gejagt, mittlerweile soll sie in NRW aktiv sein – dieselben Hintermänner, dasselbe System. Da kommen schnell 5000 Euro Umsatz am Tag zusammen, das lohnt sich für die Beteiligten. Und dagegen ist überraschender- und ärgerlicherweise kaum ein Kraut gewachsen.

Schlüsselnotdienste stehen in einem ähnlich schlechten Ruf, der sich auf vielfältige Einzelerfahrungen stützt. Schlüssel vergessen, Tür zugefallen, sich selbst ausgesperrt – bestimmte Betreiber legen es darauf an, die Notsituation der Anrufer auszunutzen und schnell mal 300, 400 oder 500 Euro von ihnen abzugreifen. Und was passiert, wenn der eben wieder eingelassene Kunde diesen Wucher nicht zahlen will, grenzt an Erpressung: Dann könne man ihn ja mit dem aufgebohrten Schloss – und der nicht selten nachhaltig ramponierten Tür – allein lassen, er habe die Wahl, ganz klar. In Bremen waren wir einmal hinter so einem Zusammenschluss von Notdiensten her, der wahrscheinlich Dutzende Firmen und Hunderte Handwerker umfasste. Selbst der Staatsanwalt, der ihnen auch schon auf der Spur war, konnte dem System nicht recht beikommen. Für einfache Tätigkeiten wie »Schloss aufbohren« und »neuen Zylinder einsetzen« verlangte diese Truppe mehrere Hundert Euro, indem sie den neuen Zylinder sowie die Arbeitskosten extrem teuer berechnete.

Dazu kam noch die Anfahrt, die im Regelfall nicht aus der Nachbarschaft erfolgte, sondern über erstaunlich weite Strecken. Entnervte Kunden, die dringend in ihre Wohnung mussten, zahlten zum Teil bis zu 700 Euro, in Ausnahmefällen sogar über 1000 Euro! Dagegen ist kaum anzukommen. Dabei darf man nicht vergessen: Normalerweise kostet so ein Einsatz in Berlin unter der Woche etwa 80 Euro, am Wochenende vielleicht bis zu 120 Euro. Alles andere ist, natürlich immer abhängig von den konkreten Umständen, fast immer Wucher.

Man kann darüber streiten, ob die als zu hoch empfundenen Preise der Handwerker mit ausschlaggebend sind für den Boom der deutschen Baumärkte in der jüngeren Vergangenheit. Es gab eine Zeit, in der das handwerkliche Kostenniveau dazu herhalten musste, die ausufernde Schwarzarbeit zu begründen. Nach dem Motto: Wenn der Stundenlohn so hoch und die daraus resultierende Rechnung so gewaltig ist, nimmt man lieber den Handwerker, der die Arbeit ohne Rechnung leistet. Aber das ist zum einen Betrug und zum anderen nicht ganz ungefährlich. Denn wer schwarzarbeitet, übernimmt keine Gewährleistungspflichten und haftet nicht für spätere Schäden. So eine kurzfristige Ersparnis kann also gerade beim Bau mittel- oder langfristig richtig teuer werden. Das alte schwäbische Hausfrauengesetz gilt also auch und gerade hier: Wer billig kauft, kauft zweimal. Meist sind es kleinere Betriebe, die sich auf solche Geschäfte im Graubereich einlassen, etwa Ein-Mann-Betriebe. Auf Nummer sicher geht man auf jeden Fall immer mit einem Betrieb, dessen Adresse sich überprüfen lässt und dessen Rechnungen fortlaufende Nummern aufweisen.

Auch das Internet hat das Handwerk für immer verändert. Web-Angebote wie *My Hammer* sorgen für massenhafte Konkurrenz: Nur die gewünschte Dienstleistung in die Computer-Maske eingeben, dazu die eigene Postleitzahl und eine meist niedrig angesetzte Summe, die man zu zahlen bereit ist, schon melden sich aus den Tiefen des World Wide Web Menschen, die sich auf die gestellten Bedingungen einlassen wollen. Ob sie die geforderten Fähigkeiten mitbringen, ob sie solide Arbeit abliefern, was passiert, wenn es nachher Beschwerden geben sollte – alles unklar. Woraus sie bei diesen Preisen ihren Gewinn ziehen – unklar. Teilweise rücken Arbeiter für einzelne Aufgaben über Hunderte von Kilometern an, übernachten im Auto vor dem Haus und verschwinden danach auf Nimmerwiedersehen. Hält das reparierte Dach nach dem nächsten Sturm nicht, tja, Pech gehabt. Dann war der Geiz vielleicht doch nicht so geil. Das ist ja die Kehrseite der Billig-Medaille: Wer immer nur sparen will, darf sich nicht wundern, wenn auch die Handwerker bei den Arbeiten sparen. Wer beim Billig-Schrauber keine Originalersatzteile für sein Auto bekommt oder wo die Fliesen zu schnell Risse aufweisen oder Billig-Fertighäuser beim ersten Regen absaufen – das Gesetz der schwäbischen Hausfrau lässt immer grüßen.

3. Was muss sich ändern?

Die Handwerkskammern und Ständeorganisationen müssen entschiedener gegen Betrüger und solche, die in schwer fassbaren Grauzonen tätig sind, vorgehen. Wir brauchen effizientere Melde- und Warnsysteme vor diesen Umtrieben. Es will niemandem in den Kopf gehen, wenn etwa die Hintermänner der Waschmaschinen-Mafia in dem einen Bundesland unter Druck gesetzt und verurteilt werden, aber dann ungehindert in ein anderes ausweichen können, um in neuer Umgebung fröhlich weiter Menschen zu prellen und abzuzocken. Hier brauchen wir konzertierte Aktionen der verschiedenen Institutionen bis hin zu Staatsanwaltschaft, Polizei und Gerichten, die deutlich verbrauchernähere Urteile fällen müssen, um diesem Treiben auf breiter Front ein Ende zu bereiten und die Verbraucher besser zu schützen.

Die Fachbetriebe müssen sich um neue, verbrauchernahe und attraktive Angebote bemühen, damit die Kunden erst gar nicht auf die

Idee kommen, sich auf dubiose Serviceanbieter einzulassen. Die Reparaturkostenpauschale für Elektrokleingeräte, die lediglich ein Standardhonorar für jede Überprüfung und Erneuerung ansetzte, war eine gute Erfindung, die gerne wieder zur allgemein anerkannten Praxis werden darf – aber da muss die Industrie mitziehen und auf Reparatur statt auf Neukauf setzen.

Außerdem erwarte ich sowohl von meinem Fachverkäufer als auch von meinen Herstellern, dass sie sich auf die »gute alte deutsche Wertarbeit« besinnen und Gerätschaften auf den Markt bringen, die möglichst lange laufen. Auch das verstehe ich unter Nachhaltigkeit, von der alle sprechen. Es muss endlich Schluss sein mit den einkalkulierten Sollbruchstellen, die einen schnellen Neukauf herbeiführen sollen. Ich möchte Fachverkäufer, die auf die Qualität ihrer Geräte stolz sind und an deren Werterhaltung Interesse haben, auch nach meinem Kauf, und die mir deshalb gerne zuverlässiges Reparaturpersonal empfehlen und dies nicht lästig finden.

Um das redliche Handwerk zu schützen, müssen auch neue Formen von Schwarzarbeit, wie sie über das Internet und einzelne Handwerksseiten möglich geworden sind, viel strenger unter die Lupe genommen werden. Wer schmückt sich im Netz mit welchen Fähigkeiten, welche Regeln werden dort tagtäglich unterlaufen? Nur weil die Überprüfung komplizierter und aufwendiger geworden ist, ist Kapitulation noch lange nicht die Lösung.

Das redliche Handwerk darf sich auch gerne wieder vermehrt auf alte Tugenden wie Pünktlichkeit, Fleiß, Ordnung und Aufrichtigkeit besinnen. Dazu gehören auch entsprechende Umgangsformen und die Art des Auftretens, insbesondere bei jüngeren und wilder ausschauenden Gesellen und Auszubildenden. Es ist natürlich die freie Entscheidung eines jeden, ob er sich am ganzen Arm tätowieren lässt oder Ohr-Plugs tragen möchte. Gerade dann ist es aber umso wichtiger, gutes Benehmen und Freundlichkeit an den Tag zu legen, Vertrauen zu erwecken und vertrauenswürdig und zuverlässig zu sein, nicht zuletzt im Hinblick darauf, dass der Zukunftsmarkt – nicht nur für Handwerker – »Senioren« heißt ist.

Genauigkeit, Werkstolz und den Ehrgeiz, auch kleinere Arbeiten immer bestmöglich zu erledigen – das wünschen sich wohl die meisten Menschen von einem Handwerker. Doch in dieser Branche ist es natürlich auch nicht anders als bei anderen routinierten Auftrag- und Arbeitnehmern: Um bei Profis das kleine bisschen Mehr an Leistung abzurufen, muss man sie motivieren! Wenn ich zum Beispiel – in meiner Eigenschaft als Vermieter – mit der Arbeit eines Handwerkers nicht ganz zufrieden bin, stelle ich ihm immer die eine Frage: »Was würde Ihre Frau dazu sagen, wenn Sie Ihre Arbeit von heute daheim bei Ihnen im eigenen Wohnzimmer abgeliefert hätten? Wäre sie zufrieden? Was meinen Sie?« Das führt eigentlich immer zu einem Lächeln – und dazu, dass der Handwerker seine Leistung noch einmal selbst kritisch in Augenschein nimmt. Aber: Da scheiden sich die Geister. Mehr zu bieten als nur Durchschnitt, das scheint bei nicht wenigen Betrieben Nebensache zu sein. Aber gerade das macht doch den Unterschied! Oder wie man im Englischen sagt: »There is no traffic on the extra mile!« Frei übersetzt: Wer bereit ist, mehr und härteren Einsatz zu zeigen, der muss meist keine Konkurrenz fürchten. Wir beschäftigen seit Langem dieselben Handwerker – und je länger die Zusammenarbeit, desto besser die Ergebnisse. Denn es bedarf des Vertrauens, der Kommunikation und der Loyalität auf beiden Seiten.

Aber: Wer gute, solide Arbeit haben will, muss auch bereit sein, dafür angemessen zu bezahlen. Wer sich nicht um seine Handwerker kümmert, nicht mit ihnen redet und sie nicht bei Bedarf regelmäßig wieder beauftragt, der muss sich auch nicht wundern, wenn sie nicht optimal arbeiten oder gar nicht kommen. Wir müssen uns alle überlegen, wie geil unser Geiz wirklich ist und welche Auswirkungen es hat, wenn wir auch und gerade traditionellen Handwerksbetrieben immer wieder Rabatte und Nachlässe und Reduzierungen abtrotzen. Billig rächt sich immer, davon bin ich fest überzeugt – da gehen die Nähte auf, da löst sich die Abdeckung, da fallen die Dachziegel bei Sturm herunter. Denn: Wer billig kauft, kauft zweimal.

Schule und Erziehung: Von Autoritäten und Ausputzern

1. War früher wirklich alles besser?

Mein Bruder und ich sind immer gerne zur Schule gegangen. Da konnten wir fern des Elternhauses eine eigene Welt entdecken. Die beiden Abenteuer Lernen und Denken, um die es da ging, fanden wird von Anfang an spannend. Besonders warm und herzlich kamen uns die ersten vier Jahre auf einer gemischten evangelischen Grundschule vor, damals noch Volksschule genannt. Er hatte dort ebenso wie ich Unterricht bei zwei grandiosen Lehrerinnen, beide von sehr mütterlicher Art, wie sie für diese Phase geradezu ideal war und meiner Meinung nach auch heute noch ist.

Der anschließende Besuch des altsprachlichen, humanistischen Gymnasiums fiel mir dagegen anfangs schwer. Nicht wegen des Stoffs, sondern wegen der Atmosphäre. Es war eine Jungenschule, auf der es auch fast nur männliche Lehrer gab. Daran hatte ich wirklich zu knapsen: Das zwischenmenschliche Element fehlte mir, den Übergang empfand ich als mittelschweren Schock. Es herrschte eine burschikose Atmosphäre, in der viel »Epheben-Schweiß« vergossen wurde, wie mein erster Griechischlehrer dieses ewige, nach heutigen Schulmaßstäben allerdings sehr harmlose Gerangel kommentierte. Irgendwie altertümlich, fand ich, aber irgendwie auch klassisch – musste das so sein? Ich hatte die ganze Zeit den Eindruck, ich sei in so einer Art Pfadfinderlager, und es gehe ständig darum, wer zuerst auf dem Baum ist. Statt der fürsorglichen, mütterlichen Klassenlehrerin in einem überschaubaren Schulhaus lief man plötzlich verloren durch riesige, hohe Flure, kalte, kahle Räume und traf auf Lehrer, die zum größten Teil noch im Krieg gekämpft und persönlich gelitten hatten. Männer mit nur einem Arm oder nur einem Bein waren damals die tägliche Ermahnung an das, was kaum hinter uns lag. Das war alles arg gewöhnungsbedürftig.

Mein Vater hatte seine ganz eigenen und unerschütterlich festen Vorstellungen davon, wie unsere Bildung und Erziehung auszusehen hätten. Es war immer klar, dass wir in der fünften Klasse mit Latein anfangen würden, da gab es überhaupt keine Diskussion. Er wies immer darauf hin, dass irgendein Ururur-Onkel Direktor einer Reformlatein-Schule gewesen sei und ein bedeutendes Standardwerk zur Sprache verfasst habe. Das war sozusagen ein Erbe, an dem wir nicht vorbeikamen. Aber als dann als zweite Fremdsprache Englisch dazukam, waren wir ziemlich verblüfft, wie viele Vokabeln, auf den ersten Blick erkennbar, sich auf lateinische Ursprünge zurückführen ließen. Griechisch war im altsprachlichen Bildungspaket selbstredend mit drin, das hatten wir entsprechend noch vor Französisch, was ich erst sehr viel später und »nur« als Neigungsgruppe dazugenommen hatte. Hebräisch übrigens auch, aber daran war ich wirklich ganz alleine schuld. Ich wusste, dass mein alter Herr einst Hebräisch gelernt hatte, und ich wollte es deswegen auch probieren, einfach um mal zu sehen, wie Sprachen jenseits von Europa funktionieren. Von außen besehen ein hartes Programm, aber ich bin immer noch der festen Überzeugung, dass die alte Regel, nach der man mit Lateinkenntnissen alle romanischen Sprachen viel leichter lernt, goldrichtig ist. Mit ein bisschen Mühe kann ich selbst heute noch spanische Zeitungen grob verstehen, obwohl ich kein Spanisch spreche – Latein sei Dank.

Mein Vater war in diesen Sachen ein ganz besonderes Kaliber. In seinen späten Jahren wollte er regelmäßig spazieren gehen, was er wegen seiner schlechten Augen aber nicht allein tun konnte. Weil meine Mutter nach dem Tod ihres letzten Hundes keine rechte Lust zum zweckfreien Herumlaufen verspürte, kam extra ein junger Mann von der Diakonie vorbei, der Vatern begleiten sollte. Das erschien allen als möglicherweise etwas schwierige Konstellation: Der alte Mann und der 20-Jährige, worüber sollten die eine Stunde lang reden? Also baten wir meinen Vater dringend, ihm nicht sofort mit dem Krieg zu kommen, sondern den Ersten und Zweiten Weltkrieg erst einmal auszusparen. Das schien uns ein äußerst wichtiger Tipp. Auch seine Leidenschaft für die Christlich Demokratische Union würde der junge Mann vielleicht nicht ohne Weiteres teilen. Damit die Sache eine Chance hatte, rieten wir zu etwas Unverfänglichem. Okay? Er nickte bloß: Klar, kein Problem. Am Abend riefen wir besorgt an, um zu hören, wie das erste Treffen gelaufen ist. Mein Vater war geradezu euphorisch. Ach, ganz wunderbar sei es gewesen, so ein netter, freundlicher und – besonders wichtig – wohlerzogener junger Mann.

»Und worüber habt ihr so gesprochen?«

»Eins ergab das andere«, sagte mein Vater, »das ging schon.«

»Ja, aber was war das Erste, worüber ihr geredet habt?«

Die Antwort meines Vaters kam prompt: »Ich habe ihm eine ganz naheliegende Frage gestellt, da hat er zwar zunächst sehr erstaunt geguckt, aber dann war das Eis gebrochen.«

»Und was war die Frage?«

»Ganz einfach: Sprechen Sie Latein?«

Dann habe er das eine oder andere erläutert und Parallelen aufgezeigt, die dem jungen Zivi so noch nicht klar gewesen seien. Es sei ein ganz besonders schöner Nachmittag geworden.

So war mein alter Herr.

Der Lehrer war zu meiner Schulzeit noch eine absolute Autorität. Natürlich den Autoritäten zu Hause – Vater und Mutter – nachgeordnet. Die Lehrer waren der Schlüssel in die weite Welt da draußen und wirkten auf uns wie Privatgelehrte, die uns mit unendlicher Leidenschaft an ihrem enormen Wissen teilhaben ließen. Für uns galt unausgesprochen, dass ihre Aussagen 1. immer richtig sind, 2. immer angemessen und dass sie 3. weit über das hinausdenken, was wir jemals in der Lage wären zu verstehen. Automatische Schlussfolgerung aus diesen drei Erkenntnissen: Da hören wir besser mal aufmerksam zu! Das war die Basis ihrer unverbrüchlichen Autorität. Später kamen vielleicht noch andere Überlegungen bei unserer Einschätzung der sogenannten Lehrkörper hinzu: Wie kann jemand, so schlau und allwissend wie Dr. Soundso, all diese interessanten Sachen so komplett uninspiriert vortragen, dass niemand es schafft, auch nur fünf Minuten zuzuhören oder wach zu bleiben? Das sollte man doch anders machen können.

Die meisten Lehrer aber haben uns immer gefordert und noch mehr Gas gegeben, wenn sie gemerkt haben, wir ziehen mit. Das hat denen und uns Spaß gemacht, das hat beide Seiten gegenseitig inspiriert und motiviert. Ein Lateinlehrer hat zugleich Oberseminare an der Universität zu Köln gegeben und einmal konstatiert, dass sein Stoff für *unsere* Unterprima fast das Niveau eines universitären Oberseminars habe – ich kann mich gut daran erinnern, wie stolz uns das gemacht hat.

Was die Lehrer uns auf jeden Fall nicht beibringen wollten, war Benehmen. Sie wären gar nicht auf die Idee gekommen, dass es da Nachholbedarf geben könnte, angemessenes Benehmen setzten sie als selbstverständlich voraus. Die Aufgabe, aus dem wilden Menschenbündel Kind eine sozialkompatible Persönlichkeit zu formen, die andere nicht übervorteilt und mit anderen auszukommen weiß, war die vornehmliche und alleinige Aufgabe des Elternhauses. Das Ziel der Lehrer waren allein unsere Köpfe, unsere Hirne, die wollten sie entflammen, dafür gaben sie alles, und das durchaus mit Erfolg, wenn ich an meine eigene Einstellung zum Immer-noch-etwas-mehr-wissen-Wollen denke.

Ende der 60er Jahre schwappte der Geist der Revolution von der Straße und den Unis auch auf unsere Schule über, allerdings nur in sehr kleinen Dosen. Wer sich der Revolte nahe fühlte, zeigte das durch demonstratives Desinteresse, indem er beispielsweise seinen Kopf die ganze Stunde lang auf den Tisch legte. Einer sagte mal zum katholischen Kaplan, der Religion unterrichtete: »Lass misch bloß in Ruh, du alter Pfaff!« Das hat uns geradezu entsetzt. Was war das für ein Verhalten, so konnte man sich doch nicht benehmen! Diskutieren ja, aber so, das war doch unmöglich! Die Pose des Protests oder des Widerstands war mir und den meisten von uns völlig fremd, wir sahen gar keinen Grund dazu, für uns gab es keinen Feind, keinen Zwang, den wir unbedingt loswerden wollten. Wir fanden solche Aktionen eher deplatziert und unverständlich. *Die anderen* hatten das Gefühl, sie passten nicht zu uns, und dasselbe dachten wir umgekehrt auch. Im Rückblick auf die sogenannten wilden 60er scheint es manchmal so, als wären das ganze Land und eine ganze Generation komplett in Aufruhr gewesen. Ich kann hiermit bezeugen: Nein, so war es nicht. Und zwar nicht nur an unserem Gymnasium.

Wir hatten einen ungeheuren Respekt vor dieser lebenserfahrenen Elterngeneration. Zu Hause hatten wir immer tausend Fragen, und meine Eltern wurden nicht müde, zu antworten, zu erzählen. Daraus wurden mit der Zeit angeregte Diskussionen. Wir haben zwar keine wirklich linken Positionen entwickelt, aber doch ständig nachgehakt: Wie war das im Dritten Reich, wie war das, als ihr Kinder wart, wobei habt ihr mitgemacht, wieso sind aus Sibirien nicht einfach alle abgehauen und nach Hause gegangen, wenn das alles so schrecklich war? Auch deswegen habe ich mich später bei der Bundeswehr länger verpflichtet, ich wollte einfach sehen, wie das System von Befehl und Gehorsam funktioniert und wie ich darin funktioniere. Wie fühlt man sich da, was passiert mit einem selbst und der Gruppe um einen herum? Ich hatte jedenfalls immer den Eindruck, dass die Erzählungen der Älteren viel Wissen und einen reichen Erfahrungsschatz vermittelten.

Die Lehrer wurden natürlich nicht geduzt, das kam erst später. Unsere Lehrer waren dafür zu alt und auch zu skurril. Unser Musiklehrer hatte das ganze Gesicht voller Warzen. Der Geografielehrer trug seine langen weißen Unterhosen im Winter so, dass sie oben und unten deutlich aus der Hose hervorlugten. Und es gab einen ungewöhnlich dicken Mathematiklehrer, der immer extrem nach schwerstem Herrenparfüm roch und eine ähnlich kräftige Frau hatte, die ihn in ihrem französischen Wagen zur Schule brachte und abholte. Wenn er ausstieg, war deutlich zu beobachten, wie sich das Auto auf seiner Seite aus den Federn hob – oder eben senkte, wenn er sich hineinfallen ließ.

Die Erwartungen der Eltern an die Lehrer waren klar. Es ging um Wissensvermittlung und darum, uns den Kulturfahrplan des Abendlandes nahezubringen. Sie vertrauten den verbeamteten Pädagogen völlig und waren sehr enttäuscht, wenn diese ihre Erwartungen nicht erfüllten. Meinen Vater interessierte eigentlich nur, ob meine Latein- und Griechischlehrer genau so viel drauf hatten wie seine alten Kämpen von damals. Meine Mutter war sehr engagiert in der Schulpflegschaft und setzte unmittelbar vor der Schule eine Ampel durch, die später nur die Meyer-Ampel genannt wurde. Sie freut sich heute noch darüber, wenn wir davon sprechen. Wenn sie allerdings den Eindruck hatte, einem besonders strengen Lehrer etwas Sanftmut nahelegen zu müssen, dann erteilte sie unerschrocken gute Ratschläge. Streng war für meinen Vater dagegen ein relativer Begriff. Der Satz: »Der Mensch, der nicht gezüchtigt wird, ist nicht erzogen« (frei nach seinen alten Griechen), entsprach eher seiner Auffassung. Zu seiner Zeit war körperliche Züchtigung in den Schulen ja noch normal, bei uns schon verpönt.

Alles in allem war meine Schulzeit eine wunderbare Erfahrung, und lange bin ich davon ausgegangen, dies müsse eine universelle Erfahrung sein, die alle oder zumindest die meisten machen. Dem ist aber nicht so. Bei Weitem nicht.

2. Willkommen in der Realität!

Als meine Frau und ich einmal die Kinder von Kölner Freunden zur Schule bringen wollten und den üblichen Weg wählten, protestierten sie und bestanden auf einer anderen Route. Auf unsere irritierte Frage, was denn der Grund für den unsinnig langen Umweg sei, kam die nüchterne Antwort: »Wir wollen nicht abgezogen werden« – also unter Androhung von körperlicher Gewalt zur unfreiwilligen Herausgabe von Sachen gezwungen werden. »Und die Wahrscheinlichkeit ist bei eurem Weg größer.« Wenn Kinder schon auf dem Weg zur Schule von solchen Sorgen begleitet werden, scheinen einige Dinge wirklich schiefzulaufen.

Umfragen bestätigen, wie verängstigt schon viele der Kleinsten zur Schule gehen. Das sogenannte Abziehen, also der Diebstahl von Handy, Taschengeld, Turnschuhen oder MP3-Playern unter massiver Einschüchterung hat sich zu einem Massenphänomen entwickelt. Und das ist noch lange nicht alles. Die erschreckendste Erkenntnis aus vielen Einzelbeobachtungen ist eindeutig: Es gibt keinen Fairness-Kanon mehr. Ältere ziehen wesentlich Kleinere ab, Banden stürzen sich auf Einzelne, selbst Mädchen treten auf schon am Boden Liegende gnadenlos ein, auch und gerade auf den Kopf. Elementare Grundregeln scheinen nicht mehr zu gelten. Wie kann das der Einstieg in ein soziales Leben sein? Was ist da passiert, wer versagt da? »Kleinere schlägt man nicht«– wie kann eine solche Regel plötzlich nicht mehr gelten? Was sagt das über unsere Gesellschaft, über die Verwahrlosung von Kindern, über verrohte oder überforderte oder apathische Eltern? Wie sollen solche Individuen später den Weg bereiten für ein zivilisiertes Zusammenleben in einer sozialen Gruppe, was für eine Gesellschaft sollen diese Menschen am Ende formen? Und welche Rolle spielen die Lehrer und die Schule als Institution in diesem bösen Alltag?

Die Schule als Problemfeld auch jenseits des kriminellen »Abziehens« – das hat sich gerade bei einem Teil der besser verdienenden

Mittelschicht tief ins Bewusstsein eingegraben. Viele Eltern haben grundsätzlich großes Verständnis für die wichtigen gesellschaftlichen Diskussionen über den Ausländeranteil an Schulen, über Sprachschwierigkeiten, über Inklusion und vieles andere. Aber gleichzeitig sagen sie: Alles wichtig, alles schwierig, ja, aber bitte nicht mit meinem Kind. Diese Eltern wollen die einfache und beruhigende Gewissheit, dass ihr Kind optimal unterrichtet wird, ohne die ganzen Probleme und Unentschlossenheiten der Politik ausbaden zu müssen. Schon Jahre vor der Einschulung suchen sie nach der richtigen Institution, später prüfen sie alle Gymnasien – oder andere weiterführende Schulen – in ihrer Stadt. Und wenn es sein muss und sie das nötige Kleingeld haben, melden sie sogar im Nachbarstadtteil auf ihren Namen eine Wohnung an, die sie nie bewohnen werden, nur damit ihre Sprösslinge Chancen auf einen Platz in der gewünschten Bildungseinrichtung haben. Und wenn sie damit nicht durchkommen, wählen sie immer häufiger den teuren Weg in eine Privatschule.

Früher bedeuteten Privatschulen in gewisser Weise einen Abstieg. Da gingen nur diejenigen hin, die es am normalen Gymnasium nicht schafften. Oder die wohlhabenden Eltern kauften ihnen einen Platz in einem Internat, von wo ihre Sprösslinge bitte auf jeden Fall das Abitur mit nach Hause bringen mussten. Wobei man im Falle der Internate auch gleichzeitig unterstellte, dass diese Eltern ihre armen Kinder einfach dort loswerden wollten, weil sie vor lauter Geldverdienen nun wirklich keine Zeit hatten, sich um solche Kinkerlitzchen wie Erziehung und liebevolle Fürsorge für das eigene Fleisch und Blut zu kümmern. Heute werden private Schulen von einem viel größeren Teil als letzte Hoffnung auf eine solide Ausbildung wahrgenommen, für die man sich auch bei geringerem Einkommen gerne krumm legt, wenn man denn nur die üblichen schrecklichen Probleme der staatlichen Schulen vermeiden kann – was sich natürlich insbesondere auf die Situation in Ballungsgebieten bezieht. Berichte über unhaltbare Zustände, mangelhafte, marode Gebäude, fehlende Ausstattung, Stundenausfall, Gewalt, überforderte Lehrer, veraltete Lehrmethoden und Stoff von vorgestern pflanzen tiefe Zweifel in die Herzen besorgter Eltern und fördern ihre Bereitschaft, sich im Notfall die Gebühren für vermeintlich oder tatsächlich besser ausgestattete Privatschulen vom Munde abzusparen – oder Oma und Opa für einen kleinen Beitrag zu aktivieren.

Viele Eltern haben heute das beklemmende Gefühl, ihr Kind auf eine hochgefährliche Expedition, die Leben heißt, vorbereiten zu müssen, denn da draußen wartet eine feindselige, kalte, erbarmungslose Welt. Diese Perspektive kannte ich nicht, diese Aussicht war uns fremd. Unsere Welt war warm und sonnig, da wehte kein eisiger Nordwind, der uns hinwegzufegen drohte. Doch unter diesen Ängsten ducken sich heute sogar schon die Jüngsten, wobei das natürlich nicht ihre ureigensten Ängste sind – wo sollten die auch herkommen? –, sondern die der Eltern. Für diese Eltern ist die Welt ein globaler und grausamer Konzerndschungel, in dem unsere kleinen Kämpfer nur überleben und an die Spitze gelangen können, wenn sie bei Schulabschluss fünf Sprachen fließend sprechen sowie mehrere Auslandsaufenthalte und hoch spezialisierte Praktika aufweisen können. Doch das ist – gelinde gesagt – private Idiotie, und die ist Gift für jedes Schulsystem und muss zwangsläufig zu Enttäuschungen und Frust und Unglück führen.

Die Ängste der Eltern rühren von dem Druck her, den sie auf sich selbst spüren. Doch statt diesen Druck abzufangen und von ihren Kindern fernzuhalten, geben sie ihn beschleunigt weiter. Und machen ihn zum Leitfaden für ihre Erziehungsideale: Bitte in der zweiten Klasse schon Mandarin lernen, sonst bist du nach dem Abitur arbeitslos oder wirst entlassen, wenn ein chinesischer Konzern deine Firma schluckt! Jedes Kind *muss* zudem hochbegabt sein, das kann ja gar nicht anders sein – das erwarten viele Eltern schlichtweg von ihrem eigenen Nachwuchs, denn wer akzeptiert, Durchschnitt zu sein, hat in ihren Augen schon verloren. So jagen sie sich selbst und ihre Kinder kreuz und quer durch die Städte von einem Kurs zum anderen, immer bereit für den nächsten großen Schritt. Willkommen in der Hölle der Helikoptereltern, die ständig über ihren lieben Kleinen schweben. Willkommen in der Hölle des Optimierungsterrors. Die Ausrichtung der Kleinsten auf optimale Verwertbarkeit ist das Ziel. Alles natürlich nur zu ihrem Besten, denken die ängstlichen Eltern, und lügen sich damit selbst etwas vor, indem sie die Zerstörung der Kindheit als kosmopolitische Anpassung betrachten. Das Unglück dieser Eltern aber produziert vor allem unglückliche Kinder und stresst wiederum andere Eltern, die sich diesem aggressiven Leistungsdruck kaum entziehen können, ohne als Rabeneltern dazustehen. Es ist ein Teufelskreislauf, bei dem vor allem *das* unter die Räder zu kommen scheint, weswegen der ganze Stress überhaupt begonnen hat: das Wohl des Kindes. Auf der Strecke bleiben bei dem Leistungsstress aber nicht selten auch andere elementare Erziehungsziele, um aus einem Kind ein soziales Wesen zu machen: Respekt und Bescheidenheit, Höflichkeit, Hilfsbereitschaft und soziale Sensibilität.

Ein glückliches Kind kommt dauerhaft besser zurecht als ein über-ausgebildetes Kind, das von seiner Eislaufmutti einen Terminplan wie ein Vorstandsvorsitzender aufgepfropft bekommt. Diese gepressten Seelen sind traurig anzusehen. Und man fragt sich, warum die Eltern ihre eigenen Ängste so wenig im Griff haben und wer *ihnen* vielleicht helfen könnte, bevor sie die zarten Geschöpfe unter ihren eigenen Sorgen für immer begraben oder für ewig einen großen Schatten auf sie werfen. Man muss Interessen wecken, ja, man muss fordern und fördern, auf jeden Fall, aber man muss von Kindern keine Exzellenz verlangen! Im Gegenteil, man muss sie dem Rattenrennen entziehen, sie unter allen Umständen davor bewahren – egal, welche menschenfeindlichen Parolen einem der nächste Sachbuchbestseller von irgendeiner verschrobenen »Tigermutter« entgegenbrüllt. Ein bisschen mehr Liebe, ein bisschen mehr Zeit, ein bisschen mehr Müßiggang, so entstehen die Wärme und das Selbstbewusstsein, das aufrechte Menschen hervorbringt. Die finnische Bildungsministerin wurde einmal gefragt, warum die Kinder in Finnland bei der PISA-Studie so gut abschnitten. Ihre verblüffend simple Antwort: »Wir sind ein so kleines Volk, dass wir es uns nicht leisten können, auch nur ein einziges Kind fallen zu lassen oder nicht optimal zu fördern.« Ein wunderbarer Satz, groß, bedeutend, menschlich und schön – kindgerecht und effizient zugleich. Und übrigens kann mir kein Mensch erzählen, dass der Nachwuchs schon in frühen Jahren am besten Chinesisch lernen sollte, um später auf dem Weltmarkt bestehen zu können. Das halte ich – nicht nur angesichts der Tatsache, dass China wiederum jährlich Milliarden für den Englischunterricht *seiner* Kinder ausgibt – für hanebüchenen Unsinn.

Bei uns zu Hause gab es eine eiserne Regel: Langeweile war verboten, Muße dagegen nicht. Wenn man aber zu Hause bloß rumsaß und offensichtlich nichts mit sich anzufangen wusste, bekam man sogleich eine Arbeit aufgedrückt. Da das unter allen Umständen zu vermeiden war, beschäftigte man sich demonstrativ lieber mit etwas halbwegs Sinnvollem, selbstständig und eigentlich immer. Das ist bis heute so geblieben – und nach wie vor ein Riesenvergnügen. Die Welt da draußen ist so spannend, so vielschichtig, so kompliziert, da stellen sich doch jeden Tag hundert neue Fragen. Die alle nach Antworten schreien! Wie könnte da jemals irgendwann für irgendwen echte Langeweile aufkommen? Aber auf diesen Weg muss ein Kind geführt werden, dieses Abenteuer im Kopf muss idealerweise vorgelebt werden, wenn nicht zu Hause, dann doch bitte in der Schule. Neugier ist ein ganz wichtiges Überlebenswerkzeug, wichtiger auf jeden Fall als Chinesisch.

Die Eltern sind meist ein substanzieller Teil des Problemfelds Schule: Entweder sie verlieren mit Blick auf die perfekte Ausbildung ihres Kindes Maß und Ziel völlig aus den Augen. Oder sie erwarten von den Pädagogen die Quadratur des Kreises, weil die alle Defizite ausgleichen sollen. Alles, was Eltern aufgrund ihrer Lebensumstände – egal ob Doppelverdiener oder Alleinerziehende – aus Zeitmangel für ihre Kinder nicht zu leisten imstande sind, das sollen die Lehrer gefälligst nebenbei gleich mit ausbügeln. Dazu kommen oft ganz existenzielle Probleme wie mangelnde Sprachfähigkeit, weil die Eltern zu Hause kein Deutsch sprechen, es aber auch nicht für nötig befanden, es ihrem Kind in den ersten sechs Lebensjahren vor der Schule auf einem angemessenen Level beizubringen oder beibringen zu lassen. Das scheint mir für die Lehrer keine wirklich optimale Ausgangslage zu sein, sondern eher eine klassische *Mission Impossible*, bei der sie nicht einmal Unterstützung erwarten dürfen.

Erschreckend ausgeprägt ist auch die Naivität oder gar Ignoranz mancher Erziehungsberechtigter. Experten weisen seit Jahren darauf hin, dass immer weniger Eltern bereit sind, wirkliche elterliche Verantwortung zu schultern und ihren Sprösslingen klare moralische Leitlinien an die Hand zu geben. Sie wollen lieber Partner denn Vorbilder und Lotsen sein – und tragen so zur Verstörung ihrer Schutzbefohlenen bei, die mit so viel Freiheit nichts oder wiederum zu viel anfangen können. Viele Eltern können sich offensichtlich nicht oder nur sehr schwer vorstellen, dass ihr niedlicher Engel in der Schule möglicherweise ein nur schwer kontrollierbares und extrem störendes asoziales Verhalten an den Tag legt – und dass genau genommen *sie* da gefordert sind! Lieber wird in solchen Fällen erst einmal vermutet, der Pädagoge sei voreingenommen oder habe unlautere Absichten. Diesen Nebel der Selbstverklärung zu lichten ist schon an sich eine gewaltige und anstrengende Aufgabe.

Lehrer können spätestens Montagmittag meist relativ exakt nachzeichnen, wie das Wochenende zuvor für einzelne Kinder verlaufen ist. Wer am Montagmorgen kaum zu bändigen ist, nur toben und raufen will, schlägt und durchdreht, saß aller Wahrscheinlichkeit nach Samstag und Sonntag die meiste Zeit des Tages vor dem Fernseher. Was noch die harmlosere und immer unwahrscheinlichere Variante wäre. Viel größer ist die Wahrscheinlichkeit, dass sich das Kind stundenlang am Computer die Finger wund gespielt und dabei noch ein wenig gechattet und What's App zum Glühen gebracht hat. Hauptsache, die Eltern hatten ein ruhiges Wochenende und konnten sich über die Häuslichkeit der Kleinen freuen, die hinter verschlossenen Kinderzimmertüren ganz friedlich ein bisschen verblöden und abstumpfen. Die Verwahrlosung *innerhalb* der Familie ist ein wachsendes Problem, das wiederum die Lehrer auszubaden haben. Dieses Phänomen ist in allen Schichten zu beobachten, tritt jedoch im unteren Einkommensbereich noch deutlicher zutage als bei Kindern von Besserverdienern. Denn was bei Letzteren psychisch, also eher im Verborgenen abgeht, fechten Erstere vornehmlich körperlich aus.

Da viele Jugendliche in ihren dysfunktionalen Familien wichtige Kulturtechniken des Diskurses und der Konfliktlösung nicht mehr lernen, eifern sie auf bizarre Art und Weise den Dramen ihrer TV-Nachmittage nach und glauben, so müsste das wahre Leben aussehen. Und so keifen sich Kinder durchs elterliche Wohnzimmer wie die sprichwörtlichen Waschweiber und überziehen sich gegenseitig mit abgefeimten Verbalinjurien. Im Fernsehen finden Kinder und Jugendliche zahlreiche Versatzstücke für ihr reales Verhalten sowie die dazugehörigen Sätze, Flüche, Schimpfwörter. Doch bei aller Lautstärke und ungebremster Wut – ein größerer Ausdruck von Hilflosigkeit ist kaum denkbar. Wie sollen junge Leute, die so sozialisiert werden, später irgendwo sozialverträglich arbeiten, sich mit anderen konstruktiv auseinandersetzen, Verantwortung übernehmen?

Wenn diese Kinder und vor allem diese Eltern auf die Schule und die Lehrer losgelassen werden, kann man eigentlich nur noch Mitleid haben. Der hoch verehrte und respektierte Pädagoge ist längst Schnee von gestern. Oftmals fühlt er sich von seinem Schulleiter im Stich gelassen und seinen Schülern hilflos ausgeliefert. Sein Fachwissen ist für ihn der letzte Hort beruflicher Befriedigung. Denn die Gesellschaft – also wir alle! – gibt ihm nie oder nur noch selten das Gefühl, seine Arbeit oder seinen Berufsstand besonders zu schätzen. Es sind ja nicht nur die Schüler, die ihn ignorieren oder gar bedrängen, bedrohen, lächerlich machen. Permanent muss er sich entweder mit desinteressierten, unbeherrschten oder übermotivierten Eltern auseinandersetzen, die von ihm die Erziehungsarbeit erwarten, die sie versäumt haben, oder mit ihm um die Noten und Punkte ihrer Kinder feilschen wollen und – im Falle der Besserverdiener – nicht selten gleich mit einem Anwalt und ernsthaften Konsequenzen drohen. Wie sollen die Kinder dieser Eltern Respekt lernen oder empfinden, wenn ihre wichtigsten Vorbilder den Lehrer nur als Weisungsempfänger oder Dienstleister behandeln, den man maßregeln und einschüchtern darf?

Aus Sicht vieler Schüler ist der Lehrer der Anti-Chiller, ein uncooler Typ, der einen dauerhaft nervt und auf ultimativ wichtige Fragen (wie etwa »Wie richte ich dieses oder jenes auf meinem Smartphone ein?«) keine kompetenten Antworten geben kann. Stattdessen versucht er verkrampft, einem Sachen beizubringen, die einen nicht interessieren und mit denen man abends im Club oder im Fitnessstudio nicht angeben kann. Der Pädagoge hat keine Streetcredibility und überhaupt keine Ahnung vom echten Leben. Er ist keine Autorität, keine echte Respektsperson mehr, und das lässt man ihn spüren. Wenn sich früher zwei an meiner Schule geprügelt haben und ein Lehrer kam auch nur um die Ecke, war sofort Schluss. Heute, so wurde mir glaubwürdig berichtet, drehen sich die Aufsichtspersonen oftmals lieber um, wenn es neben ihnen kracht, gehen weg und schauen fort – aus Angst. Denn sie wissen, dass man vor ihnen keinen Respekt mehr hat, und fürchten deshalb, bei einem Einschreiten sofort selbst zur Zielscheibe zu werden.

Und das nutzen sie dann auch weidlich aus, die Schüler. In *akte*-Beiträgen über Schulschwänzer haben wir den Unterricht filmisch begleitet, wobei die Schüler zur ersten Stunde nicht wirklich antraten, sondern nach und nach eintrudelten. Die ersten 30 Minuten reichten nicht aus, um von Seiten der bedauernswerten Lehrerin so etwas wie Ruhe und Bereitschaft zur Konzentration herzustellen, von einem erkennbaren Beginn der Wissensvermittlung ganz zu schweigen. Wahrscheinlich müsste ich jetzt, um Sie diese Situation noch besser einordnen lassen zu können, Schultyp, Bundesland und Alter der Eleven angeben – was sogleich als Erklärung und Ausrede für jedweden Missstand dieser Art herhalten würde, deshalb mache ich es uns nicht so leicht. Also: Schüler sind vorlaut und altklug, sie kopieren das schlechte Benehmen ihrer Eltern und zollen ihrem Pädagogen wenig oder gar keinen Respekt, den sie selbst hingegen großspurig einfordern. In den schlimmeren Fällen bedrohen sie die Lehrer verbal, seelisch und körperlich. Wenn sie aus Familien kommen, in denen Frauen nichts zu sagen haben, leben selbst die Kleinsten dieses Modell auch gerne an der Schule weiter. Berichte über junge Migrantensöhne, die ihren Lehrerinnen nicht die Hand geben oder ihren Anweisungen aus Prinzip nicht folgen, mögen sich immer auf extreme Einzelfälle beziehen, sorgen aber für Unruhe nicht nur bei der deutschen Mittelschicht, die sich für ihre Kinder andere Schulen und eine andere Atmosphäre wünscht. Oft fahren Lehrer schon mit Bauchschmerzen morgens an ihre Schulen, in manchen sozialen Brennpunkten haben sie schlicht und ergreifend Angst. Wie sollen sie unter diesen Umständen und mit dem steten Gefühl, existenziell überfordert und allein gelassen zu sein, Kinder frei und fröhlich erziehen? Arme Gesellschaft, die ihre wichtigsten Kräfte so alleine lässt, armer Staat, der das sieht – und zulässt. Den Aufschrei der Rütli-Schule im Jahr 2006, den Ruf nach Hilfe in einer völlig verfahrenen Situation, den hat die ganze Republik vernommen, weil er so laut war. Aber wie viele Rütli-Schulen landauf, landab haben gar nicht mehr die Kraft zu so einem Schrei?

Diese Missstände sind bedenklich, oft sogar bedrohlich, aber wenn man sich ein vollständiges Bild machen will, muss man auch über das Auftreten eines Schul- und Verwaltungssystems reden, dessen Herzlosigkeit und verbohrte Starrheit jeden nur überraschen und verbittern kann. Unsere Zuschauer berichten uns teilweise von schier unglaublichen Fällen, die sich bei der Nachrecherche als oftmals noch unfassbarer herausstellen, als sie auf den ersten Blick ohnehin schon waren.

In einem Fall hatte eine Schülerin ein Problem, das sich Dyskalkulie nennt. Das ist eine Teilleistungsschwäche, bei der Kindern das grundlegende Verständnis für Zahlen und mathematische Zusammenhänge komplett fehlt. Kurz gesagt: Mathe ist ein Buch mit sieben Siegeln, aber hier hilft wirklich kein Üben, weil es sich um eine Art Krankheit handelt, auch wenn die im Einzelfall schwer feststellbar ist. In allen Fächern erzielte das ehrgeizige Mädchen gute Ergebnisse, aber aufgrund dieser Veranlagung eben nicht in Mathe und Physik. Menschen mit so einem Problem können Tausende Berufe ergreifen, außer vielleicht Atomphysiker oder Mathematikprofessor, vor allem wenn sie in allen anderen Fächern überdurchschnittlich gut sind. Trotzdem sollte das Mädchen nach dem Erkennen dieser Schwäche die Schule sofort verlassen. Die Eltern haben gekämpft wie die Löwen und wollten unter keinen Umständen ihre Tochter aus der gewohnten Umgebung rausreißen, aber weil die Schule nicht wusste, wie sie die Zahlenschwäche mit den starken Leistungen in den anderen Fächern verrechnen sollte, fiel das arme Geschöpf durch alle Raster. Keine Richtlinie, keine Chance. Und kein Mut. Statt sich über die Zweifel hinwegzusetzen und das Mädchen auf seiner Schule zu lassen und bis zum Abschluss zu fördern, schob der Direktor sie schulterzuckend ab – und hinterließ ein am Boden zerstörtes Kind und seine verzweifelten Angehörigen. Unglaublich, aber wahr. Warum so einer nicht mal eine Minute nachdenkt und sich fragt: Was würde ich wollen, wenn das meine eigene Tochter wäre? Was ist an dieser Perspektive so schwer?

Das Kind mit den Rechenschwierigkeiten muss also vom Gymnasium. Aber wohin? Die Eltern sind ratlos. Die Krankenkasse will keine Therapiekosten übernehmen, weil es einen solchen Fall in ihren Katalogen nicht gibt. Diese Geldverteilungsbürokratie wagt es also, ihre Hilfe zu verweigern, weil der Fall nicht in ihren Vorschriften steht. Man staunt und ist erschüttert. Ein Verwaltungsmuster, das sich wiederholt: Unsouveräne Menschen wollen am liebsten alles nur buchstabengetreu erledigen, anweisen und umsetzen, weil das die sicherste Variante ist.

Das NEIN ist immer die sicherste Variante für den Verantwortlichen – und für den Herzlosen.

In einem anderen Fall wollten Eltern ihre Tochter von der Grundschule nehmen, auf der sie regelmäßig von Mitschülern angebrüllt und geschlagen wurde. Für den Gastschulantrag brauchten sie die Unterschrift des Direktors der ersten Grundschule – der sie ihnen aber nur geben wollte, wenn sie die für ihn negativ klingende Begründung für den Wechsel wegließen. Er konnte die Schülerin im Vorfeld nicht ausreichend schützen, aber mit seiner Unterschrift anstandslos einen echten Neuanfang möglich machen, das wollte er unter keinen Umständen. Das hat an vielen Schulen System: Offensichtliche Fehler nicht eingestehen, sich nicht zur eigenen Verantwortung bekennen, lügen, ignorieren, wegducken, abstreiten. Damit kein Wirbel gemacht wird, damit kein negatives Image entsteht, damit alle weiter friedlich im Dämmerschlaf dahinschnarchen und die Missverhältnisse sich weiter ungestört entwickeln können. Angst ist dabei der wichtigste Ratgeber: Lieber die Sache nicht beim Namen nennen. Deshalb finden Auseinandersetzungen der Schule mit sich selbst höchst selten statt.

3. Was muss sich ändern?

Zwar handelt jede Sonntagsrede von der Bedeutung der Bildung in unserem rohstoffarmen Land, aber man hat nicht den Eindruck, hier werde wirklich konzentriert etwas für die Zukunft getan. Zu wenig, zu spät, zu unentschlossen scheinen oft die Mittel in diesen Sektor zu fließen. Dabei ist der Handlungsbedarf riesengroß – bei allen Beteiligten:

Lehrer ist ein Beruf aus Neigung – wer sich heute dafür entscheidet, muss hoch motiviert sein und dann verdammt gut aufpassen, dass er diese Motivation nicht wieder ruck, zuck verliert. Zu dieser Motivation gehören übrigens auch angemessene Jobperspektiven und eine adäquate Bezahlung. Wer in dem Bewusstsein studiert, sich später mal in einem anspruchsvollen Job nur von Befristung zu Befristung hangeln zu können, wird es sich vielleicht doch noch mal überlegen. Wir alle, die Gesellschaft, die Eltern und die Schüler, müssen unseren Pädagogen wieder sehr viel mehr Respekt entgegenbringen und ihre Arbeit als das anerkennen, was sie ist: ein extrem wichtiger Grundbaustein unseres Gemeinwesens. Und wenn das Fundament nicht richtig gelegt ist, was soll darauf dann Bestand haben?

Lehrer sind weder der Reparaturdienst der deutschen Politik noch der deutschen Familien. Wer Schüler ohne oder mit nur mangelhaften Deutschkenntnissen an die Schule lässt, darf nicht erwarten, dass die Lehrer für ihn die Kastanien aus dem Feuer holen. Dazu ist ihre Ausbildung nicht gedacht, das ist nicht ihr Job. Solche strukturellen Probleme muss die Politik anders lösen: Erst recht, wenn sie vielerorts längst ausgeufert sind und zur Benachteiligung auch derer führen, die sich nur aufs Lernen und aufs Weiterkommen freuen – die »ganz normalen« Grundschüler eben.

Die Behörden sollten die Position ihrer Lehrer stärken und jede Form von Einschüchterung und Gewalt gegen sie genauestens untersuchen – sind Schul-Cops eigentlich nur eine Erfindung des Privatfernsehens? – und strengstens ahnden. Die Bürokraten sollten aber gerade in kritischen Einzelfällen immer wieder auch Mut zu Herz und gesundem Menschenverstand gegenüber Schülern beweisen. Man kann auch kniffelige Fragen ohne Überinterpretation der Vorschriften lösen und sich ruhig einmal aus der Deckung wagen. Das hebt das Selbstbewusstsein, stärkt die Abwehrkräfte und macht dem Mutigen am Ende sogar Spaß – mehr als die ewig gleiche Routine. Der Alltag heute sieht aber leider anders aus: Angst vor allem, vor dem Schulrat, vor der Schulpflegschaft, vor der Presse, vor Spendern, vor den Eltern. Bis dann der Kessel explodiert, wie einst an der Rütli-Schule in Berlin. Deshalb ist der bessere Weg eindeutig: Lieber frühzeitig sagen, was Sache ist. Wo die Probleme liegen, auch wenn das weh tut und erst einmal Unruhe schafft. Aber das ist die originäre Aufgabe der Bürokratie: Probleme klar benennen – und dann konsequent handeln. Durchgreifen, gestalten, machen. Niemals den Spruch zulassen: »Ach, Sie wissen doch, wie es ist!« NEIN: Sie wissen doch, dass es anders gehen muss! Auch hier: Verantwortung übernehmen. Lieber jetzt Unannehmlichkeiten aushalten als später Missstände beklagen, denen nicht mehr beizukommen ist.

Eltern dürfen nicht erwarten, dass ihr fehlender Wille zu Verantwortung und echter Erziehungsarbeit von den Lehrern kompensiert wird. Das ist *ihre* ureigenste Aufgabe. Ihr, liebe Eltern, müsst eurem Nachwuchs erklären, was gut und was böse ist, ihr müsst ihm zeigen, wie man sich der Welt nähern kann oder sollte: interessiert, höflich, wissbegierig, fleißig, kreativ, unermüdlich. Und das wird nicht klappen, wenn ihr eure Erziehungsarbeit mit dem Kauf des nächsten iPods erledigt seht. Sorry, aber das reicht nicht. Dazu gehören nun mal auch so anstrengende Sachen wie einen Plan für die Woche und das Wochenende aufzustellen, gerne gemeinsam, gerne im Konsens, diesen Plan aber dann auch durchzuziehen und umzusetzen. Ohne sich bequatschen zu lassen und wieder davon abzuweichen. Das nannte man früher Erziehung. Unsere Kinder sind darauf angewiesen, dass wir unsere Eltern- und Erwachsenenrolle ernst und vor allem annehmen.

Auch die Rückbesinnung auf einige simple Grundwahrheiten könnte die Situation in vielen Fällen entspannen: Nein, nicht alle Kinder sind hochbegabt, es ist nur eine kleine Minderheit. Nein, die schlechten Noten leistet sich der Sprössling nicht unbedingt, weil er wegen seiner überbordenden Intelligenz gelangweilt ist. Viel näher liegt meist der berechtigte Verdacht, dass Sohn oder Tochter entweder faul sind oder einfach ganz normal intelligent, weit entfernt von einem IQ 130 plus. Na und? Harte Einsichten, aber manchmal hilfreich. Auch die Einschüchterung des Lehrers durch Drohungen mit dem Anwalt oder dem nächsten Disziplinarvorgesetzten wegen jeder halben Note ist kontraproduktiv.

Denn, ja, es ist wirklich so: Ihr Kind wird in der globalen Wirtschaft auch ohne fließendes Arabisch und ohne Doktorhut überleben, obwohl es schon fast 18 ist. Wenn Sprachen schon unbedingt im Kindergarten gelernt werden sollen, wie wäre es dann mit gutem Deutsch? Und wenn's um wichtige Fähigkeiten geht, bietet sich meinetwegen auch Rückwärtsgehen an. Oder Balancieren und auf einem Bein stehen, denn das können viel zu viele Erstklässler schon gar nicht mehr. Aber auch Lehrer und Schulen dürfen sich jederzeit gerne kritisch hinterfragen, ob ihre Pädagogik und ihr Stoff wirklich noch auf der Höhe der Zeit sind oder ob die Langeweile ihrer Schutzbefohlenen nicht möglicherweise auch an ihren veralteten Methoden liegt.

Den Schülern muss man vor allem klarmachen, dass die elterliche Selbstüberschätzung in der Schule keinen Platz hat. Es ist wurscht, wer oder was eure Erzeuger sind und wie sie auftreten und wen sie wie beeindrucken wollen und in welchem eigenen Auto sie euch zur Schule fahren lassen. Oder bringen lassen, wenn ihr noch keinen Führerschein habt, als ob ihr nicht in der Lage wärt, den Weg selbst zu finden, so wie ganze Generationen vor euch auch. In der Schule seid ihr ganz allein auf euch zurückgeworfen, auf euren Einsatz, eure Motivation, auf eure Leistungs- und Lernbereitschaft, euer Engagement und, ja, eure Ergebnisse. Mit anderen Worten: Lebt ohne elterliches Backup! Willkommen in der echten Welt, fern des Kuschelarrangements auf dem heimischen Sofa, wo ihr immer die Besten und die Größten und Schlauesten seid und wo euch alles, was ihr euch an Schlaumeierei oder Unverschämtheiten leistet, als Ausdruck größtmöglicher Individualität nachgesehen wird. Auch Kinder müssen lernen, Verantwortung zu übernehmen! Das muss man ihnen vermitteln. Also kann die Losung nur heißen: *Wake up!* Oder wie es Rainald Goetz so treffend in seinem ersten Roman ausgedrückt hat: *Don't cry, work!*

Bei all dem sollte ein letzter praktischer Punkt nicht außer Acht gelassen werden: Die sozialen Unterschiede an deutschen Schulen sind groß, zu groß. Das beeinträchtigt die Atmosphäre und die Konzentration oftmals beträchtlich. Der ewige Kampf um das Geld für die nächsten coolen Sneakers, die draußen etwas gelten und *fame* sind, bringt Unruhe in viel zu viele Familien, die eigentlich wirklich wichtigere Probleme haben. Aus diesem materiellen Wettkampf und seinen unangenehmen Folgen bis hin zur alltäglichen Abzieherei gibt es einen Ausweg: die in vielen Ländern durchaus bewährten Schuluniformen. Ich bin mir sicher, ihre Einführung, am besten bundesweit, brächte erst viel Aufregung – aber dann mehr Ruhe, mehr Identität und mehr Stolz an die Schulen.

Telefon und Handy: Vom würdigen Fernsprecher zum nervenden Weltmedium

1. War früher wirklich alles besser?

Das Telefon war einst ein wahrer Klotz. Schon deshalb besaß es so etwas wie Autorität und war zugleich ein begehrtes Gut, um das einen alle beneideten. Wer in der jungen Bundesrepublik bereits eins besaß, konnte sich vieler Besucher sicher sein, die es bewundern, anfassen, reinhorchen wollten. »Besitzen« war aber auch nicht ganz der richtige Ausdruck. Denn der Fernsprecher, wie er genannt wurde, gehörte einem nie, er blieb stets Eigentum des Staates, der Deutschen Bundespost. Und nicht zuletzt deswegen hatte das von 1935 an über Jahrzehnte hinweg unverändert gelieferte Standard-Prachtstück aus schwarzem Bakelit in seiner klassisch wuchtigen Form mit Drehwählscheibe und schwerem Hörer eine ebenso schwere amtliche Ausstrahlung: Da stand gewissermaßen der Staat persönlich vor einem. Gern an exponierter Stelle, damit er von allen gesehen und beachtet werden konnte, gern auf einer Art Altar, einer eigens dafür angeschafften Telefonbank mit Sitzgelegenheit und Stauraum für die dicken Telefonbücher. Den Apparat hegte und pflegte man, der Umgang mit dem Telefon war ehrfurchtsvoll und von Vorsicht geprägt. Später kam zu dem einschüchternden schwarzen Modell noch ein weiß lackiertes dazu, das war dann aber eher das Modell für die Dame – sprich: für die kleine Minderheit der Deutschen, die es zu einem Zweitanschluss schaffte. Das Gewicht der damaligen Telefone führte auch dazu, dass sie gerne spontan als Tatwerkzeuge verwendet wurden. So mancher hörte beim Aufprall des Apparates auf dem Schädel sein letztes irdisches Klingeln. Das wäre mit den heutigen Handys kaum möglich.

Der Apparat war zuverlässig und funktional wie ein VW Käfer. War er erst einmal da, lief er für immer. Mit der Bundespost hatte man nach der Installation eigentlich nichts mehr zu tun, es klappte ja alles. Anfangs war diese Form der Kommunikation für die Massen noch so ungewöhnlich und neu, dass es sogar extra Gesprächskurse gab: Wie meldet man sich korrekt? Wann darf man anrufen? Eiserne Regel, die über Jahre Bestand hatte: Niemals während der *Tagesschau*! Heute ruft jeder jeden zu jeder Tages- und Nachtzeit an, allerdings gilt in größeren Teilen des Landes zumindest noch die Regel, nicht während des sonntäglichen *Tatorts* durchzuklingeln. Immerhin.

Übrigens ging es den Leuten im Osten Deutschlands nicht viel anders. Zwar war es blöd, keinen Trabbi zu haben oder jahrelang auf ihn warten zu müssen, aber eigentlich wollten alle DDR-Bürger vor allem ein Telefon. Allerdings war die Vergabepraxis etwas strenger bzw. undurchsichtiger. Es ging immer das Gerücht um, dass nur diejenigen in den Genuss dieses Luxus kämen, die reibungslos durch den Ideologie-TÜV gerutscht seien. Was dann noch vor der Wende zu der Beobachtung führte, dass spontane Meinungsumfragen am Telefon auf dem Gebiet der gerade in Auflösung befindlichen DDR nicht unbedingt sehr repräsentativ sein mussten – weil die Apparate zu einem beachtlichen Teil bei ehemaligen Parteigängern und Stasi-Mitarbeitern standen …

Wie das so ist im Leben eines leidenschaftlichen Zwangscharakters, interessierte ich mich als Junge neben Autokennzeichen natürlich brennend für internationale Vorwahlen und Vorwahlen generell. Das kleine gelbe Heftchen der Ortsnetzkennzahlen, wie das damals hieß, war für meinen Bruder und mich eine unerschöpfliche Quelle besonderer Freuden. Immer ging es darum, den anderen zu übertrumpfen. Wenn die Inlandsnummer mit 02 losging, wussten wir sofort, aha, Rheinland. Aber wie war gleich noch mal die Vorwahl von Radevormwald? Und erst die internationalen Telefonvorwahlzahlen – es brauchte damals nicht sehr viel, uns einen Nachmittag lang zu beschäftigen.

Auch nachdem die Menschen ihre erste Ehrfurcht vor dem Telefon etwas verloren hatten, blieb seine Nutzung lange Zeit etwas Besonderes. Meine Mutter telefonierte tendenziell länger, was mein Vater nur mit Kopfschütteln quittierte, alle anderen hatten sich kurz zu fassen. Das war überhaupt der Leitspruch vieler Telefonjahre: Fasse dich kurz! Dazu hatte die Großeltern-Generation reflexhaft noch einen Spruch aus Kriegszeiten drauf: »Feind hört mit!« Das schliff sich irgendwann ab, was blieb, war: »Das wird sonst zu teuer.« Oder: »Ich muss jetzt Schluss machen, sonst wird das zu teuer.« Auch wenn meine Mutter es heute abstreitet: Die Aufforderung, sich kurz zu fassen, haben wir alle zu Hause hundertfach gehört.

Die Rechnung war trotzdem immer zu hoch und wurde jeden Monat intensiv studiert, das war ein geübtes Ritual. Genau wie das nervöse Schlangestehen vor den gelben Telefonhäuschen irgendwo draußen, am besten im Regen, nur um es dann in den stets nach Urin und Tabakqualm stinkenden Zellen kaum auszuhalten – sehr schwer, sich da auf ein romantisch-erotisches Gespräch zu konzentrieren! – oder einen zerstörten Apparat vorzufinden. Die Telefonbücher waren natürlich immer geklaut, mindestens aber ausgerechnet an den Stellen zerfleddert, wo man gerade hatte suchen wollen. Wir haben damals viel ausgehalten.

Aber die Deutsche Bundespost trug das Glücksversprechen Telefon unverdrossen in Gelb vor sich her. Auf Anschlüsse wartete man oft Monate, irgendeiner musste immer erst noch schauen, ob »die Zahlen noch frei sind«, oder man bekam zu hören, dass »die Nummern noch freigeschaltet werden müssen«. Überall sah man die kleinen Anschlusskästen auf den Straßen, vor denen gelegentlich Techniker mit Lötkolben saßen und feine Drähte miteinander verbanden. Man betrachtete sie sehr wohlwollend. Das waren filigrane Arbeiten im Dienste der Allgemeinheit. Und wenn das Staatsunternehmen plötzlich neue Telefonfarben auf den Markt brachte, etwa das legendäre Giftgrün und das nicht minder irritierende Orange, dann war das bundesweit ein heiß diskutiertes Gesprächsthema.

Das Telefon war kein normales Kommunikationsmittel. Es dauerte lange, ehe es selbstverständlich in den Alltag integriert war. Meine Oma sah beim Telefonieren anfangs immer so aus, als erwarte sie jederzeit, dass jemand durch den Hörer nach ihr griffe. Das war ihr alles nicht wirklich geheuer. Laufend gab es auch die Mahnung, in jedem Falle »die Leitung freizuhalten«, damit derjenige anrufen kann, der sich melden will, falls etwas passiert ist. Das Telefon galt also prinzipiell als Übermittler schlechter Nachrichten, als eine Art privater Notrufsäule. Wenn jemand am Abend anrief, rechneten die Anwesenden immer mit dem Schlimmsten. Die Logik war einfach und bestechend: Nur wer sich bereits im eigenen Blute wälzte oder auf den letzten Atemzug vorbereitete, würde es wagen, um diese Zeit noch anzurufen, am Ende sogar noch *nach* der *Tagesschau*. Ja, es ist schwer vorstellbar, aber man rief sich in diesen noch gar nicht so lange vergangenen Zeiten tatsächlich nicht an, wenn man Wolken von links nach rechts ziehen sah oder mal eben aufs Klo musste. All diese spektakulär bewegenden Ereignisse, die heute die endlosen Kommunikationsströme speisen, passierten unberichtet und unkommentiert. Aus unserer aktuellen Sicht ist das unglaublich.

Das Telefon bot ungeahnte neue Möglichkeiten der Kommunikation. Und nicht alle waren willkommen. Fiese Stöhner machten die Runde. Perverse Männer – es waren ausschließlich Männer – weideten sich als anonyme Anrufer an der Angst und dem Schrecken der überraschten Damen am anderen Ende der Leitung und ließen sie an ihrer Erregung durch lautes Atmen teilhaben. Diese »schmutzigen Anrufer« erschienen als völlig reale und vor allem allgegenwärtige Gefahr. Sie waren auch ein Grund, warum mein Bruder und ich nie als Erste den Hörer abnehmen sollten. Es hätte ja ein Stöhner sein können, der uns für immer traumatisiert. Das fanden wir völlig okay, was sollten wir auch in der Gegend herumtelefonieren?

Später hing in einigen WGs der 70er und 80er Jahre immer eine Trillerpfeife neben dem Telefon, um dem möglichen Stöhner im Notfall das

Trommelfell zu zerfetzen. Eine drastische, aber – wie berichtet wurde – in Einzelfällen wohl höchst wirksame Methode zur Abschreckung und Bestrafung der Perverslinge. Man fragt sich, wo die alle geblieben sind und wo sie heute herumstöhnen, am Telefon ist das kein allzu großes Thema mehr. Wir sehen also erfreut, dass sich nicht alles zum Schlechteren hin entwickelt (gut, über das Internet reden wir später)!

Das Telefon war auch für Streiche gut geeignet. Eine Zeit lang fanden wir es lustig, bei Partys in Köln vom Apparat der Gastgeber die Nummer der japanischen Telefonauskunft in Tokio anzuwählen – 0081 und dann sieben Mal die sieben. Kaum war jemand drangegangen, legte man den Hörer neben das Telefon und erfreute sich diebisch an der Vorstellung, wie sich auf der Telefonrechnung völlig unerklärliche astronomische Gebühren anhäufen würden. Wobei die ordentlichen Japaner wohl immer nach kürzester Zeit wieder einhängten, wenn auf ihre Fragen niemand antwortete.

Die Weiterentwicklung des Telefons brachte uns – nach der 15-Meter-Verlängerungsschnur, die stets eine ästhetische Zumutung blieb – technische Neuerungen, die man nicht für möglich gehalten hätte. Meinen ersten Fernkopierer – für die etwas Jüngeren: Fax – sah ich 1979 in der Lokalredaktion der *Kölnischen Rundschau* in Siegburg, wo ich einen Teil meines Journalisten-Volontariats absolvierte. Die Manuskriptseiten einfach zur Zentralredaktion und Druckerei nach Köln zu senden, ohne dass jemand in den Wagen springen, Kopf und Hals riskieren oder sich über Staus ärgern musste – was konnte es Fortschrittlicheres geben! Eine Seite rotierte drei Minuten lang, eingespannt auf einer Trommel – ich war wirklich beeindruckt und kam mir sehr modern vor. Allerdings war die Technik noch sehr anfällig und der Mechaniker ein oft und gern gesehener Gast in unserer Redaktion. Ansonsten musste der Volontär ran und faxen, was die Nerven hergaben.

Mitte der 80er tauchten die ersten mobilen Telefone auf: Wuchtige Kisten, die nur für eine Minderheit interessant zu sein schienen, weil sie wegen der Riesen-Akkus aussahen wie Herrenhandtaschen aus Kunststoff, und teuer waren sie sowieso. Ich kann mich noch gut daran erinnern, wie ich in Köln bei RTL als Redaktionsleiter von *Explosiv* regelmäßig in die Mittagskonferenz der Nachrichtenredaktion gegangen bin. Und bei einem dieser Meetings Ende der 80er Jahre trug ein Kollege vor, dass sie bei der Post die Idee gehabt hätten, die neuen Mobiltelefone als »Handy« auf den Markt zu bringen, was auch noch »Händi« zu schreiben sein sollte. Das fanden alle anwesenden Redakteure doof, und es wurde überlegt, ob man das in den Nachrichten erwähnen soll. Als ich zu meiner Assistentin zurückging – die mich übrigens bis heute begleitet –, berichtete ich ihr: »Monika, jetzt drehen sie durch, die wollen diese Telefone ernsthaft ›Handy‹ nennen. Was ist das nur für ein Quatsch! Das setzt sich doch nie durch. Vergiss es einfach!« Nun gut, der Rest ist Geschichte.

2. Willkommen in der Realität!

Das Telefon ist nur auf den ersten Blick ein relativ banaler, gewissen Moden unterworfener Gegenstand. Das Telefon ist heute der Katalysator der Jetztzeit, das Telefon macht alles möglich, bringt mir alles ins Haus, und insbesondere mit der heutigen Generation der Smartphones ist es *der* Link in die Welt. Das klassische Telefonat ist nur noch eine kleine Aufgabe unter vielen, die wir mit dieser Kommunikationsmaschine erledigen. Wir benutzen es auch und vor allem zum Mailen, Simsen, Chatten, Lesen und permanent online sein.

Von einem Luxusgut für wenige ist es zum wichtigsten Kommunikations-Tool für die gesamte Menschheit geworden, für fast jeden erschwinglich und jederzeit verfügbar, für nicht wenige sogar in vielerlei Hinsicht das Überlebensinstrument. Alle gesellschaftlichen Umwälzungen lassen sich an der Entwicklung des Telefons wie unter einem

Brennglas vergrößert studieren. Nichts bringt die Menschen so schnell zusammen, nichts ist so allgegenwärtig, kaum ein anderes technisches Hilfsmittel bestimmt und verändert unser Leben so wie das Telefon. Bei Umfragen zum Freizeitverhalten der Bundesbürger stand das Telefon im Sommer 2014 als Lieblingshobby von jungen Menschen zwischen 14 und 29 an erster Stelle. Vor zehn Jahren hätte das noch niemand für möglich gehalten.

Wie schnell der Turbokapitalismus wirklich ist, sieht man an der Deregulierung des Telekommunikationsmarktes. Vom gelben Koloss zum Magenta-Riesen war es ein gewaltiger Schritt, der Börsengang der Telekom ein nationales Ereignis der Sonderklasse, der aus den Sparstrumpf-Deutschen abgebrühte Aktionäre machen sollte. Der Hype war so hysterisch, wie der Absturz schier bodenlos schien. Den Schlag in ihr Finanzkontor haben die Bundesbürger nie wieder vergessen. Der Aktienmarkt *als Massenmarkt* ist hierzulande nicht zuletzt wegen der miesen Erfahrungen mit der Telekom-Aktie praktisch tot. Die alte Deutschland AG löste sich so schnell vor unseren Augen auf, dass wir nur die ersten Schritte überhaupt noch bewusst registrierten, danach war es bloß noch ein Expertenspiel. Spätestens als Vodafone Mannesmann aufkaufte, blickten die meisten Bundesbürger bereits nicht mehr durch. Wie jetzt, Mannesmann und Telefone? Haben die nicht mal Stahlrohre hergestellt? Ja, da war mal was, in einem früheren Leben.

Zugleich ging die atemberaubende Telefonie-Entwicklung weg vom Staatsmonopol und hin zu einer unüberschaubaren Anzahl von Anbietern in jeder Größenordnung, zu Unteranbietern und Drittanbietern und verwirrend vielen Shops, in denen Zehntausende Helferlein mit höchst unterschiedlichem Ausbildungs- und Erfahrungsniveau dem gestressten Kunden das ohnehin schwere Leben zur Hölle machen. Allgemeiner Eindruck hier: Sie knebeln mich mit Verträgen, deren Tarifstruktur selbst Experten kaum noch verstehen, und lullen mich ein durch eine Angebotsvielfalt, die nur sicherstellt, dass ich ohne Durchblick irgendwann einfach ermattet aus Notwehr einen Vertrag unterschreibe, aus dem ich nur unter allergrößten Schwierigkeiten oder zu Lebzeiten gar nicht wieder herauskomme. Gleichzeitig haben die Kunden in kaum einem anderen Bereich so viele Aufgaben übertragen bekommen wie hier: Hol dir deine Rechnungen selbst ab, am besten online, stell deine Servicefragen am besten per Mail, überprüfe dieses oder jenes, ruf dort und da an – die Kette ließe sich endlos fortsetzen. Die Firmen verkaufen uns diese Selbstverpflichtung als emanzipatorischen Schritt, der uns zu autonomen und selbstbestimmten Kunden macht. In Wahrheit kann man das genauso gut als Zumutung und Zeitvergeudung verstehen.

Nicht nur die Struktur des Marktes, auch unsere Kommunikation hat sich grundlegend geändert. Alle kommunizieren brutal viel mehr als früher, praktisch pausenlos, aber alle *sagen* immer weniger. Vielleicht geht's aber auch wirklich nur um die unendliche Verlängerung der Stillen Post. Wir kennen die Szenen, in denen ein Dutzend Jugendlicher, die miteinander befreundet sind und sich vielleicht sogar verabredet haben, zusammen auf einer Steinmauer nebeneinander sitzen, und jeder von ihnen starrt in sein Smartphone und ist gedanklich und mit den Fingern auf der Tastatur bei jemandem, der gerade NICHT dabei ist. Wir haben uns an den zutiefst deprimierenden Anblick von sogenannten Liebespaaren in Restaurants gewöhnt, die im Halbdunkel einander gegenübersitzen und sich stumm und mit aufgerissenen Augen von ihren Handy-Displays beleuchten lassen, um sich mit nicht anwesenden Dritten – vielleicht sogar mit ihren Lovern, man weiß es nicht – auszutauschen. Oder vielleicht haben sie auch bloß das Reden verlernt und schicken einander lieber Mails oder eine SMS, statt sich klassisch mitzuteilen? Die wahre Welt steckt für viele Menschen heute im Handy, nicht in der Realität. Man möchte sie am liebsten rütteln und darauf aufmerksam machen, was sie gerade verpassen, unwiederbringlich verpassen.

Mit allen ständig im Austausch zu sein kann geradezu eine Sucht werden. Es geht um die permanente Selbstvergewisserung: Alles, was ich denke, empfinde, sehe, meine, muss bestätigt werden, am besten von allen anderen. Weil es erst dann wirklich an Bedeutung gewinnt? Ich kann mir dauernd und überall Meinungen einholen, um weniger Fehler zu machen, das ist die perfide Illusion. Alles ist immer nur ein paar Tastendrucke von mir entfernt. Aber in Wahrheit rückt alles immer weiter weg von mir, weil dieses kleine Ding sich zwischen mich und das echte Leben geschoben hat. Das Telefon ist das »Macht alles möglich«-Gerät und zugleich für immer mehr Menschen ein Schutzschild, hinter dem sie sich verstecken können und wollen, weil es sich damit leichter umgehen lässt als mit den realen Zumutungen und Herausforderungen vor ihrer Nase: Das Medium Telefon erleichtert einerseits den Zugang zur Welt, das Medium als zwischengeschaltete Einheit hält uns aber andererseits auch auf Distanz. Das Handy ist Verführung pur. Psychologen sprechen vom »Aufforderungscharakter«, den tote Gegenstände haben können und der Menschen in sofortige Aktionsbereitschaft versetzt. Zum Beispiel: ein Ball. Wenn so ein rundes Ding vor einem liegt, kann man sozusagen gar nicht anders, als dagegenzutreten. Auch ein Handy muss man geradezu zwanghaft anfassen. Es ist der ultimative Handschmeichler, das perfekte Fummelteil.

Gleichzeitig ist unsere Kommunikation durch das Telefon auch natürlicher und lockerer, weil beiläufiger geworden. Wir rufen einander viel häufiger mal zwischendurch an, einfach so. Eltern haben weniger Sorgen, wenn sie wissen, dass sie ihren Nachwuchs jederzeit erreichen können – und umgekehrt. Viele hoch betagte Menschen haben mehr Kontakt zur Außenwelt, weil die wenigen verbliebenen Freunde, Kinder und Verwandte öfter mal durchklingeln. Wir verkürzen uns die lange Zeit bis zum Wiedersehen mit dem Liebsten oder den Kindern durch kleine Botschaften, Zärtlichkeiten, Lebenszeichen. Wir bleiben selbst mit fernen Freunden im konstanten Gedankenaustausch, weil wir kleine Beobachtungen und Erlebnisse spontan übermitteln können. Wir lassen andere ganz anders an unserem Leben teilhaben, wir haben das Teilen neu gelernt. Und das Mitteilen.

Die Kommunikation wird durch das Telefon allerdings oft dramatisch schlechter, unverbindlicher, flüchtiger, kälter – weil das Miteinander ausgeblendet wird. Die Klatschblätter regen sich gerne künstlich darüber auf, wenn irgendein Prominenter sich per SMS von Partner/Partnerin getrennt hat. In Wahrheit finden das viele gut: senden, ohne zu empfangen, den eigenen Kram loswerden und keine Reaktion aushalten müssen. Keinen Augenkontakt haben und keine schlechte Stimmung abbekommen, keine Vorwürfe, Tränen, Wut, Zusammenbrüche ertragen müssen – einfach den Stecker ziehen und aus. Message raushauen und dann schnell das Telefon ausschalten. Wie früher, als der Chef unter das Kündigungsschreiben seinen Namen setzte und den Zusatz »Nach Diktat verreist« – gerne karikiert als »Nach Diktat geflüchtet«. Das Handy macht diese Attitüde demokratisch für alle nutzbar. Aber es bleibt feige, unfair, bei gewissen Anlässen sogar unmenschlich. Weil es jedoch so bequem ist, wird diese Methode gerne genutzt. Es erfordert null Mut und kein Selbstbewusstsein, das entspricht aber offenbar dem Wunsch der breiten Masse. Ob man per SMS bei Freunden den gemeinsamen Kinobesuch absagt, sich in der Firma krank meldet, sich als Paar trennt – alles dieselbe Methode in unterschiedlich krasser Form.

Langzeitwirkung hat unser unstillbarer Telefoniewahn auch in ganz anderer Hinsicht. Die Telekommunikationsfirmen arbeiten eng mit der Schufa zusammen, und so kann es gut sein, dass ein kleines Malheur mit nicht bezahlten Handyrechnungen später Riesenauswirkungen hat, wie das viele Kunden schon erleben mussten. Nämlich dann, wenn sie ganz woanders einen Ratenzahlungskredit für den neuen Fernseher oder die Fernreise wollten und der überraschend nicht genehmigt wurde – weil die alte, nicht ausgestandene oder immer noch nicht gelöschte Telefonsache nach wie vor ihre Schufa-Auskunft verdüsterte. Da fallen die Betroffenen gern aus allen Wolken.

Aufgrund seiner SMS-Funktion verändert das Telefon auch unsere Schriftsprache, denn die leidet unter dem schnellen Getippe. Eine ganze Generation schreibt sich im wahrsten Sinne des Wortes die Finger wund und erschafft dabei eine völlig neue Verschriftlichung des Mündlichen – aber unter Verlust von Grammatik und Stil. Man sagt ja, dass die Weltsprache nicht Englisch sei, sondern schlecht gesprochenes Englisch – vielleicht geschieht mit dem Schriftdeutsch etwas Ähnliches, und wir gewöhnen uns an ein irgendwie regelloses Sims-Deutsch.

Längst verstaubt unser Festnetztelefon in der Ecke, das Smartphone erledigt jetzt alles und überall – und macht alle zu jeder Zeit erreichbar. Das hat dramatische Auswirkungen auf unser Leben. Denn was möglich ist, wird gemacht – und ausgenutzt. Und plötzlich hat nichts mehr einen Anfang und ein Ende. Das Telefon klingelt auch nach Dienstschluss weiter, die Grenzen zwischen Arbeit und Privatleben verschwimmen, alles wird zum Graubereich, der einen verschlingt. Am Ende bleibt immer genau ein Gefühl: Druck. Und der Gedanke an Flucht. Warum kann mich die Familie immer bequengeln, weshalb darf mein Arbeitgeber noch abends etwas von mir wollen? Was soll das? Hat das jemand erlaubt? Oder ist uns das einfach so passiert? Der Konzentration ist dieses Immer-störbar-sein auch nicht unbedingt dienlich. Bei uns zu Hause hieß es früher immer: Wenn Vater am Schreibtisch sitzt, herrscht Ruhe, niemand spricht ihn an, niemand stört ihn, weil er arbeitet (für uns!). Wieso soll das heute eigentlich nicht mehr gelten – egal ob da nun Vater oder Mutter sitzt?

Aber auch in diesen Klagen liegt, wie in vielen Lebensbereichen, eine gewisse Portion Schizophrenie. Denn die Leute regen sich einerseits auf, dass sie von allen allzeit angegangen und erreicht werden können, sie sehnen sich nach echten Ruhephasen – und nutzen diese andererseits selbst wieder dazu, um zum Telefon zu greifen und sich gegebenenfalls darüber zu ärgern, dass die anderen nicht sofort erreichbar sind. Das ist ungesund – das ist die Realität.

Bei VW und anderen Betrieben wird bereits im Arbeitsvertrag festgehalten, dass Angestellte ab 18 Uhr keine Anfragen mehr beantworten müssen, und auch am Wochenende nicht. Samstag und Sonntag frei – darum hatten die Sozialpartner jahrzehntelang intensiv gerungen. Und jetzt ist es wieder so weit. Ehrlicherweise muss man zugeben, dass nicht alle der modernen Erreichbarkeit entkommen wollen. Sie ist vor allem für viele Männer eine willkommene Ausrede, um aus dem Schoß der Familie zurück in ihre Arbeitswelt zu fliehen, weil sie sich dort am wohlsten fühlen, egal zu welcher Uhrzeit und an welchem Wochentag, und weil sie daraus einen wesentlichen Teil ihres Selbstbewusstseins ziehen, auch im Urlaub, auch an Feiertagen, auch am Kindergeburtstag.

Die ältere Generation hat ihren Frieden mit der neuen Telefonwelt sicher noch nicht gemacht. Die Bedienung dieser High-Tech-Apparate lässt sie oft schier verzweifeln – von den fummeligen Minitasten über das winzige Display bis hin zu den unzähligen Menüebenen, in denen sich (nicht nur) viele Senioren immer wieder gnadenlos verlaufen. Schlimmer noch: Für Ältere ist gerade das Telefon – das haben sie bitter erfahren müssen – zum Einfallstor für das Böse schlechthin geworden. Bei alten Menschen telefoniert die Angst immer mit. Meine Mutter ist über 90. Als sie noch nicht in der Seniorenresidenz wohnte, deren Telefonzentrale sie schützt, hatte sie in ihrem alten Haus an manchen Tagen 50, manchmal 60 Anrufe von Leuten, die ihr etwas verkaufen wollten. Die hatten einfach in Telefonverzeichnissen – egal ob Telefonbuch oder digitale Adresskartei – nach erkennbar unmodernen Vornamen gesucht. Vornamen wie Elvira, Reinhold oder – wie bei meiner Mutter – Rosemarie deuten ja schon auf Jahrgang 1935 und früher hin. Menschen dieses Alters lassen sich viel leichter ausnehmen als Jüngere, das wissen die Anrufer – weil die Älteren schlechter hören, etwas langsamer sind, niemanden verprellen wollen, lieber Ja sagen als Nein. Für diese Abzocker ist das Telefon seit Jahren die neue Hauptquelle für ihre Beutezüge. Und für die Senioren die Hauptquelle für das Gefühl: Wieso hilft mir hier niemand, wieso regelt das niemand, was ist das für ein Staat? Mit mir können sie es ja machen!

Die Glücksspiel- oder Lastschriftmafia beispielsweise ist besonders häufig am Apparat. Deren Callcenter-Agenten verkaufen teuer Lotto, Lose, ganze Glücksspiel-Abos. Sie verstricken Senioren in perfide Gespräche und folgen dabei ausgefuchsten »Leitfäden«, die auf jedes Zögern, jeden Abbruchsversuch der Alten die kriminell richtige Anschlussfrage empfehlen, bis die Senioren mehr und mehr verraten – inklusive Bankverbindung mit Kontoangaben und Abbuchungserlaubnis. Wir haben in unserer Verbrauchersendung *akte* über alte Herrschaften berichtet, denen man auf diesem Weg Zehntausende Euro abgeluchst hat. Manchen wurde monatlich die Hälfte der Rente weggebucht, und alle schämten sich dafür. Deshalb erzählten sie ihren Kindern nichts, die sich doch nur aufgeregt hätten. Und deshalb versuchten sie, allein gegen die Mafia anzukommen. Aber jeder Versuch, den organisierten Abbuchern das Plündern ihres Kontos zu untersagen, machte alles nur noch schlimmer. Wenn sie nämlich dem Callcenter-Agenten – der sie scheinbar verständnisvoll auf die Liste derer setzen wollte, die künftig nie wieder angerufen werden – erneut ihre Bankdaten nannten, »nur mal zwecks Double Check«, und wieder unnötigerweise zu irgendetwas Ja sagten, gingen sie damit auch schon die nächste Verpflichtung ein, die noch höher lag.

Die Anrufer wussten, dass sie unmoralisch handelten, aber sie waren clever. Um bei eventuellem Widerstand gewappnet und für eine Gerichtsauseinandersetzung gerüstet zu sein, kündigten sie gleich nach der Begrüßung die Aufzeichnung des Gesprächs an. Die ersten Fragen waren leicht – und leichten Herzens antworteten die Opfer des Öfteren klar und deutlich mit »Ja«. Heißen Sie soundso? Wohnen Sie da und da? Und schon haben die Agenten die positiven Antworten, die sie brauchen, um später die Aufzeichnung so zu interpretieren, wenn nötig, so zu manipulieren und zusammenzuschneiden, dass die horrenden Abbuchungen als eindeutig rechtmäßig erscheinen. Schließlich hat der Angerufene doch aus freien Stücken dem Abo mit »Ja« zugestimmt!

Auf Amtsgerichtsniveau macht sich da niemand gleich die Mühe und überprüft technisch aufwendig solche Mitschnitte, ob da vielleicht Veränderungen vorgenommen worden sind.

Die Telefonabzocker, besonders die Glücksspielmafia, haben riesige Schäden angerichtet – und die Menschen zutiefst verängstigt. Wir haben über einen alten Herrn berichtet, der auf diesem Weg hunderttausend Euro verloren hat – und sein Leben, weil er vor lauter Scham Selbstmord beging. Auch die Banken haben sich dabei zumeist nicht mit Ruhm bekleckert. Weil sie im Regelfall durchaus bemerkten, wie alten Kunden zwanzig Mal im Monat Gebühren für irgendeine Lottovariante abgebucht wurden – ohne etwas dagegen zu unternehmen. Sie haben nicht eingegriffen, nichts gesperrt und meist nicht einmal nachgefragt, ob das alles so richtig sei. Wenn überhaupt, verwiesen sie auf die gesetzlich eingeräumte Rückbuchungsmöglichkeit, machten dazu aber nur ungenaue Angaben, weil sie nicht wussten oder nicht wissen wollten, dass Banken bei erkennbarem Betrug das Recht haben, Lastschriften viel länger als die viel zitierten sechs Wochen, nämlich bis zu 13 Monate, zurückzubuchen. Viel zu selten sind die Fälle, da Sachbearbeiter in Banken und Sparkassen dem Treiben von sich aus, auf eigene Initiative, einen Riegel vorgeschoben haben – und ansprechbar waren, wenn *akte* das abgebuchte Geld für die alten Leute zurückbuchen lassen wollte. Zehntausende Euro haben unsere Reporter ihren Besitzern wiedergebracht und rührende Dankesszenen erlebt – aber es war letztlich nur der Tropfen auf dem heißen Stein.

Leute bequatschen am Telefon – dieses Vorgehen finden wir zuhauf in allen möglichen Branchen, von Versicherungen bis hin zu den Angeboten von sogenannten renommierten Verlagen. Wenn die wüssten, was da teilweise in ihrem Namen getrieben wird – das spottet jeder Beschreibung. Da kann die werbliche Kaltakquise am Telefon gesetzlich noch so sehr verdammt sein – die erste Frage der Anrufer vom Callcenter lautet inzwischen routinemäßig: »Sie erinnern sich noch an unser Gespräch von vor zwei Wochen?« Antwort: »Ja!« Und schon ist der Anruf kein unerwünschter Erstkontakt mehr, sondern eine erlaubte Fortsetzung, schon sind wir wieder im abgefeimten Geschäft.

Auch die Callcenter der Handy-Anbieter spielen bei Tricksereien im Telefongeschäft oft eine unrühmliche Rolle. Gern erteilen die Telefonisten zwischendurch auch noch ziemlich falsche Angaben und leiten damit den Druck ihrer Auftraggeber weiter. Etwa wenn sie jene armen Kerle, denen das Handy gestohlen worden ist, wieder und wieder auf ihre unveränderliche Zahlungspflicht hinweisen. Legendär sind die Geschichten, da finstere Handygangster die SIM-Karte knacken, manipulieren und den alten Party-Gag mit der Tokioter Telefonauskunft auf das kriminelle High-Tech-Niveau des 21. Jahrhunderts hieven: Indem sie die SIM-Karte des Bestohlenen anrufen, die Rufumleitung aktivieren und, digital beschleunigt, sündhaft teure Premiumnummern von Komplicen in Drittweltstaaten anwählen – und das in dichter Abfolge. So kann das bis zu 48, ja 72 Stunden laufen, und am Ende stehen auf der Telefonrechnung des Bestohlenen Summen von 8000 oder gar 80 000 Euro! Die dringend zu zahlen sind, fordern die Callcenter-Hiwis, weil ja auch den Telefongesellschaften jener Staaten, welche die Anrufe durchleiten, Kosten entstanden seien. Blödsinn, sagen Fachanwälte, und verweisen auf das Telekommunikationsgesetz, § 45i, Absatz 4. Da heißt es sinngemäß: Wenn auf den ersten Blick Schmu zu vermuten ist, muss der Kunde nicht zahlen. Eine Regelung, die weitgehend unbekannt ist. Aber statt den verzweifelten Bestohlenen diese Regelung zur Beruhigung gleich mal aufzuzeigen, reiten die Beschwerde-Abschmetteranstalten ewig darauf rum, dass die Rekordrechnungsempfänger die SIM-Karte ihres verschwundenen Handys nicht sofort haben sperren lassen.

Eine andere beliebte Betrugsvariante war lange Zeit der unfreiwillig abgeschlossene Vertrag.

Es gab Zehntausende Fälle, wo Kunden am Telefon aus Versehen auf die falsche Taste drückten und sich damit schon verpflichtet hatten oder über komplizierte, selbstredend unsichtbare Verlinkungen im Hintergrund unbemerkt bei einem »Geschäftspartner« gelandet waren, der danach 24 Monate lang 4 Euro 99 abbuchen durfte. Mittlerweile muss man von Gesetzes wegen dreimal zur Bestätigung auf eine Taste drücken, um einen Vertrag einzugehen – was die Abzock-Mafia jedoch auch geschickt zu umschiffen weiß. Weil aber kaum einer intensiv seine Telefonrechnung studiert, fallen die kleinen Abbuchungspositionen von Drittanbietern meist kaum auf. Blöd auch, dass die gesetzlich vorgesehene Drittanbieter-Sperre, die den Verbraucher schützen soll, von vielen Telefonprovidern lange nur sehr zögerlich angewandt wurde – weil eben alle am großen Absahnen mitverdienen.

Wir hatten absurde Fälle, da zahlten Zuschauer für Telefonapparate, die nicht gingen; beim Versuch, den Vertrag zu beenden, drehte man ihnen für neue Telefone die doppelte Anzahl von Verträgen an. Oder sie kamen aus den ersten Verträgen gar nicht raus, weil ihre Kündigungen einfach ignoriert wurden, immer und immer wieder, die mündlichen Kündigungen in den Callcentern genau so wie die schriftlichen an die gar nicht so leicht auffindbare Postadresse des plötzlich doch sehr unseriösen Telefonpartners. So gehen Laufzeiten einfach weiter – obwohl kaum je die Leistung, für die gezahlt werden soll, erbracht wurde. Auch das ist ein Aspekt der bösen neuen Telefonwelt: die permanente Nichterreichbarkeit der Verantwortlichen. Verbunden mit der entnervenden Erfahrung, dass man von völlig desinteressierten, immer wieder neuen, aber durchaus professionellen Callcenter-Agenten abgewimmelt wird, die sich entspannt beschimpfen lassen, weil sie wissen, dass sie den Anruf danach gleich wieder vergessen können. Die Betroffenen fühlen sich in diesem Prozess ohnmächtig, überfahren und im Stich gelassen, verschaukelt und vorgeführt. In der eigenen Wohnung ausgeplündert zu werden ist eine einschneidende Erfahrung, die die Opfer wütend macht und den Glauben an das System verlieren lässt. Ihr Fazit: Der Rechtsstaat endet offensichtlich an meinem Telefon.

3. Was muss sich ändern?

Es ist wie bei allen revolutionären Erfindungen oder Entwicklungen: Im ersten Rausch der neuen Möglichkeiten schießen manche Dinge ins Kraut, die man nach einiger Zeit korrigieren oder zumindest überdenken sollte. Das Telefon ist keine neue Erfindung, aber wie spektakulär sich sein Einsatzradius erweitert hat, können wir getrost als revolutionär bezeichnen. Deswegen müssen wir kurz innehalten und uns darauf besinnen, auf welche Art wir uns dieses Instrument in Zukunft untertan machen wollen, bevor *wir* uns *ihm* vollständig unterwerfen.

Fangen wir mit den ganz banalen zwischenmenschlichen Dingen an. Wir sollten akzeptieren, dass Jugendliche mit dem Handy aufwachsen wie mit einem speziellen Körperteil. Es gehört ab einem gewissen Alter in einem Ausmaß zu ihrem Leben, das viele Erwachsene befremdlich finden mögen, das im Umfeld der Kinder jedoch völlig normal ist. Und wenn sie telefonieren, nebenbei chatten und dabei fernsehen, ist das eben auch ein Zeichen der Zeit. Wenn sich aber Eltern und andere Erwachsene über das Kommunikationsverhalten des Nachwuchses aufregen, sollten sie nie vergessen: Die wichtigsten Vorbilder – für eine gewisse Zeit zumindest – sind sie selbst. Nur wenn Jugendliche von Anfang an lernen, sich mit anderen Menschen von Angesicht zu Angesicht auseinanderzusetzen, wenn sie mit eigenen Augen beobachten, wie man Argumente austauscht, wie man sich streitet und versöhnt, wie man Niederlagen verdaut und Schwächen zugibt, wie man also ganz grundsätzlich mit anderen Menschen umzugehen hat, dann braucht sich niemand über ein bisschen zu viel Handygebrauch Sorgen zu machen. Nur ist es heutzutage eben so, dass das Gespräch face to face in vielen Familien NICHT mehr normal ist. Niemand mehr lebt es den jungen Leuten vor. Weil die Zeit fehlt, weil die Energie fehlt, weil die Älteren diese elementaren Kulturtechniken selbst nicht mehr richtig beherrschen. Ich verweise nur auf das Beispiel des stummen Pärchens im Restaurant, das sich in den Handy-Displays verliert, anstatt einander und den Augenblick zu genießen. Erwachsene müssen ihre Vorbildrolle ernst nehmen und ausfüllen – oder sich mit Kritik sehr zurückhalten.

Die permanente Erreichbarkeit ist ein Stressfaktor von besonderer Güte. Schon das Wissen darum, andauernd verfügbar zu sein, erzeugt Stress. Nicht wenige Führungskräfte nutzen diese Situation aus und schaden damit am Ende allen, denn die Ergebnisse werden so nicht besser. Es ist also absolut vorbildlich und sinnvoll, bereits im Arbeitsvertrag eine Schutzzone für Arbeitnehmer einzurichten, darauf sollten die Gewerkschaften und alle Beschäftigten achten. Es gibt ein Recht auf Ruhe und Nichterreichbarkeit für abhängig Beschäftigte. Für alle anderen natürlich auch, aber die sollten das untereinander ausmachen können, dazu braucht es keine staatlichen oder sonstigen festen Regelungen. Hier hilft auch eine andere in Vergessenheit geratene Kulturtechnik effektiv weiter: die der Selbstbeherrschung. Einfach mal das Telefon ausmachen, einfach mal nicht drangehen. Mancher wird überrascht sein, wie sich so ein Abend, so ein Leben ohne andauerndes Gebimmel und SMS-Brummen anhört.

Die Abzocke und der Betrug übers Telefon sind mehr als ein Ärgernis. Für die betroffenen Menschen sind diese Vorgänge ein schwerer Schlag, der ihr Verhältnis zu Staat, Wirtschaft und Mitmenschen nachhaltig negativ beeinflusst. Um die Verbraucher davor zu schützen, hat der Gesetzgeber jetzt immerhin einen Anfang gemacht, indem Glücksspielverträge nicht mehr durch ein bloßes »Ja« am Telefon zustande kommen dürfen, sondern eine Unterschrift benötigen. Lange genug hat es gedauert, viel zu lange – da war Abzockerei am Telefon schon lange kein »Neuland« mehr, von dem die Kanzlerin einmal in einem anderen digitalen Zusammenhang sprach. Wenn sich das Rad der technischen Neuerung und der daraus folgenden geraden wie krummen Geschäfte immer schneller dreht, dann muss auch der Schutz für die Verbraucher mithalten.

Der erste Ratschlag für die Verbraucher selbst kann aber nur lauten:

Nicht erst zu den Verbraucherschützern gehen, wenn das Kind in den Brunnen gefallen ist. Bereits vorher bei diesen neutralen Stellen nachfragen, sich informieren und beraten lassen. Auch gerne Mitglied werden, denn diese Organisationen leben besonders von aktivem Engagement. Der Staat muss dafür sorgen, dass die Verbraucherschutz-Zentralen noch schlagkräftiger werden – die Spezialisten dort wissen oft am besten, welche neue Masche gerade besonders perfide und deshalb erfolgreich ist, wer dahintersteckt und wo juristisch vielversprechend angesetzt werden kann – bis hin zu Musterprozessen mit Signalwirkung.

Der Staat muss aber auch die schwarzen Schafe der Branche häufiger und spürbarer sanktionieren. Dazu gehört auch, dass elementare Standards verpflichtend eingehalten werden. Beschwerdebriefe sollten binnen einer festen Frist beantwortet und Kündigungen ohne Tricksereien akzeptiert werden müssen. Das gilt besonders für Schreiben von Anwälten, die im Auftrag enttäuschter Kunden Vertragssachen grundlegend regeln wollen.

Die Banken, die hier zwar nur am Rande verwickelt sind, sollten sich dennoch nicht vor ihrer Verantwortung drücken dürfen, sondern stattdessen helfen, ihre Kunden vor neuartiger Abzocke zu schützen. Vorbildlich ist hier das Verhalten der Hamburger Sparkasse, deren Mitarbeiter bei auffälligen Kontobewegungen insbesondere bei älteren Kunden wiederholt vorsichtig nach dem Rechten fragten. Oft haben die Senioren Verträge abgeschlossen, ohne sich dessen bewusst zu sein, manchmal ziehen Gauner ihnen so trickreich die Rente vom Konto, dass sie das gar nicht mitkriegen. Deshalb ist es im Sinne aller Beteiligten und nicht zuletzt ja auch dem Image der Banken dienlich, hier ein Alarmsystem zu entwickeln, das ihre Kunden besser vor den Auswirkungen der großen Telefon-Abzocke schützt.

Das Internet: Ein Link in die Welt und zum Bösen in uns

1. War früher wirklich alles besser?

An dieser Stelle, an der es um bedeutende technische Errungenschaften und revolutionäre Entwicklungen geht, muss ich in aller Bescheidenheit auf einen kleinen Beitrag hinweisen, den ich selbst als junger Mensch zum Wohle aller geleistet habe. Na ja, sagen wir lieber: fast geleistet hätte. Zumindest theoretisch. Sozusagen. Um es auf den Punkt zu bringen: Ich bin eigentlich der Erfinder der Videotechnik. Und das kam so: Als Jugendlicher bekam ich von meinen Eltern eine dieser tollen Tonbandmaschinen geschenkt – eine mit diesen überdimensional großen Spulen, die sich auch beim Anhören der fetzigsten Rockmusik einfach nur majestätisch gelassen um sich selber drehten. Dies faszinierte mich ungemein, schien mir technisch aber noch nicht das Ende der Fahnenstange zu sein. Es wäre doch schlau, sagte ich zu meinem Vater, wenn man auf dieses Band noch weitere Informationen pressen könnte, um noch etwas zu transportieren, konkret: Bilder. Mit einem etwas breiteren Band, einer zusätzlichen Tonspur gleich, sollte das doch möglich sein, hatte ich mir so ausgedacht. Da war sie also, die bahnbrechende Idee: das Videoband. Heute würde man sagen: die Killer Application. Muss irgendwer heimlich geklaut und realisiert haben, anders kann ich mir den weiteren Verlauf der Geschichte kaum erklären.

Generell war ich auf dem Gebiet der Computertechnik ein Spätzünder. Weder besaß ich einen Commodore C64 Computer, noch verfiel ich den ersten Spielen. Auch weil mein Vater beruflich mit Geschäftscomputern handelte, war das Feld für mich insgesamt nicht so prickelnd, neu und aufregend. Das Fernsehen dagegen faszinierte mich von Anfang an. Das war ein atemberaubendes Tor zur Welt, das jedem ermöglichte, selbst in die entlegensten Winkel der Erde zu schauen, alle Schönheiten und alle Katastrophen mitzubekommen, ohne sich auch nur einen Millimeter bewegen zu müssen. Damals war noch nicht klar, dass dieser Blick in die Welt schon bald eine unendliche Verstärkung erfahren würde – mithilfe der von mir noch nicht besonders wohlwollend beachteten Computer – und vor allem – mithilfe des Internets, an das noch niemand dachte – eine unendliche Erweiterung. Zunächst einmal verschob also das TV Horizonte und hob all die geografischen Nachteile, unter denen nicht wenige Zuschauer in Deutschland litten, in erheblichem Umfang auf. Selbst in den hintersten Winkeln der Republik lebte man durch dieses Medium plötzlich nicht mehr hinterm Mond, räumliche Entfernung war kein Grund mehr für Unwissenheit, zumindest kein so triftiger mehr wie ohne Fernsehen. Die Flut fremder Bilder aus fernen oder exotischen Kulturen faszinierte, erschreckte und beruhigte gleichermaßen. Es war ein revolutionärer, alles demokratisierender Blick in Zusammenhänge. Möglich machten diesen Blick geheimnisvolle, mächtige Menschen, auf die wir keinen Einfluss hatten. Sie pressten ihre Inhalte in Programmschemata, an die wir uns zu gewöhnen und die wir zu akzeptieren hatten. Was sie uns zeigten, war abhängig von ihrer Motivation und ihren Vorlieben, von ihren Launen oder verborgenen Absichten – wir mussten es hinnehmen und dafür bezahlen. Vielleicht entstand schon damals die Idee, eines Tages da mitzumischen und hier und da etwas anders zu machen.

Das Internet trat sozusagen als Extrembeschleuniger aller individuellen Möglichkeiten in mein Leben, was spannend war und zugleich auch sehr verwirrend. In der zweiten Hälfte der 90er Jahre griff eine euphorische Aufbruchsstimmung um sich, ein Gefühl von Wilder Westen, den wir alle zusammen erobern könnten, wenn wir denn nur schnell genug ritten. Wenn wir nur unsere Ideen, so abwegig sie auch sein mochten, rausließen, formulierten, umsetzten, produzierten, verkauften. Das Internet würde dabei helfen – irgendwie. Wenn das Wort Goldgräberstimmung jemals wirklich Sinn gemacht haben sollte, dann in jenen Jahren, als alle dachten, die elementaren Gesetze des Wirtschaftens seien durch neue abgelöst worden. Auf einmal ging es nur noch nach oben. Heute noch in der Garage, morgen schon in New York an der Wall Street. Das schien nicht mehr nur ein Traum bleiben zu müssen, das war für einige doch offensichtlich bereits Realität. Da durfte man natürlich nicht zurückbleiben.

Zwei Mitarbeiter meiner Redaktion waren besonders angefixt und wollten unbedingt die riesige Welle mitsurfen, die um den Globus schwappte und Höhen erreichte, die wie aus einem Traum erschienen. Die zwei wollten um jeden Preis eine Firma gründen, ein *Start-up*, wie das mittlerweile hieß. Es war 1998, die Zeit, in der ich während eines Weihnachtsurlaubs am Strand gebannt eine *Spiegel*-Titelgeschichte darüber las, wie dramatisch das Internet unser aller Leben verändern würde. Als ich wieder zu Hause war, klingelte ich gleich bei unserem Bankmenschen durch und sagte ihm, wir müssten in dieses Netz investieren. Was wir dann auch taten. Die beiden Kollegen konnten wir derweil nicht von ihren Plänen abbringen. Seid vorsichtig, warnten wir, kündigt doch nicht gleich, macht das nebenberuflich, wählt den sichereren Weg. Aber das waren Worte, die – irgendwie verständlich – niemand mehr hören wollte. Bedenken, Zweifel, Vorsicht – das war die Sprache einer untergehenden Welt, die sich überlebt hatte. Dem Mutigen, *dem First Mover*, würde die Zukunft und der Markt gehören, so viel stand fest. Die beiden Kollegen gingen und verkauften mit großem Erfolg eine selbst entwickelte Jugendschutzsoftware, ließen sich aufkaufen und wurden kurzfristig reich – aber eben nur kurzfristig, denn alsbald platzte die Blase weltweit, und so schnell sie nach oben gespült worden waren, so schnell landeten sie wieder auf dem Boden, denn sie hatten sich ihren Erfolg in Anteilen auszahlen lassen, die jetzt nichts mehr wert waren.

Ich kann mich noch gut daran erinnern, wie ich ausgerechnet an dem Tag, als es bergab ging, bei meinem Finanzmann im Büro stand und wir auf die Charts unserer Wertpapiere starrten, wie die plötzlich abschmierten und wir das gar nicht glauben wollten. Das konnten nur kleinere oder allenfalls vorübergehende größere Korrekturen sein, da waren wir uns sicher. Danach würde es wieder aufwärts gehen. Ging es aber nicht. Es ging immer noch tiefer, bis teilweise gar nichts mehr übrig blieb von den hochtrabenden Träumen und dem angelegten Geld. Wir waren so früh dran gewesen, wir hatten doch so einen guten Riecher bewiesen – und dann das. Wir waren alle bitter enttäuscht.

Die Zeit des Internets als Spekulationsobjekt war damit für die breite Masse beendet. Die Zeit des Internets als lebensbestimmendes Werkzeug aber begann jetzt erst so richtig, auch für mich. Der Blick in die Welt, der mich beim Fernsehen so fasziniert hatte, war durch das World Wide Web tausendfach verstärkt worden. Von Anfang an habe ich das Internet vor allem zur Recherche genutzt, also wenn man so will: um schlauer zu werden. Nie war es für Journalisten einfacher, sich umfassend aus so vielfältigen Quellen zu informieren. Das macht Spaß, und es begeistert mich jedes Mal aufs Neue, wie man vom berühmten Hölzchen aufs Stöckchen kommt und eine Ahnung von all dem Wissen kriegt, das da draußen auf uns wartet. Dieses Instrument macht die Menschheit eigentlich so unendlich viel klüger, da ist es umso erstaunlicher, wie viele Leute es innerhalb unserer Informationsgesellschaft noch gibt, die von überhaupt nichts »da draußen« eine Ahnung haben (wollen), wo das Wissen doch nur einen Klick weit entfernt ist.

Im Internet blicken wir auf jedes Atom und in die kompliziertesten Verästelungen, wir schauen auf die faktenreichsten Auflistungen und erkennen die seltsamsten Zusammenhänge, und wir tun das, wann es uns gefällt, in einem Umfang, der uns angemessen erscheint, mit den Quellen, die uns vertrauenerweckend vorkommen. Die Welt ist dadurch um so vieles spannender geworden. In den Augen vieler Erwachsener ist das Internet der globale Sandkasten für das digitale Kind in ihnen, in dem man sich ohne Probleme zur Kunstfigur wandeln und völlig neu erfinden kann. Ich kann mich unsichtbar machen, ich kann wer anders sein, ich kann meine Träume ausleben, ohne dass jemand davon gleich erfährt. Mein Flatscreen ist zu einem riesengroßen Schaufenster geworden, hinter dem die ganze Warenwelt liegt, alle Sichtweisen und Meinungen sind jederzeit abrufbar. Ich kann über echte und über Wissenskontinente fliegen, ich kann meine Grenzen jederzeit neu ziehen und die Welt täglich neu erfahren. Ich kann ganz viele sein, wenn ich will, aktiv oder passiv, gut oder böse, Macher oder Zuschauer – oder alles zugleich. Das Internet als eine neue Menschheitsdimension, die es vor Kurzem noch gar nicht gab. Faszinierend.

Das Web erweitert den Raum für Verständnis und für Möglichkeiten, unendlich und jederzeit. Im besten Fall kann es ein bedeutendes Emanzipationswerkzeug sein, weil es Mut macht, weil es zeigt, dass man mit seinen Ideen, Gefühlen und Bedürfnissen nicht alleine ist, dass es Gleichgesinnte gibt, die man sonst vielleicht nie finden würde. Wer beispielsweise in einem kleinen Dorf lebt, fern der Großstadt, und noch nicht alt genug ist, in die nächstbeste Metropole zu fahren und die dortige Freiheit zu genießen, wer, sagen wir, in einem streng katholischen Örtchen entdeckt, dass er schwul ist, und sich damit sehr alleine oder beobachtet und bedrängt fühlt, der findet im Netz schnell Ansprechpartner und einen Hinweis darauf, dass nicht *er* das Problem ist, sondern vielleicht eher seine verstockten Mitmenschen.

Das Internet transportiert schöne Ideen wie Meinungsfreiheit und Demokratie selbst in Gegenden, in denen die Autoritäten gar nichts davon halten. Auch in diesem Sinne ist das Web ein Instrument der Emanzipation, weil Menschen sich hier anonym über die Sachen austauschen können, über die sie sich nach Ansicht autoritärer Regime nicht austauschen sollten. Es ist wohl kein Wunder, dass es in der Volksrepublik China mittlerweile mehr staatliche Internetwächter als bewaffnete Soldaten gibt.

Das Netz verbindet und bringt uns einander näher, wenn wir wollen, genauso, wie es uns auch voneinander fernhalten kann, wenn wir es darauf anlegen, weil es Nähe ersetzt. Es ist unser großer Link in die weite Welt. Alles ist drin, jederzeit. Das ist der Spaß, das ist der Reiz – und das ist auch die Gefahr.

2. Willkommen in der Realität!

So sehr mich das Netz auch fasziniert und mein Leben bereichert – das ist nur die eine Seite der Medaille. Für meine Mutter und für Millionen andere Menschen ist das Internet das materialisierte Böse. Im Web, so ihr Eindruck, wird man bestohlen, belästigt, bedrängt, auf jeden Fall nimmt man Schaden an der Seele, am Eigentum und höchstwahrscheinlich auch am Leib – egal wie man sich das jetzt konkret vorzustellen hat. Das Netz ist für solche Menschen eine unüberschaubare fiese Krake, ein anonymes Monster, gefräßig und brutal, schlecht erzogen sowieso, gierig und unersättlich, Unterstützer aller bösen Absichten und Energien, es ist Sündenpfuhl und kriminelle Finsternis, Zeiträuber, Geldräuber und natürlich eine Verblödungsmaschine ersten Ranges.

Das Web ist wie früher die Reeperbahn morgens um vier, sozusagen die erdabgewandte Seite des Mondes. Ein Territorium ohne Regeln und Gesetze, wo dem Laster und dem Verbrechen gefrönt wird. Hier geht es um Waffen, Frauen, Drogen, falsche Identitäten, Sodom und Gomorrha – und ich mittendrin, wenn ich will, es braucht nur einen Mausklick. Dieses Internet feiert die unmoralische, ungebildete, archaische Seite des menschlichen Miteinanders und holt längst verdammte Geißeln aus dem dunklen Morast zurück in unser aller Leben. Der Betrug, die Gewalt, das Abartige ist in diesen Gefilden kein Ausrutscher, kein abzulehnendes Delikt, sondern oft alleiniger Zweck. Das Netz ist eine Verführerin der Sonderklasse. Sie lockt uns hinein in Situationen, die wir ohne Internet nie erleben würden.

Dabei muss man sich vor Augen halten, dass diese Aufzählung zwar paranoid und übertrieben ist – aber tatsächlich nur ein bisschen paranoid und nur einen Tick übertrieben. Denn die Wirklichkeit zeigt: All das *existiert* in den Weiten der digitalen Sphäre, und das in einem schockierenden Ausmaß.

Mich erschreckt die Vorstellung immer wieder, dass genau dieses Internet auch die bevorzugte Spielwiese von einigen hundert Millionen Jugendlicher und Heranwachsender ist. Für die der ungebremste und ungehemmte Austausch dort über alles und jedes ihr Lebenselixier darstellt. Die von sich höchst private, freizügige Fotos auf die Plattformen laden, die wir früher weder im Fotoalbum gehabt noch wahrscheinlich je gemacht hätten. Die junge Generation von heute lässt sich vorbehaltlos auf die sozialen Netzwerke ein, die längst ihr Leben zu dominieren begonnen haben. Jüngst hat ein Neffe von uns in Kalifornien geheiratet – es war sehr berührend. Aber dort ist man noch viel weiter als bei uns. Am wichtigsten und zeitaufwendigsten waren die Tonnen von Hochzeitsfotos, die professionell geschossen und dutzendfach ins Netz gestellt werden mussten, um den Rest der Welt am neuen Glück von zwei jung Vermählten teilhaben zu lassen. Junge Menschen, die sich unschuldig, arglos, verträumt und völlig offen diesem Netz anvertrauen – und darin emotional stärker als im realen Hier und Jetzt zu leben scheinen. Da kann man nur die Daumen drücken und sagen: Hoffentlich passiert denen nichts.

Das Internet hat auch unsere sozialen Kontakte und unser soziales Verhalten nachhaltig verändert. Es macht uns *unsozialer*, es fördert Eitelkeit und Egomanie in nie gekannter Weise, denn zwischen mir und dem Rest der Welt ist der Screen, der mich unsichtbar macht und gefühllos, wenn ich will. Das Web mit seiner Anonymität formt aus scheinbar normalen Menschen fiese und bittere Trolle und Monster, die sich nur noch gegenseitig in ihrer Charakterlosigkeit überbieten wollen und sich zu Aktionen hochjazzen, zu denen sie in »echt« vielleicht nie fähig wären. Das Internet zeigt uns mit erschreckender Radikalität, wie dünn der Firnis unserer Zivilisation in Wirklichkeit ist. Hier lassen sie das Tier in sich heraus, hier gelangen alte Vorurteile zu neuer Blüte, hier wird der Hass wieder zu einer festen Größe. Wir erleben hier die Wiedergeburt des Ressentiments, weil sich die vielen Nutzer genau damit anstacheln und schnell zu hochemotionalen, undifferenzierten Positionen gelangen, die das Netz erst zu der Erregungsmaschine machen, die wir so hasslieben. Es brodelt in der virtuellen Welt, es brodelt, und es stinkt. Auch so kann Fortschritt aussehen.

Insbesondere die Anonymität treibt seltsame Blüten. Hier im Internet, wo doch all das Wissen der Welt in Ruhe nachgeschlagen werden kann, zählt innerhalb der sozialen Netzwerke mit ihrem digitalen Pingpong-Austausch oft doch nur noch der Instinkt, nur die Meinung, nicht die Erkenntnis, alles dreht sich immer schneller, alles muss sofort raus in die Welt gepostet werden. Und damit die Meinungen nicht in der großen Flut der anderen Absonderungen untergehen, müssen sie immer lauter, greller, brutaler formuliert werden, um überhaupt noch wahrgenommen zu werden. Hier können Menschen in wenigen Worten und Sekunden vernichtet oder zumindest niedergerungen werden, bis sich nichts mehr rührt. Das merken auch die Redaktionen verstärkt, von denen die vermeintlich fortschrittlichsten glauben, die Zukunft des Journalismus liege im permanenten 1:1-Austausch mit jedem einzelnen Rezipienten des betreffenden Mediums. Ich glaube das nicht. Nervige und besserwissende Leserbriefschreiber hat es immer gegeben. Aber die mussten sich wenigstens noch zu Hause hinsetzen, zeitaufwendig einen Brief formulieren, schreiben, eintüten und abschicken. Und im Zweifelsfalle wussten diese Leser auch, dass ihre Briefe nur dann eine Chance auf Veröffentlichung hatten, wenn ein korrekter Absender angegeben war. Im Web dagegen wird meist im Schutz der Anonymität kurz eine

Meinung in die Ecke gerotzt, dann wird auch schon weitergezogen, zur nächsten Ecke, zur nächsten Pöbelei. Da gewinnt man nicht gerade den Eindruck, dass diese Beteiligung aller zu einem größeren Erkenntnisgewinn oder einem intelligenteren Diskurs führt. Oft genug benutzen die User das Netz wie eine dreckige Klowand, auf der sie sich eben mal schnell und möglichst unerkannt mit einem möglichst obszönen Bild verewigen wollen. Leider mit dem kleinen Unterschied, dass es auf den Toiletten meist Jugendliche sind, die ihre Spuren hinterlassen wollen, im Web dagegen Vertreter aller Altersstufen und Schichten, die mal so richtig rücksichtslos die Sau rauslassen.

Die Hemmungslosigkeit ist erschreckend und führt nirgendwohin, aber darum scheint es auch nicht zu gehen. Es scheint vielmehr eine deprimierende Form von böser Urschrei-Therapie zu sein, die hier zum kollektiven Zeitvertreib wird. Es gibt in weiten Teilen der Gesellschaft – das behaupte ich jetzt einfach mal sehr optimistisch – immer noch den Konsens, dass Gewalt ein absolutes Tabu ist: keine Gewalt, keine offene Aggression. Aber im Netz erlebt die verbale Gewalt, die Pose der schroffen Aggression eine nicht für möglich gehaltene Renaissance. Der emotionale Kontrollverlust gehört hier zur normalen Umgangsform und scheint sogar oft das alleinige Ziel zu sein. Die Leute sind ungeduldiger geworden, vielleicht durch die ununterbrochene gewaltige Informationsflut, vielleicht sind sie auch einfach nur dauerhaft überfordert, auf jeden Fall haben sie das kultivierte Streiten verlernt oder nie beherrscht. Zuhören ist eine Übung, die niemanden interessiert, eine Debattenkultur existiert nicht.

Zugleich merkt man auch, wie diese Erkenntnis vom Netz mehr und mehr auch auf andere Medien zutrifft, wie plötzlich in einigen Zeitungen immer meinungsstärker getrommelt wird, wie die Verfasser ihre Print-Artikel immer schärfer pointieren – bereits mit Blick auf deren zukünftige Klickbarkeit im Netz, in das Artikel gleich darauf gestellt werden. Je stärker die Meinung, desto größer die Aufmerksamkeit im

Internet. Je mehr Klicks, desto besser für die jeweilige Nachrichtenseite. Also noch mehr Meinung für noch mehr Klicks, das ist die gefährliche Spirale, die sich immer schneller dreht. Und wer zunehmend feststellt, dass aufwendige Recherche und sachliche News immer weniger Leute hinter dem Ofen hervorlocken, der wird sich schließlich drei Mal überlegen, ob er noch mehr Material sichtet oder einfach mal ein paar besonders extravagante Locken auf der Glatze dreht – wenn er weiß, dass ihm das Publikum diese Arbeit mehr danken wird als die harte Info-Tour.

Aufgrund all dieser Entwicklungen bekommen nicht nur Menschen wie meine Mutter Angst. Das Internet ist eben die Erfindung, die niemand wirklich im Griff hat, wie Alltag gewordener Treibsand: Man könnte drüben ankommen, aber man könnte auch jederzeit darin versacken, es ist nicht beherrschbar. Genau dieser Eindruck drängt sich auf. Dabei könnte das Netz gerade ja auch alten Menschen aus ihrer Einsamkeit helfen, weil sie jederzeit mit anderen Kontakt aufnehmen könnten, per Kamera, mit Fotos und Filmen. Theoretisch ist mit diesen Mitteln selbst über große Distanzen ein Gefühl von Nähe herstellbar – vielleicht sogar eine größere Nähe als im Zuge der alljährlichen stressigen Besuche der lieben Verwandten. Aber diese Möglichkeiten werden auch deswegen ziemlich selten genutzt, weil die schlechten Erfahrungen, die die Älteren gemacht und natürlich weitererzählt haben, dagegen sprechen. Denn das Internet ist auch das direkte Einfallstor für Betrüger, Trickser und Abzocker.

Ich selbst shoppe nicht im Netz, meine Frau dafür umso mehr. Laufend erreichen riesige Pakete unsere Wohnung, in den Tiefen des Webs bestellt, voller Dinge, die sie bei ihren intensiven Streifzügen durch die virtuellen Shopping-Malls entdeckt hat. Von Materialenttäuschungen und Retouren einmal abgesehen, die ja immanenter Bestandteil des großen Internetspiels sind, haben wir da bisher Glück gehabt: Bis jetzt ließ sich noch jeder Kauf ohne größere Probleme bei der Bestellung oder Bezahlung abwickeln. Viele Menschen machen da ganz andere Erfahrungen.

Tausende von Zuschauerzuschriften berichten uns immer wieder von den Abgründen des *wheeling and dealing* im Internet – von der Welt der Schnäppchen und des Überschnappens. Manchmal etwa gibt es extrem günstige Angebote über Internetshops, preislich so absurd niedrig, dass sie eigentlich gar nicht stimmen oder mit rechten Dingen zugehen können. Wenn eine Flasche Champagner, die im Laden 49,90 Euro kostet, plötzlich für 19,90 angeboten wird, könnte man durchaus stutzig werden. Wie soll das gehen? Es könnte Diebesgut sein. Oder beschädigte Ware. Oder schlechter Champagner. Aber so denken die meisten Menschen nicht. Sie sehen vor allem die Marke, den sensationellen Preis und schlagen sofort zu. Sie überweisen die gewünschte Vorauskasse und warten ungeduldig auf die Lieferung. Groß ist der Frust, wenn kaum eine Flasche ihr Ziel erreicht. Das kann zwei verschiedene Gründe haben: Zum einen kann sich da ein Anbieter mal wieder verhoben haben. Das passiert regelmäßig. Ein hoffnungsvoller Händler kommt in den Besitz von 1000 Flaschen Champagner. Er stellt diese ins Netz und wird von der Nachfrage überrollt. Während er noch verdattert am Schirm sitzt, haben schon 10 000 Kunden ihr Geld überwiesen. Leider fehlen ihm 9000 Flaschen. Also zahlt er massiv drauf, oder er muss alles zurück überweisen. Bis er so weit ist, steht aber schon die Polizei vor der Tür, und er hat ein echtes Problem. Das ist die nette Variante. Die andere sieht ein bisschen böser aus: Viele Leute melden Fake-Shops an, die nur das Ziel haben, solche Vorauskassengeschäfte abzuwickeln, um die Kunden über den Tisch zu ziehen, ohne dass jemals ein echtes Produkt – zumindest in angemessener Stückzahl – vorhanden gewesen wäre. Wer sich beschweren will, hat keine Chance: Die angegebenen Adressen sind falsch, reale Akteure selten zu ermitteln, das Geld ist futsch.

Das Nicht-Greifen-Können der Verantwortlichen, die andere doch so offensichtlich abgezockt oder anderweitig hinters Licht geführt haben, verunsichert und erbost die Bürger in erheblichem Maße. Ihre Ohnmacht führt zu einem Vertrauensverlust in den Staat, der so eine

Ungerechtigkeit geschehen lässt und nicht ahndet, weil er den Übeltätern gar nicht beikommen *kann*. Diese Hilflosigkeit von Verwaltung, Polizei und Justiz gegenüber der neuen Dimension des Verbrechens ist ein weiteres Moment der Irritation. Wenn Leute sich unsichtbar machen und abtauchen, erst recht wenn sie globale Hebel anwenden, gegen die niemand vorzugehen weiß, wenn noch nicht mal klar ist, wo ein Gerichtsstand sein könnte und an wen man sich wenden muss, bleibt nur das Gefühl großer Verlorenheit und Unzufriedenheit.

Aus eigener Erfahrung weiß ich, wie kompliziert, aufwendig und abschreckend es ist, die eigenen Rechte vor allem gegen große Firmen durchzusetzen, wenn man das Gegenüber kaum noch fassen kann, weil in unserer globalisierten Welt fast alles übers Netz läuft. Wir haben mal auf dem Flughafen Berlin-Schönefeld satte sieben Stunden lang auf den Ferienflieger nach Pisa gewartet – der flog dann zwar irgendwann, aber nach Bologna, weiter ging's mit dem Bus über die dunkle Autostrada nach Pisa, wo die Mietwagenstation um Mitternacht längst dicht war, sodass wir in dieser kleinen Stadt für eine Nacht noch ein Hotelzimmer finden mussten. Am ersten Urlaubstag könnte man das alles unter Folklore verbuchen – aber weil sich keiner der schick gegelten Purser, Agents, Station Manager in Uniform imstande oder motiviert gesehen hatte, ihre Passagiere über das zu informieren, was man sich in der Londoner Zentrale der Fluggesellschaft so dachte, haben wir uns entschlossen, uns von der internationalen Billig-Airline die uns zustehende Entschädigung gemäß Fluggastrechte-Verordnung der EU zu holen. Das ist geltendes Recht. War aber trotzdem schwer. Es war eine seltsame Erfahrung, als sozusagen virtuell für das Unternehmen wirkende Anwälte aus London sich einschalteten und die Sache immer komplizierter machten. Unter anderem, weil sie alle unsere Mails nie bekommen haben wollten. Wir aber haben durchgehalten, unsere Rechtsschutzversicherung auch – und das Amtsgericht Königs Wusterhausen hat Recht gesprochen. 600 Euro gab's für uns – ein Nullsummenspiel letztlich, aber wenigstens haben wir uns gewehrt. Und dabei erfahren, wie es unzufriedenen Kunden via Internet ganz einfach ganz schwer gemacht werden kann, um sie von vornherein vom Aufbegehren abzuschrecken. Oft geht dieses Konzept ja auch auf.

Ein anderer weitverbreiteter Trick im Internet ist es, den Schaden für die Kunden bewusst in einem so niedrigen Bereich zu lassen, dass sich die Erregung der Betroffenen allein schon aus diesem Grund in Grenzen halten wird – vom Einsatz von Polizei und Justiz ganz zu schweigen. Es gibt Webseiten, auf denen man sich registrieren lassen kann, um dann mit Warenpröbchen versorgt zu werden – ein Angebot, das besonders bei Damen gut ankommt und für das sie gern ein paar Euro pro Monat ausgeben. Wenn sie dann geschickt in ein Abo über zwei Jahre gezwungen werden, ist das zwar ärgerlich, aber eben kein Weltuntergang. Die Hintermänner wissen: Wenn die Summen unter 100 Euro im Jahr liegen, werden selbst erboste Klienten wohl nicht gleich den Anwalt einschalten, sondern letztlich einfach bezahlen. Und vergessen. Darauf spekulieren die Anbieter einiger Dienste geradezu. Austricksen als Geschäftsmodell. Frei nach dem Motto »Kleinvieh macht auch Mist« setzen sie auf den Erfolg ihrer Strategie der hohen Teilnehmerzahlen.

Aus vielen Zuschriften wissen wir, mit welchen absurden Problemen Menschen teilweise zu kämpfen haben, wenn sie solche Dienste – von Abos für Handy-Klingeltöne über Partnerschaftsvermittlungen bis zu Zeitschriftenbestellungen – kündigen wollen. Wir hatten einen Fall, da war jemand mit insgesamt 30 Kündigungen noch nicht durchgekommen. Die Firma nahm sie einfach nicht an und forderte weiter ihre Beiträge ein. Das anschließende Szenario ähnelt sich quer durch viele Serviceangebote und Branchen: Die Beiträge werden immer weiter eingefordert, der Kunde, der von der Rechtmäßigkeit seiner Kündigung überzeugt ist, verweigert die Zahlung, es kommen Mahnungen, dann der gerichtliche Mahnbescheid, Anwaltsschreiben, plötzlich steht die Inkassofirma vor der Tür. Jeder einzelne Schritt bedeutet: Druck, Druck, Druck. Nicht jeder hält dem stand. Andere sehen sich dadurch in ihrer Existenz gefährdet. Denn für viele Haushalte sind selbst kleinere dreistellige Beträge, die da verlangt werden, Riesensummen, die sie endgültig in den Abgrund reißen können.

Es war lange Zeit beliebt, die Leute durch Navigationstricks zum Abschluss von Geschäften zu bringen, die sie eigentlich gar nicht wollten und derer sie sich auch gar nicht bewusst waren. Wer zum Beispiel auf direktem Weg eine bestimmte Homepage ansteuerte, bekam dort andere Informationen als jemand, der dasselbe Ziel hatte, aber über Verlinkungen auf *Landing pages* herauskam, die zwar inhaltlich zu dieser Homepage gehörten, aber eben einen anderen Eindruck erwecken sollten – vor allem Preisinformationen waren mal da, mal nicht. Und wenn man manche Zusatzseiten, die plötzlich aufpoppten, einfach nur wegklickte, war der Abschluss für ein Abonnement bereits getätigt. Das war vor allem im Spielebereich eine wahre Plage (siehe auch im Kapitel »Recht und Gerechtigkeit« die Hinweise auf manche Abmahnanwälte), aber auch dort, wo Familien gerne in Sachen Rezepte, Melodien, Gedichttexte, Schularbeiten stöberten. Diesem Treiben hat der Gesetzgeber einige Riegel vorgeschoben, aber ganz verschwunden ist dieser böse Geist dennoch nicht.

Die Abmahnmafia ist nicht nur im Musikbereich aktiv, wo sie Geld aus wirklich oder vermeintlich illegalen Downloads zu schlagen versucht (siehe ebenfalls die Hinweise auf entsprechende Anwälte). Genauso perfide oder noch schlimmer sind jene Abzocker, die das Netz systematisch nach Fehlern in der Online-Präsentation anderer Unternehmen durchforsten, etwa in den Allgemeinen Geschäftsbedingungen. Sie werden als Händler also nur deshalb im Internet tätig, um andere Händler abzumahnen und ihnen mit Klagen zu drohen: »In Ihren AGBs sind da und dort ein paar Kommata falsch, da fehlt was!« Auch hier arbeiten die skrupellosen Wühlmäuse fast immer mit Anwälten zusammen, die sich willig instrumentalisieren lassen.

Die neuen technischen Errungenschaften und die damit verbundene neue Organisation unseres Alltags führen zu ganz neuen kriminellen

Machenschaften. Kriminelle bestellen sich mit gestohlenen Kreditkarten Waren per Paket und lassen sie an Packstationen liefern, wo sie nur noch die Ankunft der Sendung abpassen müssen. Andere stöbern in Mehrfamilienhäusern unter den Briefkästen im Papierkorb, den es in vielen Häusern gibt, damit sich die Mieter der unerwünschten Werbung gleich entledigen können. Darunter sind fast immer auch Kataloge mit Adressen und Kundennummern. Wer die in die Hand bekommt, kann mithilfe dieser Nummern im Netz ganz leicht Waren bestellen. Entweder behaupten die Diebe dann dreist, sie seien umgezogen und lassen sich die Sendung an eine andere – falsche – Adresse schicken, wo sie zumindest kurzzeitig einen Briefkasten unterhalten, oder sie fragen nach der genauen Lieferzeit und warten den Boten ab. Die Spielarten sind hier so vielfältig wie die Betrugsszenarien.

Die schlimmsten Internet-Befürchtungen nicht nur von meiner Mutter sind im Bereich der sexuellen Belästigung wahr geworden. Früher hatten die Eltern Angst, der Übeltäter könnte auf dem Spielplatz im Gebüsch lauern und ungefragt seine Geschlechtsteile vor den Kindern entblößen. Das gab es tatsächlich und gibt es sicher auch heute noch viel zu oft, genauso wie andere Formen der sexuellen Belästigung. Aber diese Gefahr hat sich zu allem Übel auch noch auf einen viel schwerer zu kontrollierenden Raum ausgeweitet – nämlich nach nebenan ins Kinderzimmer. Immer mehr gestörte Erwachsene treiben ihr Unwesen in den Chatrooms von Kindern und Jugendlichen, quatschen 13-jährige Mädchen an und schicken ihnen die Scans ihrer Erregung direkt ins Zimmer. Das anonyme Netz macht es möglich, dass sich diese Typen ganz einfach als andere, jüngere, unschuldigere ausgeben. Was sie da tun, hat unabsehbare Folgen für die seelische Entwicklung der Kinder. Und weil die sich teilweise sogar arglos in persönliche Verabredungen locken lassen, die sie vor den Eltern als Besuche bei der *best friend forever* ausgeben, kann das Unglück einen noch weit dramatischeren Verlauf nehmen. Technische Hilfsmittel wie die Web-Cam, die in viel zu vielen Kinderzimmern bereits zum Standard gehört, erleichtern solche Annäherungen natürlich ungemein. Und erst recht allzu sorgsam beachtete Schilder à la »Elternfreie Zone« daheim an der geschlossenen Zimmertür …

3. Was muss sich ändern?

Als die Kanzlerin vor gar nicht allzu langer Zeit über das Internet sagte, es sei für uns alle »Neuland«, brach viel Häme über sie ein. Der Ausdruck wurde als Beweis dafür genommen, wie wenig sich unsere Regierungschefin mit den Neuen Medien auskennt, wie wenig vertraut ihr dieser ganze Kosmos ist. Aber Angela Merkel hatte mit dieser Bemerkung absolut recht. Das Internet ist für uns sozial und rechtlich gesehen immer noch absolutes Neuland, obwohl es aus unserem Leben und unserem Wirtschaften längst nicht mehr wegzudenken ist. Doch so viele Dinge sind noch nicht geklärt, nicht geregelt, nicht erkannt, dass wir nun wirklich nicht behaupten könnten, das Netz sei irgendwem untertan. Nicht zuletzt der große NSA-Skandal und die außer (jede parlamentarische) Kontrolle geratene Überwachungswut der amerikanischen Geheimdienste haben uns jüngst gezeigt, wie wenig wir tatsächlich von den wahren Geschehnissen wissen, wie wenig wir diese neue Welt tatsächlich beherrschen. Wer das Gegenteil behauptet, muss sich den Vorwurf gefallen lassen, naiv und gutgläubig zu sein – nicht aber der- oder besser gesagt diejenige, die hier die Situation eigentlich ganz korrekt beschreibt.

Wir brauchen dringend – verpflichtend und überall – eine umfassende Medienbildung, die schon bei den Kleinsten beginnen muss. Nur so können wir sie schützen, nur so können wir sie auf die echte Welt, die zunehmend eine virtuelle ist, vorbereiten. Schon in der Schule müssen sie frühzeitig von pädagogisch geschulten IT-Experten aufgeklärt werden, wie sie sich im Netz, in ihren Chatrooms und auf Webseiten zu verhalten haben, was sie besser nicht tun, worauf sie aufpassen sollten. Die meisten Eltern sind damit überfordert, weil sie es selbst nicht wissen. Das ist ein Erziehungsauftrag, den unsere Bildungseinrichtungen annehmen müssen. Aber auch die Eltern dürfen sich nicht zurückziehen, sondern müssen ihrer Verantwortung gerecht werden. Sie sollten wissen, was ihre Kinder im Web treiben, was sie dort erwartet – und was sie unbedingt vermeiden müssen. Wer hier die Augen schließt oder das »Erwachsene müssen draußen bleiben«-Schild an der Kinderzimmertür zu wörtlich nimmt, macht es sich zu leicht.

Die staatlichen Stellen müssen immer auf dem allerneuesten Stand agieren. Die bestehenden Gesetze müssen an die sich rasant entwickelnden kriminellen Methoden im Netz angepasst und die Verbraucher besser gegen Machenschaften im *Cyber Space* geschützt werden. Hier geht es insbesondere um komplizierte Fragen der Anonymisierung und des unerkannten und spurlosen Abtauchens von Firmen auf ausländischen Servern. Die Antworten auf solche Fragen und Probleme werden nicht einfach zu finden sein, aber sie müssen gesucht werden. Auch von den Investitionen her kommen die Ordnungsbehörden nicht ohne die Experten und die Technik aus, die es braucht, um den Bürgern auch vor dem Bildschirm im eigenen Wohnzimmer das Gefühl von Sicherheit vermitteln zu können.

Auf einer ganz anderen Ebene lässt das verlockende, verführerische, superschnelle und irgendwie ja auch basisdemokratische Internet manchmal auch die vermeintliche Langsamkeit der guten alten analogen Welt in einem besseren Licht erscheinen: Die Rede ist vom parlamentarischen System. Die Geschwindigkeit und die Heftigkeit der virtuellen Erregungsstürme machen deutlich, was wir an unserem parlamentarischen System wirklich haben. Wir sollten froh sein über die institutionelle Entschleunigung, die unsere Diskussionen im politischen Prozess regelmäßig erfahren. Die meisten Leute empfinden das als Nachteil, weil so eine gewisse Dynamik verloren geht, was uns alle Zeit zu kosten scheint. Das mag in vielen Fällen auch richtig sein. Nur ist mir angesichts der Ressentiments und des Hasses, an die wir uns im Netz bereits gewöhnt haben, doch sehr viel wohler, dass sich unsere Politiker und Institutionen eher selten von solchen situationsbedingten Orkanen mitreißen lassen, sondern sich *Zeit nehmen* für grundsätzliche Entscheidungen. Man möchte sich gar nicht vorstellen, wie es wäre, wenn ein anonymer, aufgepeitschter Mob im Internet über Schicksalsfragen abzustimmen hätte, sagen wir beim Asylrecht oder beim Strafrecht, Stichwort Todesstrafe. Wie gut, dass das Grundgesetz und das System der repräsentativen Demokratie uns vor den möglichen Auswirkungen einer solchen Instant-Demokratie ausreichend zu schützen scheinen.

Trotzdem bleibt die Frage, welche Auswirkungen die Unkultur, die wir hier auf breiter Front beobachten können, auf unser Gemeinwesen haben wird. Wenn es normal wird, dem Hass und der verbalen Gewalt freien Lauf zu lassen, wenn das Vorurteil nicht mehr bekämpft, sondern gefeiert wird – was macht das mit uns allen und unserer Demokratie? Wann schwappt dieses Verhalten vielleicht doch mal über den Rand der virtuellen Welt in unser echtes Leben? Wer stemmt sich dagegen? Wer hat den Mut, die Kraft, das Herz und die Vernunft? Und wäre es nicht langsam an der Zeit, dass wenigstens die wichtigen Medien in unserem Land dieser unsäglichen virtuellen Klowandschmiererei-Mentalität ein Ende setzen und alle zusammen anonyme Kommentare auf ihren Seiten verbieten, statt sie etwa in TV-Newsshows umfangreich zu zitieren? Zu einer lebendigen Zivilgesellschaft gehört Offenheit genauso wie das Bekenntnis zur eigenen Identität. Es muss Schluss sein mit der unerträglichen Heckenschützen-Haltung. Das löst nicht alle Probleme, das macht Menschen nicht zu besseren Wesen, aber ich bin mir sicher, es würde einige der krasseren Ausfälle verhindern. Und es wäre ein wichtiges Signal und ein erster Schritt in die richtige Richtung.

Familie und Beziehungen: Von ewiger Liebe und großer Einsamkeit

1. War früher wirklich alles besser?

Nichts hat mich so geprägt, nichts hat mich so berührt wie mein Elternhaus. Unsere überschaubare Kernfamilie in Köln bestand aus meinem Vater, meiner Mutter, meinem Bruder und stets einem Boxer-Hund, von denen insgesamt drei unser Leben begleiteten. Im Schoß der Familie bin ich sehr – wirklich *sehr*! – behütet und mit einem Gefühl unendlicher Sicherheit und Geborgenheit aufgewachsen. Wie man sich das so im Idealfall eben immer vorstellt. Mein Vater war der Sonnenkönig, meine Mutter seine Hohepriesterin und mein drei Jahre jüngerer Bruder und ich waren die Prinzen I und II.

Als Familie haben wir uns nicht abgegrenzt, aber wir ruhten schon sehr in uns selbst und hatten das Gefühl, die Erfüllung füreinander zu sein. Wir haben uns sehr viel und gerne mit uns selbst beschäftigt, Besuch war gar nicht so wichtig. Mein Vater sagte immer, wir machen das miteinander, und das fand ich toll. Wir Jungen waren recht stark auf unsere Eltern fixiert, mein Vater spielte dabei eine besondere Rolle. Er war ein Mann mit Haltung und Format, ein echtes Vorbild. Er behauptete zwar von sich, »der große Schweiger« zu sein, aber das Gegenteil war der Fall. Er konnte spannend erzählen, meine Mutter war verliebt in Details – und so wurde geredet, geredet und geredet. Schon als wir kleine Jungen waren, versuchten wir mitzuhalten – zumindest hatten wir tausend Fragen. Unter zwei Stunden ging das sonntags am Frühstückstisch nie, und fast immer ging es um die Vergangenheit: Wie war das, als ihr klein wart, was habt ihr da gespielt, wie hat sich das angefühlt, wer waren eure Freunde, wer nicht und warum? Die Geschichten meines Vaters waren naturgemäß blutrünstiger als die meiner Mutter, aber der Krieg hat uns brennend interessiert. Was war das für eine Zeit, in der man alles kaputt machte und sogar Leute umbrachte – und wenn wir das alles richtig verstanden hatten, dann *durfte* man das nicht nur, man *musste* sogar! Das konnten wir uns als Kinder überhaupt nicht vorstellen. Früh bekamen wir Einblicke in die finstersten Kapitel der Geschichte. Und irgendwann dämmerte uns, dass Dinge zwar als richtig *erscheinen* können, weil alle dabei mitmachen, dass sie in Wahrheit aber grundfalsch sind. Woran erkennt man das? Diese schwierige Rätselfrage hat uns über Jahre beschäftigt, wir haben über kaum etwas anderes gesprochen. Das geschichtsferne Denken vieler Menschen heute war uns völlig fremd.

Ob dem Ganzen ein in sich geschlossenes pädagogisches Konzept zugrunde lag, weiß ich bis heute nicht. Aber wenn ja, dann war es sehr effektiv. Ich bin in dem Bewusstsein aufgewachsen, dass es für jedes Problem eine Lösung gibt – feste Regeln für jede Frage des Lebens. Man würde mit allem fertig werden, wenn man nur den Eltern gut zuhört und ihre Ratschläge befolgt. Meine Eltern waren nicht autoritär, sie handelten niemals willkürlich: Sie waren die Verkünder des »Großen Regelwerkes«. Und die Regeln waren die Regeln, die standen halt fest. Kennt man die Regeln, kennt man die Lösungen, davon war ich viele Jahre felsenfest überzeugt. Später habe ich dann erfahren, dass es erstens längst nicht für alle Probleme fertige Regeln gibt, dass zweitens viele Leute die Regeln entweder nicht kennen oder nicht anwenden, und drittens – der schlimmste Erkenntnisschock –, dass die Mädchen gerade den wirklich toll finden, der aktiv gegen die Regeln verstößt. Da habe ich eine Zeit lang gedacht, Mist, du hast alles falsch angestellt, dein Leben ist verwirkt. Aber so schlimm kam es dann zum Glück doch nicht.

Die Grundlage für all das war der Humanismus in seiner reinsten Form. Perfekt vermittelt am humanistischen Gymnasium, wie die Eltern urteilten und weshalb wir mit Hingabe diese heute geradezu fossil anmutende altsprachliche Schulerziehung durchliefen – weil es einfach richtig war (Regel 37). Der Kantsche Kategorische Imperativ war dabei die Leitidee. Regel 63, selbstredend auch gültig für noch unverständige Knaben: Handle so, dass dein Handeln auch dann noch richtig ist, wenn es alle so machen. Ist nicht so kompliziert, wie es sich anhört. Und zeigte schon, wie wir später leben würden: Übernimm Verantwortung, übernimm die Führung, aber achte auf die anderen und kümmere dich um sie. Religion spielte bei meiner Mutter eine kleine, bei meinem Vater gar keine Rolle. Er habe so viele vom Bodenpersonal Gottes kennengelernt, die ihm im Krieg so einen Mist erzählt und sich dann selbst ganz anders verhalten hätten, damit brauche man ihm nicht mehr zu kommen.

Kürzlich habe ich im aktuellen »Kinderwerte-Monitor der Unicef« gelesen, dass Kindern heute »Vertrauen und Verlässlichkeit, Geborgenheit und Ehrlichkeit« besonders wichtig seien. Also daran hat es bei uns nicht gemangelt. Und auch nicht daran, dass wir Kinder zu Hause »sagen dürfen, was wir denken«, was in dieser Umfrage 58 Prozent der Kinder »total wichtig« finden. Wir durften das, aber wir durften es nur auf respektvolle Art und Weise. Mir wird heute noch ganz anders, wenn ich im Fernsehen sehe, dass und wie Kinder ihre Eltern anschnauzen, wie Meinungsdifferenzen in sofortiges Gebrüll ausarten. Unserer Erziehung zum Respekt voreinander diente eine Fülle von Familienritualen. Dazu gehörte Alltägliches: Mein Vater las niemals Zeitung am Frühstückstisch, weil er sich *uns* zuwenden wollte; gegessen wurde nur im Esszimmer, nur ordentlich angezogen und nur gemeinsam – bis heute brauche ich keine Snacks, Knabbereien, Süßes zwischendurch. Im Mittelpunkt unserer Respektsbezeugungen stand – der Sonnengott mal ausgenommen – meine Mutter: Wir mussten ihr bei Tisch immer den Stuhl hinrücken, immer aufpassen, dass wir Männer unsere Gläser nach dem Zuprosten (wir natürlich nur mit Wasser!) erst *nach ihr* wieder abstellten, was sie zu Prüfungszwecken gerne mal hinauszögerte, aber so leicht ließen wir uns nicht übertölpeln. Wir mussten ihr immer in den Mantel helfen. Das war nicht wirklich bequem, wenn sie sich verrenkend zu ihren Knirpsen hinunterbeugte, damit wir überhaupt an sie herankamen; aber sie meinte, unsere Frauen würden ihr das eines Tages danken – was in unseren Jungsohren zwar nicht wirklich wie ein Glücksversprechen klang, sich zumindest aber nach einer neuen Regel anhörte, und die erwarteten wir stets mit Spannung. Wenn Rituale Familien zusammenschweißen, wie Psychologen sagen, dann waren wir auf ewig untrennbar verbunden. Und wenn mein Bruder und ich doch einmal müde wurden, die zahlreichen Rituale einzuhalten, erzählte mein Vater wie beiläufig, in französischen Familien sei es üblich, dass die Kinder zu ihren Eltern »Sie« sagten. Das probierten wir kurz aus, fanden es sehr kühl und fremd – und freuten uns, wie locker es bei uns zu Hause zuging.

Die Rollenverteilung zu Hause war eindeutig traditionell. Die Mutter waltete drinnen als »tüchtig-züchtige Hausfrau«, der Vater lag draußen im Kampf mit der Geschäftswelt. Wie hart das wirklich war, wollte er nie zugeben, er stellte es immer als eine leichte Aufgabe dar. Als er 1970 ein schweres Augenleiden bekam, befürchteten wir schon, er werde erblinden. So weit kam es zum Glück nicht. Er sah jahrzehntelang »wie durch ein umgedrehtes Fernglas«, wie er sagte, was es ihm aber doch ermöglichte, bis ans Ende seiner Tage seine geliebte FAZ zu lesen. Er las gerne, er aß gerne, er lebte ein genussreiches Leben – und malte sich den Schrecken des Krieges in düsteren Bildern von der Seele, die meine Mutter so sehr belasteten, dass sie diese Erinnerungen Jahre nach seinem Tod bei ihrem Auszug aus dem Haus weggab (ich habe die Bilder natürlich behalten, aber auch meine Frau lassen sie frösteln). So war das mit den Heimkehrern: Millionen waren schwerst traumatisiert und nie in Behandlung deswegen. Manche soffen, andere schlugen ihre Ehefrauen und Kinder, wieder andere schrien nachts im Schlaf – mein Vater malte. In ihren ersten Ehejahren hatte meine Mutter meinem Vater noch Geschosssplitter aus der Haut gezogen, die durch seinen Körper gewandert waren. Alles in allem hatte der Krieg in meiner Jugend noch eine starke Präsenz, die sich bis hin zu Trümmergrundstücken und Baulücken zeigte, die selbst in der Kölner Innenstadt erst Mitte der 80er Jahre vollends geschlossen wurden.

Meine Eltern waren fast 60 Jahre miteinander verheiratet und haben einander immer das Gefühl gegeben: Zusammen schaffen wir alles. Eine Trennung war unvorstellbar. Man ging nicht auseinander. Man gehörte doch zusammen. Das war sehr berührend anzuschauen – zum Vorbild aber nahmen mein Bruder und ich uns unsere Eltern ausgerechnet in dieser Hinsicht nicht.

2. Willkommen in der Realität!

Mit unserer klaren und traditionellen Meyerschen Familienstruktur von einst sähen wir heute sehr alt aus. Das klassische Patriarchat ist in Deutschland tot, es gibt die Rolle des Familienoberhauptes nicht mehr, außer vielleicht bei Familien mit Migrationshintergrund. Insgesamt aber sind die Rollen verwischt und die Menschen eher verunsichert, wie es scheint. Nicht selten werden heute schon die Kleinsten durch die Orientierungslosigkeit ihrer Eltern überfordert, weil Gleichstellung und frühe Verantwortung, die daraus folgen, in keiner Weise ihrem kindlichen Verlangen oder ihren altersgemäßen Fähigkeiten entsprechen. Der extreme Wunsch nach absoluter Hierarchielosigkeit in allen zwischenmenschlichen Beziehungen führt oft zu unterschwelligen Aggressionen oder starken Konflikten.

Die traditionellen Bindungskräfte sind schwach, das Durchhaltevermögen der Partner nicht sonderlich ausgeprägt. Wenn etwas nicht stimmt, kann man sich leicht trennen, moralisch und formal ist das kein großes Problem mehr, weder juristisch bei den Verheirateten noch sozial bei den Verbindungen, die man einst »wilde Ehen« nannte. Man trennt sich heute schneller und findet andererseits dafür schwerer einen *echten* Partner. Vielleicht werfen wir heute vieles viel zu rasch über Bord. Das liegt zum einen wohl auch an den gesteigerten, oftmals unrealistischen Ansprüchen, die mehr durch Hollywood geprägt zu sein scheinen als durch profunde Lebenserfahrung, zum anderen aber an der wesentlich niedrigeren Toleranzschwelle gegenüber jeder Art von Unbill.

Es hat sich eine eigenartige Illusionsschicht über die Wirklichkeit gelegt. Früher galten schon die Ehen als glücklich, in denen die langjährigen Partner nicht mehrmals am Tag von dem Gedanken beherrscht wurden, den Gatten oder die Gattin gleich zu erschlagen. Das ist zwar auch nicht gerade ein wünschenswerter Zustand, zeugt doch aber von einer gehörigen Portion Realismus, wie ich finde. Zumindest mehr als die abstruse Vorstellung, unser privates Glück müsste der Wedding-Planner-Welt entsprechen, in der alle ewig attraktiv, ewig spannend und ewig umtriebig sind und in der alle eine permanent große, verzehrende Lust empfinden. Doch genau diese Märchenvorstellung scheint mittlerweile der Maßstab für Beziehungen zu sein. Es ist erschreckend: Immer mehr jüngere Leute versuchen, diese Medienrealität nachzuleben. Bis hin zu Verhaltens- und Sprachversatzstücken aus Kino und TV, die sie auswendig lernen und situationsgerecht in ihrer eigenen kleinen Realität abspulen. Das tut weh – und kann nicht zum Happy End führen, so viel steht fest. Aber je düsterer die Wirklichkeit ist, desto größer ist das Bedürfnis, die eigene Traumwelt entgegenzusetzen, egal wie unrealistisch sie ist.

Dieser hoffnungslose Ansatz lässt die digitalen Partnervermittlungen reich werden, die mit den unmöglichsten Glücksversprechen Millionen Kunden das Geld aus der Tasche ziehen. Hier wird das Menschlichste auf eine Art entmenschlicht und scheinbar berechenbar gemacht, dass man nur noch staunen kann. Aber die Illusion, man könne mithilfe langer Selbstauskünfte und Listen die Suche nach Liebe automatisieren und optimieren, ist wohl zu verführerisch. Vor allem, da den Menschen heute der persönliche Umgang und Kontakt mit anderen zunehmend schwerzufallen scheint. Dem eigenen Scheitern sei die elektronische Firewall vor! Also schicken wir lieber unsere mutigen, kontaktfreudigen, stürmischen Avatare los: »Hello Beauty, hier ist Conan der Barbar, wie wär's heute mit uns beiden?« Die unrealistischen Erwartungen an Partner und Beziehung führen selten zum Glück, aber fast immer ins programmierte Unglück. Der Lerneffekt ist dabei meistens: Null.

Als Konsequenz beobachten wir seit Jahrzehnten eine extreme und vielfach deprimierende Vereinzelung der Menschen, insbesondere in den Großstädten, wo schon mehr als 50 Prozent der Haushalte Single-Haushalte sind. Mit 1968 hat sich eine ganze Generation gegen eine zu enge Familienbindung gewehrt, hat soziale Kontrolle ablegen, Fesseln abstreifen wollen und hat auf ihre Individualität gepocht. Die 68er-Revolution hat die Wahlmöglichkeiten für die nachfolgenden Generationen drastisch vergrößert. Plötzlich stand nicht mehr nur ein Modell zur Auswahl, sondern gleich mehrere. Unsere Großeltern hatten keine Wahl, sie mussten so leben, wie es ihnen gesagt wurde und wie die sozialen und wirtschaftlichen Machtverhältnisse es erlaubten. Unsere Elterngeneration hatte nach dem Krieg genug mit dem Überleben zu tun, da war keine große Zeit für Experimente. Heute hat man die freie Wahl, vielfältige Optionen, man muss sich nur entscheiden. Eine Freiheit, die viele überfordert. Viele Menschen wissen gar nicht mehr, wie sie sich entscheiden sollen oder was sie wirklich wollen. Es gibt mehr Fragezeichen als jemals zuvor. Wenn alles geht, was ist dann richtig für mich? Woran orientiere ich mich? Man hat nicht den Eindruck, dass durch diesen Sieg über die klassische Familie in Deutschland das große Glück ausgebrochen wäre – eher eine große Verunsicherung.

Das hat auch mit einer Art Selbstbetrug zu tun, wie etwa die Umfrage »Väter 2014« von eltern.de zeigt. Klar, moderne Väter sind ganz anders als *ihre* Väter, sie können und wollen wickeln, kochen, sich kümmern. Aber das ist nach wie vor schwer. Immer noch sagen 75 Prozent, dass *sie* »größtenteils für die finanzielle Versorgung der Familie zuständig« sind.

Und auf Experimente haben sie deshalb auch keine Lust: 89 Prozent arbeiten in Vollzeit, nur vier in Teilzeit. Und der doppelte Druck, im Beruf wie zu Hause, wächst – zum Beispiel dann, wenn Väter eben doch länger in Elternzeit wollen (bisher gehen 80 Prozent nicht länger als zwei Monate) und der Arbeitgeber im Gegenzug den »Aufhebungswunsch« des Arbeitsvertrages äußert. So sieht die gesellschaftliche Realität aus.

Und auch das ist die Realität: Wenn Beziehungen scheitern, leiden *alle* – Väter, die sich nur noch als Zahler empfinden. Die jährlich über 140 000 Scheidungskinder in Deutschland sowieso. Und die Mütter erst recht, die nach der Trennung – ob verheiratet oder nicht – ihre Kinder unter schwierigsten Umständen alleine durchbringen müssen. Denn trotz der aufgebrochenen Rollenverteilung ist es meist immer noch so: Der Mann geht und lässt Frau und Kind zurück, nicht selten sogar, ohne den Unterhalt zu zahlen, zu dem er verpflichtet ist. Männer stehlen sich aus der Verantwortung. Und *alle* fühlen sich überfordert. Weil die Bereitschaft fehlt, die verfahrene Beziehungslage realistisch zu analysieren und die notwendigen Schlüsse daraus zu ziehen, auch wenn sie unangenehm sein mögen. Und weil die Bereitschaft fehlt, dauerhaft zu seinen Handlungen und Entscheidungen zu stehen. Dabei ist es doch ganz einfach: Erwachsen zu sein heißt, Verantwortung zu übernehmen. Die Konsequenzen zu tragen. *Das* ist erwachsen. Ständig überfordert zu sein und die Schuld bei den anderen zu suchen ist es definitiv nicht.

Zu viele Kinder wachsen ohne Väter auf. Längst ist die Rede von der »vaterlosen Gesellschaft«, die für viele Kinder traurigerweise Realität ist. Aber wenn die Väter nicht da sind, wer zeigt den Jungen dann, wie es ist, ein Mann zu sein? Wie man sich verhält, was man(n) tut und lässt? Wie man als Mann Konflikte löst und Verantwortung übernimmt? Das mag auf den ersten Blick sehr plakativ klingen, aber Jungen – und auch Mädchen – brauchen eben auch eine männliche Bezugsperson, um »die andere Seite« der Lebenswelt zu erfahren, zu verstehen und im Falle der Jungs zu übernehmen. Männer wie Frauen müssen wissen, wer sie sind und was sie anders macht. Der Gleichheitsgedanke führt hier nur in die Sackgasse. Die Realität zeigt, dass die jungen Männer von heute bereits als die wahren Sorgenkinder unserer Gesellschaft gelten. Die Mädchen sind ihnen dank vielfältiger Förderung und Unterstützung inzwischen in fast allen Bereichen voraus. Die Jungen scheinen auf der Strecke zu bleiben. Orientierungslos. Identitätslos.

Allen Experten ist mittlerweile klar: Als Nächstes müssen die Jungen gefördert werden. In den Kindergärten, an den Schulen, an den Unis. Wir brauchen ein neues Männerbild, und wir brauchen den Willen, es schnell zu entwickeln. Denn aktuell scheint das männliche Geschlecht verunsichert und von einem Extrem ins andere zu wanken, von der metrosexuellen Ablehnung männlicher Körperlichkeit bis hin zu den monströs aufgepumpten Jungmännern, die sich in einen geradezu anachronistischen Männlichkeitskult hineinsteigern, und dazwischen die Nerds, die sich in die Isolation ihrer Computerwelten flüchten. Das alles wirkt doch ziemlich hilflos.

Aber vielleicht sind die Männer auch selbst schuld. Früher gab es einen Typus, der gern »Pantoffelheld« genannt wurde, also jene Männer, die sich von ihren Frauen an der kurzen Leine führen ließen und kaum eigene Wünsche zu äußern wagten. Genau das aber scheint mir heute keine Ausnahme mehr zu sein: Der domestizierte Mann ist der Regelfall! Er hat Angst vor Stress und Streit, möchte »modern« wirken und unterdrückt deswegen in Beziehung oder Ehe lieber seine Wünsche radikal. Und redet sich und anderen dann ein, der Verzicht auf das gemeinsame Bier mit den Freunden sei gar nicht so schlimm, der Männerausflug ans Meer sowieso nicht unbedingt notwendig »für den modernen Mann von heute«. Gleichzeitig fällt ihm zwar irgendwie schon auf, dass sich seine Frau oder Freundin auf keinen Fall derart selbst beschränkt, sondern durchaus ihre »Mädchenabende« pflegt, aber da ist er schon so gefangen in seinem selbst errichteten Paar-Knast, dass er nicht mehr daraus fliehen will. Zu viel Stress.

Früher gingen die Männer in die Eckkneipe oder kloppten mal mit Freunden eine Runde Skat. Mein Vater allerdings auch nicht. Das hatte einen besonderen Grund: Mein Vater war der Ansicht, er habe im Krieg zehn Jahre und damit genug Zeit verschwendet. Deswegen wollte er jetzt jede Minute sinnvoll nutzen und beispielsweise lieber reden – mit uns, seiner Familie. Was übrigens mit ein Grund dafür ist, warum ich spielkartentechnisch auf dem Niveau eines Zweieinhalbjährigen stehen geblieben bin. Meine Frau hat schon öfters vergeblich versucht, mich in die Mysterien des Skats einzuweihen, aber es ist hoffnungslos.

Gleichzeitig will ich auf keinen Fall die Herausforderungen klein reden, mit denen die Frauen sich konfrontiert sehen – ich habe sie oben ja schon angedeutet. Die Verantwortung für die Kinder liegt zum großen Teil noch immer bei ihnen. Wenn die Frau zu viel arbeitet, ist sie eine Rabenmutter, bleibt sie zu Hause, das Heimchen am Herd. Sie muss jede Stunde rechtfertigen, die sie nicht mit dem Kind verbringt. Der Mann wird gelobt für jede Minute, die er sich für den Nachwuchs nimmt. Es klingt wie ein Klischee, doch ist es traurige Wahrheit: Frauen sollen Übermutter, Karrierebiest und Traumfrau zugleich sein. Nein, die Anforderungen, die unsere Gesellschaft an Frauen stellt, sind ebenfalls keine geringen. Und in einer Welt, in der die Männer nicht wissen, wo sie stehen, ist es auch für Frauen auf der Suche nach dem, was sie wollen, nicht leicht.

Doch nicht nur unklare Rollenverteilungen führen zu Problemen, wie wir aus Tausenden Briefen unserer Zuschauer wissen. Die Konflikte in den Familien brechen zumeist schon wegen viel profanerer Dinge aus. Der Streit ums Geld ist eine andauernde Quelle von Konflikten in geradezu biblischem Ausmaß. Egal ob es das Leihen und Verleihen von Geld ist oder ob es um das Erbe geht – die Auseinandersetzungen darum können Freundschaften und Familien zerschmettern. Wir haben in unserer Sendung *akte* schon von den unglaublichsten Fällen berichtet, in denen Eltern heimlich auf den Namen ihrer teilweise sogar noch minderjährigen Kinder Schulden machen. Das merken die Kinder oft erst durch Zufall, etwa wenn sie einen Handyvertrag haben wollten, aber dann von der Schufa kein grünes Licht bekommen. Auf Nachfrage finden sie den Schufa-Vermerk, dass die Mutter oder der Vater auf ihre Kosten und unter ihrem Namen einen Ratenkredit aufgenommen haben, um sich einen neuen Fernseher zu kaufen oder einen neuen Kühlschrank. Oft handelt es sich um kleinere Beträge, die für diese jungen Menschen jedoch Riesensummen und Riesenkatastrophen bedeuten. Solche Aktionen zerstören Urvertrauen, provozieren Streit, schüren Hass, führen schnell zu unversöhnlichen Brüchen. Als Täter fallen vor allem die Väter auf, die mit neuen Frauen zusammenleben und denen die eigenen Kinder aus der vorherigen Beziehung wurscht zu sein scheinen. Sie sehen nur noch sich und ihr eigenes Leben, ein Egotrip ohnegleichen. Die fehlende Beißhemmung gegenüber der eigenen Brut macht fassungslos.

Auch wenn es kein massenhaftes Phänomen ist, erschüttert das Schicksal verschwundener Angehöriger Jahr für Jahr das Leben unzähliger Familien. 100 000 Menschen sind es, die jährlich bei uns mit einem Mal abtauchen. Die meisten kehren zwar über kurz oder lang zurück, aber drei Prozent, immerhin 3000 Menschen, bleiben länger als ein Jahr vermisst, manchmal sogar für immer: der Bruder, die Schwester, der Mann oder die Frau – einfach weg. Sie melden sich nicht mehr, niemand weiß, wo sie sind, es gibt keine Abschiedsbriefe und keine Hinweise, alles, was bleibt, ist abgrundtiefe Verzweiflung und bittere Angst. Menschen, die auf diese Weise ihrem alten Dasein entfliehen und einen konsequenten Neuanfang suchen, lassen zum Teil traumatisierte und tief verletzte Angehörige zurück, die über Jahre mit ihrem Schicksal hadern. Viele kommen gar nicht darüber hinweg. Wenn sie sich auf die Suche machen und feststellen, dass es keine Institution, kein Instrument gibt, den Vermissten aufzuspüren, bricht sich oft nur noch massive Fassungslosigkeit Bahn. Für diese Familiendramen gibt es fast nie einen einfachen Ausweg, oftmals überhaupt keinen, schon gar keinen, den Journalisten herbeiführen könnten.

Die Frage nach der Bedeutung der Familie, nach Zusammenhalt und Verantwortung stellt sich in einem existenziellen Maße vor allem angesichts des Todes. Das Sterben gehört zum Leben. Aber selbst in unserer scheinbar so offenen und tabufreien Gesellschaft ist das ein Thema, um das lieber alle einen Bogen machen. Meine erste Beerdigung habe ich als Junge erlebt. Erst war ich sehr beeindruckt, wie traurig alle am Grab waren, und anschließend sehr erstaunt, wie fröhlich mir alle beim Kaffee danach vorkamen. Einige haben sogar Schnaps getrunken, aber nicht um sich zu betäuben, sondern um dem Stimmungsumschwung nachzuhelfen. Heute frage ich mich: Wo und wie will ich im Idealfall selbst sterben? Der große Wunsch vieler Leute ist es, zu Hause im Kreise der Liebsten aus dieser Welt zu scheiden. Aber wie soll das in der Praxis funktionieren? Und wer erfüllt eigentlich den letzten Wunsch von Todgeweihten, wenn es keine Liebsten, keine Kinder (mehr) geben sollte, die sich darum kümmern könnten? Zumindest theoretisch, denn selbst wer Kinder hat, sollte sich nicht zu sehr in Sicherheit wiegen. Die Praxis zeigt immer wieder, wie schnell Familien schon bei der Frage nach der Betreuung der Alten zerbrechen. Auch dabei geht es oft um Geld, aber auch um jahrzehntelang unterdrückte Konflikte, um Egoismus und Bequemlichkeit. Geschwister verwehren sich gegenseitig den Kontakt zu Elternteilen, die gar nicht mehr wissen, was um sie herum passiert – oder die in anderen Fällen an diesen Auseinandersetzungen mit alterstypischer Bitterkeit noch heftig mitwirken. Aber wenn der Tod naht, kommen diese Fragen trotzdem auf. Fragen, vor denen sich die meisten fürchten: Was ist mit Hospizen und Altersheimen und dem Bedürfnis nach Vertrautheit? Was, wenn die physischen Schmerzen so groß werden, dass wir sie nicht mehr erdulden wollen? Oder vielleicht auch die psychischen? Wer steht uns dann bei – und hilft möglicherweise? Wichtige Fragen, über die viel zu wenig öffentlich nachgedacht wird, es gibt darüber keinen nennenswerten Diskurs. Eben erst ist die politische Diskussion über Sterbehilfe und die moralischen und juristischen Fragen dahinter aufgeflammt, und auch der Selbstmord eines großen Medienmanagers machte Schlagzeilen. Aber eigentlich sind alle froh, dieses Thema sogenannten Experten und Ethikkommissionen überlassen zu können, wie bei so vielen heiklen Dingen, die uns selbst betreffen oder eines nicht allzu fernen Tages betreffen werden. Die meisten weichen der Verantwortung aus, statt sich eigenständig Gedanken zu machen und Entscheidungen selbstbewusst zu treffen, um damit die Selbstbestimmung über das eigene Leben zu behalten – bis zum Schluss.

3. Was muss sich ändern?

Nie gab es so viele Lebensentwürfe in der westlichen Welt wie heute, jeder kann praktisch leben, wie er will. Niemand kann oder will dieses Rad zurückdrehen. Aber unterm Strich sind die Menschen und ihre Beziehungen tendenziell eher überfordert und nicht glücklicher geworden. Wir alle sind zu ungeduldig und zu anspruchsvoll, wir lassen uns lieber von Medienillusionen als vom wahren Leben leiten, wir rennen pausenlos in offensichtliche Sackgassen und lernen nicht dazu. Das sind die besten Methoden, um einsam zu bleiben oder zu werden. Das kann nicht das Ziel sein.

Wir müssen mehr miteinander reden, von Angesicht zu Angesicht, nicht nur über Chatfunktionen und iPhone. Wir müssen uns mehr miteinander beschäftigen, uns ernsthaft für andere interessieren, der Egotrip führt nur in die Dunkelheit. Wir müssen wieder lernen, mehr Verantwortung zu übernehmen, für andere und für uns selbst. Wir müssen wieder lernen, Konflikte auszutragen, Kompromisse zu schließen, das große Ziel nicht aus den Augen zu verlieren: Liebe, Vertrautheit, Loyalität, Glück, Gemeinsamkeit. Wenn Kinder da sind, gilt das noch zehn

Mal stärker. Wenn wir ihnen diese Werte nicht vorleben, woher sollen sie diese dann lernen? Wer sich sein Leben als eine permanente Abfolge von Liebeshöhepunkten und erotischen Abenteuern erträumt, kann das gerne zu verwirklichen versuchen – falls er damit aber erwartungsgemäß keinen Partner und kein Glück findet, wird auch kein digitaler Partnerservice helfen, sondern wahrscheinlich nur ein Psychiater.

Die Männer müssen aufhören zu jammern und sich aus ihrer Selbstmitleidsfalle befreien. Es gilt, selbstbewusst eine neue Rolle zu finden, und zwar jenseits einer Mitgliedschaft bei den Hells Angels oder erschlafftem Nerd-Dasein. Und diese neue Rolle müssen sie selbst definieren, ohne sich dabei an den inzwischen selbstbewussten und starken Frauen zu orientieren – oder sich gar von ihnen die Rolle diktieren zu lassen. Sie müssen ihre neue Rolle selbst finden und vorleben, so lästig das sein mag. Denn nicht nur der männliche Nachwuchs braucht dringend männliche Leitbilder, Vorbilder. Und zwar jenseits archaischen Machowahns. Sonst sind die Jungen von heute das schwache Geschlecht von morgen. Sie brauchen unsere Unterstützung – in den Kindergärten mit männlichen Erziehern, in den Schulen mit Pädagogen, die sie fördern und fordern und sie zu einer natürlichen Männlichkeit ermutigen. Und ein männliches Geschlecht, das seinen Platz gefunden hat, erleichtert es auch den Frauen, die sich in ihren unterschiedlichen Rollen durchaus nicht so sicher sind, ihre eigene Rolle immer wieder neu zu finden.

Schon jetzt ist es der männliche Nachwuchs, der Jugendforschern die größten Sorgen macht: Laut Shell-Studie sind es insgesamt 40 Prozent der Jugendlichen, die entweder schon »zögerlich und resigniert« ihre »Lebenslage und Zukunftsaussichten als prekär« wahrnehmen oder »zwar einflussreiche Positionen und Lebensgenuss wünschen«, aber dafür nicht »die leistungsmäßige und soziale Kompetenz haben«. Vor allem Jugendliche »ohne Schulabschluss gehören dazu oder die 1,7 Millionen Jugendliche ohne Berufsabschluss«, die kaum Möglichkeiten einer beruflichen Laufbahn für sich sehen. Diese Jugendlichen dürfen uns nicht gleichgültig sein, denn wenn schon junge Menschen keine Perspektive mehr haben, kann das fatale Folgen nach sich ziehen, was sich aktuell in vielen politisch erschütterten Ländern beobachten lässt. Wir brauchen jede Hand – das muss man doch vermitteln können!

Infolge der hohen Scheidungsraten sind Patchwork-Familien mittlerweile völlig normal. Solche Strukturen erfordern jedoch von allen Beteiligten besondere Sensibilität und soziale Kompetenz, damit vor allem die Kinder nicht unter den möglicherweise weiter schwelenden Konflikten ihrer geschiedenen Eltern leiden. Verantwortung zu übernehmen heißt hier: sich selbst zum Wohle anderer zusammenzureißen und zurückzunehmen.

Die Auflösung der Familienbande wirft auch nicht zuletzt wegen der dramatischen demografischen Entwicklung schwerwiegende Fragen auf: Wie wollen wir alle im Alter leben? Wer soll uns pflegen? Wer hält uns die Hand? Wer kümmert sich um uns? Sollen das alles nur professionelle, bezahlte Kräfte übernehmen? Und was ist, wenn das Geld nicht reicht? Oder müssen wir ganz neu denken – an Alten-WGs und Mehrgenerationenhäuser von Menschen, die freundschaftlich miteinander verbunden sind, aber nicht unbedingt familiär? Der Mensch ist ein Gemeinschaftswesen, deswegen ist ein freiwilliger Verbund von Gleichgesinnten, die ihr Vermögen und ihre Fähigkeiten sinnvoll aufeinander abstimmen, keine schlechte Idee. Der eine hat mehr Geld, der andere handwerkliches Geschick – wäre doch gelacht, wenn man diese unterschiedlichen Voraussetzungen nicht klug miteinander kombinieren könnte. Darüber denken meine Frau und ich auch schon nach, denn so etwas will vorbereitet sein. Das geht bis hin zu technischen Details: Was für eine Wohnung brauchen wir vielleicht später, wo wäre Platz für einen Fahrstuhl, wo für ein anderes Badezimmer? Das Klischee vom notgeilen Rentner, der sich in Thailand mithilfe der Zahlungen der BfA an Prostitution und deutschem Bier erfreut, ist auf jeden Fall nicht für alle die Traumvorstellung vom Glück im Ruhestand.

Man kann nicht früh genug ans Ende denken – so unangenehm das auch sein mag. Umso unglaublicher ist es, wie wenige Menschen sich in dieser Hinsicht um die eigenen Angelegenheiten kümmern! Noch unangenehmer und trauriger wird das Ende nämlich, wenn keine Vorbereitungen getroffen worden sind. Das hat übrigens nicht nur etwas mit dem Alter zu tun. Ein Unfall oder eine unheilbare Krankheit können auch jüngere Menschen unvorhergesehen aus dem Leben reißen. Wie soll es nach einem solchen Unglück für die Zurückbleibenden weitergehen? Wer hat Zugriff auf das Konto, wer kann anstehende geschäftliche Entscheidungen fällen, wer kann bestimmen, ob in der Klinik die lebenserhaltenden Maßnahmen fortgesetzt werden sollen oder eher nicht? Ist das Erbe eindeutig geregelt, sind die Kinder abgesichert? Will ich nicht doch noch eine Risikolebensversicherung abschließen, die im Todesfall immerhin den Hinterbliebenen böse finanzielle Überraschungen erspart? Meist noch drängendere Fragen sind: Habe ich eine Vorsorgevollmacht unterschrieben und eine Patientenverfügung? Habe ich sie aktualisiert? Und wissen meine Angehörigen, wo diese Unterlagen sind? All diese Papiere sollte man, gern schon in jüngeren Jahren, unterschrieben und planvoll hinterlegt haben – wenn man denn verantwortungsbewusst handeln will. Denn bevor im Todesfall ein Erbschein ausgestellt wird und der Partner endlich offiziell Zugriff auf das Konto bekommt, können unter Umständen Jahre vergehen!

Bei Erbangelegenheiten wird es schnell kniffelig und unangenehm, auch und gerade im engsten Familienkreis. Viele wissen beispielsweise nicht, dass man ein Erbe, das möglicherweise aus Schulden besteht, auch ausschlagen kann. Nicht jeder hat einen Anwalt, der einen berät, nicht jeder weiß, wo er sich informieren kann. Hier ist tatsächlich eine Rechtsschutzversicherung sinnvoll, die verantwortungsvolle Erwachsene unbedingt haben sollten. Zudem wäre es sehr hilfreich, wenn der Staat an geeigneter Stelle neutrale Beratungsinstanzen schaffen würde, die den Bürger zumindest über die grundsätzlichen Möglichkeiten aufklären.

Religion: Vom lieben Gott und Spiritualität to go

1. War früher wirklich alles besser?

In meiner Kinderzeit wohnten wir in einer dieser 50er-Jahre-Neubaustraßen, in denen sich junge Familien unterschiedlichster Herkunft und finanzieller Potenz angesiedelt hatten. Wir waren einer von vier evangelischen Haushalten, die anderen 80 oder 90 waren katholisch, was in Köln völlig normal war. Ich fand diese Straße toll und die Gegend auf der Schäl Sick sowieso, also rechtsrheinisch, wie man auf Kölsch dazu sagt. In der Nähe war eine Burg, es gab einen Bach, der im Winter zufror, Weiden und genug Spiel- und Fußballplätze, es war für uns Kinder ein Paradies. Am Ende der Straße war ein katholisches Stift, das von Schwester Brigitte geleitet wurde. Und hinter dem schweren Holzportal begann das Wunderland der Kinder, der katholische Kindergarten, in den auch ich gehen durfte – trotz meiner »falschen« Religionszugehörigkeit. Alle Nachbarskinder waren dort, und ich liebte es. Vor allem aber liebte ich Frau Römer, eine der Erzieherinnen, die mich in ihrem grünen Pullover einfach umhaute. Mir war schnell klar, dass ich sie heiraten würde. Unverständlicherweise entschied sie sich aber für einen gänzlich anderen Mann, was mich in frühkindliche Depressionen stürzte. Nie wieder wollte ich dorthin, zu groß waren der Schmerz und die Enttäuschung. Nur mit viel Mühe gelang es meiner Mutter, mich wieder in die Spur zu bringen.

Als der Kindergarten eine Art Leibesübungen einführte, wurde ich zum ersten Mal auf gravierende Unterschiede zwischen mir und meinen katholischen Freunden hingewiesen. Nein, ich könne da nicht mitmachen, hieß es, denn dazu müsse man sich ausziehen, und das protestantische und das katholische Körperempfinden seien einfach zu unterschiedlich. Meine verdatterte Mutter wollte das schon etwas genauer wissen und fragte intensiv nach, aber die wissenschaftlichen Details blieb man ihr schuldig. Fortan durfte ich an diesem einen Mittag früher nach Hause und meine Freunde erst wieder treffen, wenn sie den Sport beendet hatten. Das war seltsam, aber auch nicht weiter schlimm.

Mir gefielen die Atmosphäre und der spirituelle Geist, den wir ganz automatisch in unserem kleinen katholischen Refugium einatmeten. Ich mochte die riesige Kirche auf dem Stiftgelände, mich faszinierten der Weihrauchduft und das hohe Weihwasserbecken, an das ich kaum herankam. Nachmittags gingen wir manchmal mit unserer sehr katholischen Kinderfrau, die aus Schlesien stammte, dorthin und beobachteten gebannt, wie sie nach »einem bisschen Beten«, wie sie das nannte, mit frischer Fröhlichkeit und wie ausgewechselt wieder hinaus ins wahre Leben trat. Das machte Eindruck auf uns Kinder. Als ich einmal zu Ostern eine Kinderbibel geschenkt bekam, fühlte ich mich fast heilig, beschwingt, das war ein richtiges Erweckungserlebnis. Hätte mich in dem Moment jemand gefragt, möchtest du einen geistigen Beruf ergreifen und dich ganz Gott widmen, ich hätte sofort Ja gesagt. Diese Anmut, dieser Zauber, alles war so harmonisch und stimmig, das hat mich sehr ergriffen.

Die christlichen Werte waren kinderkompatibel und leicht nachvollziehbar. Und sie passten wie durch ein Wunder zum »Großen Regelwerk«, das unsere Eltern uns zu Hause nahebrachten: Die ersten zehn Regeln waren identisch mit den zehn Geboten. Mit Nummer 4 hatte ich meinen ersten Aufmerksamkeitserfolg: Auf einem Hundespaziergang kam mein kommunikativer Vater mit einer alten Dame ins Gespräch, die wir bis dahin noch nie in ihrem Vorgarten hatten werkeln sehen. Ich stand schweigend, weil ungefragt (Regel 31) daneben, bis sie mich ansprach. Ob ich denn auch die zehn Gebote kenne. Ich nickte und hielt die Prüfung schon für beendet. Da legte sie nach und fragte nach dem vierten Gebot. »Du sollst Vater und Mutter ehren«, brach es aus mir heraus, und die alte Dame wusste sich kaum zu fassen vor Rührung. Das hatte auf unseren Ruf als evangelische Familie in dieser katholischen Umgebung enorme Auswirkungen: abtrünnig, aber gottesfürchtig, wer hat von dieser Mischung je gehört? Auch die weiteren Regeln jenseits der ersten zehn waren an sich kein Problem: Man streitet sich nicht, man schimpft nicht, man zieht Mädchen nicht an den Haaren. Zudem ließen einen die katholischen Schwestern nie im Unklaren, was richtig und was falsch war. Früh ging es darum, Verantwortung zu übernehmen, für sich, für sein Verhalten, letztlich für andere. Das Ich als Teil eines komplexeren sozialen Gebildes, in dem man sich bewegte und das man unterstützte, so wie es einen selbst unterstützte, das waren die wichtigen Punkte auf der katholischen Erzieherinnen-Agenda.

Und wenn das Ich aus dem komplexen Ganzen nur mal kurz ausschert, gibt es gleich ordentlich was auf die Mütze. Als 5-Jähriger entschloss ich mich einmal aus einer Laune heraus, aus dem Kindergarten abzuhauen und mir die Zeit lieber auf dem Spielplatz hinter unserem Haus zu vertreiben. Es stand nämlich ein Spaziergang in die nahe Heide an, wo ich schon mehrfach gewesen war. Also hängte ich meine Butterbrottasche an die Kinder-Garderobe und verschwand wieder. Unter den Erzieherinnen brach irgendwann auf dem Spaziergang Panik aus – eine Butterbrottasche zu viel, ein Kind zu wenig. Der entsprechende Ärger erreichte mich am frühen Nachmittag, als die aufgeschreckte Leitung des Kindergartens meine Mutter zu sich zitierte, ich im Schlepptau. Mir wurde sehr eindringlich vor Augen geführt, wie sehr mein Verhalten andere in Aufregung gestürzt hatte. Ich hätte lieber »ehrlich die eigenen Absichten vorbringen und den Ärger in Kauf nehmen sollen«, statt heimlich und eigenmächtig alle hinters Licht zu führen. Auch von der Verantwortung, die selbst Kinder hätten, war die Rede. Ich erinnere mich noch, dass ich die Botschaft wohl verstand, mich aber fragte, wie ich denn anders um die doofe Wanderung in die Heide hätte herumkommen sollen. Die Antwort meiner Mutter bestätigte meine Vermutung: Um die eigenen Absichten eines 5-Jährigen hätten sich die Schwestern sicher nicht zeitaufwendig kümmern können. Mir war das zwar alles sehr peinlich, und ich fand mein Verhalten im Nachhinein auch sehr schlimm. Aber von da an hatte ich immer stärker das Gefühl, für einen Kindergarten allmählich zu alt zu sein.

Das Jahr hatte mit seinen vielen kirchlichen Festtagen eine klare Ordnung, an die sich alle hielten und die für Abwechslung, aber auch viel zusätzliche Arbeit sorgte. Ein besonderer Höhepunkt war, als 1965 das Fest Mariä Himmelfahrt – so hieß auch unsere Kirche – auf einen Sonntag fiel. An diesem Tag ist unsere Straße extra gesperrt worden: Kein Auto durfte rein, alle parkenden Autos mussten raus. Wir haben die ganze Straße gefegt, und dann legten Leute, die das konnten, auf dem Asphalt farbige Holzspäne aus, die sie in kunstvoller Art und Weise zu klar erkennbaren Heiligenbildern anordneten – zwei Meter breit, hundert Meter lang. Ein aufregender Tag, der sich so nie mehr wiederholte, sich aber bis heute in mein Gedächtnis eingebrannt hat.

Als ich auf die evangelische Volksschule kam, war Schluss mit der gemischten Erziehung. In dem einen Gebäude wir, in dem anderen die Katholiken. Allein diese räumliche Trennung verstärkte auf beiden Seiten das Gefühl des Andersseins. Wenn sie uns schon trennen, muss das Gründe haben, dachten wir. Die Katholiken glauben ganz anders, sie beten anders, sie *lernen* womöglich ganz andere Dinge als wir, davon waren wir überzeugt. Genauso wie von unserer eindeutigen Überlegenheit. Unter lauter Evangelischen, die eine ganze Schule füllten, fühlte ich mich nicht mehr in der totalen Minderheit, sondern endlich auch mal von der Kopfzahl her ebenbürtig. Und: Wir waren natürlich die fortschrittlichere Fraktion. Man musste sich doch nur diesen ganzen katholischen Budenzauber anschauen, Weihwasser, Weihrauch, bunte Fahnen, pompöse Verkleidungen, die wussten schon, warum sie so eine Show nötig hatten – wir dagegen verließen uns nur auf das gedruckte Wort, wir waren schlau *und* modern. Im Gegensatz zu unseren katholischen Spielkameraden durften wir uns in der Nachfolge Martin Luthers fühlen, des ersten Popstars der Neuzeit! Ein Hochgefühl, das der Konfirmandenunterricht noch bestärkte. Bemerkenswert, wie leicht man einen zuvor kaum je wirklich gefühlten Unterschied auf einmal rationalisieren und fortan verteidigen kann.

Als Kind habe ich unbedingt an den »lieben Gott« geglaubt. Ich hatte keine figürliche Vorstellung, weil ich ja schon wusste, dass man sich keine Bildnisse schaffen darf, aber die Heilige Dreifaltigkeit war mir bereits ein Begriff, und mein Verhältnis zu Gott war ein sehr vertrautes. Allerdings verfiel ich dabei nicht der Idee, den da oben mit meinen Angelegenheiten zu sehr zu belästigen. Das gelebte Subsidiaritätsprinzip für Kleine bedeutete bei uns zu Hause eine klare Arbeitsteilung zwischen Gott und uns beziehungsweise allen anderen Menschen. Der liebe Gott hatte so viel zu tun überall auf der Welt, hatte für Milliarden Menschen zu sorgen, dass er zwar jederzeit für uns da sein würde, wenn es richtig brennt, er aber gleichzeitig darauf vertraute, dass wir uns um die kleineren Dinge selbst kümmern würden, also Zimmer aufräumen, Schulaufgaben machen, lieb sein und respektvoll mit den Erwachsenen umgehen. Fanden wir sehr logisch. Beten ja, aber das würde wegen der permanenten Überlastung des viel Geforderten nicht unmittelbar helfen, das war schon klar. Mein Verhältnis zur Kirche wurde massiv erschüttert, als mir Unbekannte mitten auf dem Kirchhof mein 17,50 Mark teures und sauer erspartes VDO-Tachometer vom Fahrrad klauten – wenige Meter vor dem Eingang zur Kirche! Da wusste ich, dass die Einteilung der Welt in Gut und Böse so einfach wohl nicht war.

Als ich 1970 konfirmiert wurde, hatte mich unser Pfarrer Gerhard Jankowski sehr für sich eingenommen. Er konnte gut reden und wusste viel. Ich erinnere mich noch an das Bibelspiel, das er mit uns machte, bei dem man erraten musste, an welcher Stelle ein bestimmtes Zitat wohl stehen könnte. Das Buch, das ich damals gewonnen habe, besitze ich heute noch. Mein Vater hatte eher Probleme mit diesem Geistlichen, weil er politisch sehr links war und von der Kanzel herab auch schon mal die Politik der USA und ihren Krieg in Vietnam anprangerte sowie selbst vor Kollekten für den Vietkong nicht zurückschreckte. Später wurde er Pfarrer der evangelischen Studentengemeinde in West-Berlin, was niemanden überraschte. Zuvor aber brachte er mit seiner Predigt meinen Vater einmal so in Wallung, dass dieser mitten im Gottesdienst aufstand und ging. Als Einziger, in der Stille, vor aller Augen – das fand ich als Jugendlicher vorne in einer Reihe mit den anderen Konfirmanden nur bedingt witzig. Er hatte damals schon das schwere Augenleiden, und die Vorstellung, wie mein alter Herr durch den Gang nach draußen den Weg sucht und von da aus dann nach Hause, beunruhigte mich zusätzlich. Noch fürchterlicher aber war der Gedanke, meine Mutter könnte dieselben Sorgen haben und meinem Vater deswegen helfen wollen und mich somit ganz alleine in der Kirche zurücklassen – was sicher bei allen den Eindruck erweckt hätte, meine Familie hätte sich von mir losgesagt. Aber so weit kam es zum Glück nicht. Der Abgang meines Vaters zeigte mir jedoch letztlich, wie man sich für seine Überzeugungen gegen alle stellen und das durchziehen kann, auch wenn man die Blicke der anderen bohrend in seinem Rücken spürt.

Mein Vater hatte generell ein schwieriges Verhältnis zur Kirche, was vor allem daher rührte, dass er im Krieg die Feldgeistlichen als Teil des Wehrmachtssoldaten-Betrugssystems erlebt hatte. Wie sie in existenziellen Notsituationen sinnlose Durchhalteparolen predigten und die größten Absurditäten schönzureden versuchten – das hat mein Vater für den Rest seines Lebens nicht mehr vergessen. Trotzdem begrüßte und unterstützte er den Wertekanon, den er durch die Kirche an uns vermittelt sah; er lehnte lediglich das gesamte Bodenpersonal des Herrn kategorisch ab. Damit wiederum haderte meine Mutter etwas, hatte sie sich doch stets wohlgefühlt im Schoß der Kirche. Aber in Melle bei Osnabrück war die Situation natürlich auch eine ganz andere gewesen, die beiden hatten einfach völlig unterschiedliche Erfahrungen gemacht.

Das Bekenntnis zur Religion gehörte für die Menschen damals ganz eindeutig zu ihrer Identität. Die Frage »katholisch oder evangelisch« war vollkommen normal. Niemand trat aus der Kirche aus, diese Möglichkeit bestand praktisch gar nicht. Alle akzeptierten irgendwie die zehn Gebote als die eigentliche Grundlage des zivilisierten menschlichen Zusammenlebens. Mehr brauchte es kaum – war nicht auch das Strafgesetzbuch nichts weiter als eine elaborierte Form dieser zehn ehernen Gesetze? So wahr, so allumfassend und so weise? Auch wir Kinder fühlten uns aufgehoben. Nicht töten, nicht klauen, die Eltern ehren, das war doch alles klar, das war geradezu praktisch. Nur dieses Ehebrechens-Gedöns war uns irgendwie noch ein Rätsel, aber es klang spannend.

Ende der 60er Jahre brandete dann eine Diskussion um die Legitimität der Kirchensteuer auf, die vom Staat automatisch mit der Lohnsteuer einbehalten wird. Der damals aktuelle Streit führte erstmals zu vermehrten Austritten aus den Amtskirchen. Auch wenn er nicht annahm, dass sich seine Sprösslinge selbst für Steuerfragen interessierten, äußerte sich mein Vater am häuslichen Esstisch deutlich zu diesem Thema: Aus der Kirche austreten, und das nur wegen der Steuer – das ist alles Quatsch, beschied er uns. Und wenn unser Vater etwas als Quatsch bezeichnete, dann war das für uns selbstverständlich auch Quatsch. Er führte weiter aus, dass die meisten Menschen solche Schritte später bereuten, wenn es auf den Tod zugehe, dann kämen sie alle wieder, dann kröchen sie zu Kreuze, wie es ja auch schon so anschaulich heiße. Zudem zählte er die ganzen sozialen Leistungen auf, die von der Kirche mit dem Geld erbracht würden. Damit war das Thema erledigt und die Sache klar: Er blieb trotz aller persönlichen Vorbehalte in der Kirche und zahlte anstandslos weiter seine Steuer. Das fanden wir alle sehr richtig. Auch ich habe diese Haltung bis zum heutigen Tag bewahrt und zahle seit jeher Kirchensteuer.

In besonderer Erinnerung sind mir die Kirchentage im Rheinland, bei denen einmal sogar ein extrem sympathischer Bischof aus Taiwan bei uns zu Hause untergebracht war. Immer wieder überraschend waren die

Begegnungen mit anderen Jugendlichen, mit denen man so viel teilte, obwohl man doch so unterschiedlich aufgewachsen war. Ich war schon damals begeistert von diesen kirchlichen Begegnungsmöglichkeiten, von der Hilfe, der Orientierung, der Wärme, der Unterstützung und der inneren Klarheit, die sie den Jugendlichen vermittelten. Außerdem waren immer mindestens die Hälfte aller Besucher Mädchen, was dem Glauben eine besonders attraktive Note gab.

Die Kirche begegnete mir damals als eine Institution, die ihren Schäflein und selbst denen, die sich ihr nicht mehr besonders nah fühlten, ein klares Koordinatensystem an die Hand gab, mit dessen Hilfe man sich in der Welt besser zurechtfinden konnte. Das war allerdings noch in einer Welt, die nicht durch Berichte über Missbrauchsfälle erschüttert worden war – dieses Thema gab es einfach (noch) nicht. Die Kirche war etwas, das war größer als man selbst, größer als die Familie und wahrer als jeder Trend, dem man sonst hätte hinterherlaufen können. Das beruhigte und gab Sicherheit, die wiederum stark machte. Und im umgekehrten Fall waren Glaube und Kirche etwas, an dem man sich abarbeiten konnte: Ein klarer Feind, wenn man denn wollte, gegen den man sich positionieren konnte, was vielen auf eine andere Art und Weise bei der Orientierung half.

2. Willkommen in der Realität

Der Kampf der 68er gegen das Establishment war auch ein Kampf gegen die Rolle der Kirche. Mit der Pille und Karl Marx im Gepäck begehrte eine ganze Generation auf gegen Ehegebot und gegen Keuschheit (weil angeblich nur die Ehe die Lust sittlich zügeln konnte) und gegen tradierte Geschlechterrollen, die von der Kirche in Beton gegossen worden waren. Mit dem Protest, mit den Austritten und spätestens mit der großen Ehe- und Familienrechtsreform 1977, die ein völlig überkommenes Rollenverständnis aufhob, begann die Bedeutung der Kirchen zu bröckeln – und plötzlich standen viele vor einer Sinnkrise. Die große Wahlfreiheit wurde auch als große Unsicherheit begriffen. Die 80er Jahre waren die Zeit der sogenannten Suchbewegungen. Den polnischen Papst fanden viele – anders als seine Kirche – schon ganz cool, aber als richtig toll ging der alte Mann mit dem lustigen Bart im indischen Poona durch, der freie Liebe und die Lossagung vom Materialismus predigte – solange seine eigene Rolls-Royce-Flotte davon nicht betroffen war, die er sich in den Folgejahren mithilfe üppig sprudelnder Spenden anschaffte. Der Baghwan faszinierte orientierungslose Westler aus aller Herren Länder. Als seine Jünger mit ihren orangefarbenen Gewändern in den deutschen Fußgängerzonen auftauchten, war das deutsche Bürgertum, dessen Söhne und Töchter der Sekte verfielen, tief verstört. *Ganz entspannt im Hier und Jetzt* hieß das Buch, das alles erklärte und das alle verschlangen. In Poona gab es Sex ohne Ende. Und Drogen waren bei all dem anscheinend auch immer im Spiel. Ich musste meiner Mutter schwören, niemals irgendwelche dieser Substanzen zu mir zu nehmen, und ich habe mich auch bis heute daran gehalten. Und nein, mir fehlt auch nichts, danke der Nachfrage. Wie man sieht, kann so eine frühkindliche Konditionierung sehr lange anhalten.

Einen weiteren heftigen Schlag hat die Bedeutung der Amtskirchen in Deutschland mit der Wiedervereinigung erfahren. Religion spielte in der DDR nur für wenige eine Rolle. Gegen Ende des Arbeiter- und Bauernstaates wurde die Kirche zwar zum Hort des Widerstands und Aufbruchs vor allem in den Großstädten, aber flächendeckend gelebtes Kulturgut war Religion nie gewesen. Sichtbares Signal für die Stellung des Christentums sind die vielen geschlossenen oder zweckentfremdeten Gotteshäuser. Mittlerweile ist es in der Religion ähnlich wie in der Politik: Die »Partei der Nichtwähler« hat die Mehrheit: Konfessionslos nennen sich über 33 Prozent der Deutschen, der Anteil der Katholiken (immerhin 24,2 Millionen) beziehungsweise der Evangelischen

(23,4 Millionen) liegt bei jeweils etwa 30 Prozent. Und im schon erwähnten »Kinderwerte-Monitor der Unicef« steht »Glaube« an letzter Stelle der 24 Werte, die Mädchen und Jungen »total wichtig« finden (top sind Familie/Freundschaft).

Noch schwerer haben natürlich die Verfehlungen der Kirche selbst und ihrer Exponenten nachgewirkt. Die pompöse Verschwendungssucht eines Franz-Peter Tebartz-van Elst, des Limburger Skandalbischofs, der – völlig ungerührt von interner und öffentlicher Kritik – selbstherrlich und demonstrativ so viel Geld für den eigenen Luxus in den Sand setzte, bis er endlich gehen musste, bestätigt nicht wenige Menschen in ihrer Einschätzung der Lasterhaftigkeit des Bodenpersonals Gottes. Aber die allerschlimmste und nachhaltigste Wirkung haben die systematischen Missbrauchsfälle durch Geistliche, die viel zu lange genauso systematisch unter den Teppich gekehrt wurden. Auf diesem hochsensiblen und traurigen Feld ist gerade die katholische Kirche immer und immer wieder an den einfachsten eigenen Ansprüchen gescheitert. Die Kleinsten und Schutzbedürftigsten wurden ihnen anvertraut, und sie haben dieses Vertrauen aufs Schändlichste missbraucht und Leben zerstört. Und wenn es rauskam oder rauszukommen drohte, haben sie gemauert, abgestritten, gelogen, vertuscht und geheuchelt. Das wirkt nach. Das vergisst niemand so schnell. Viel zu lange haben sich die Kirchenoberen aller Ränge gegen jeden Ansatz von Transparenz gewehrt, aus Angst, der Schaden könnte zu groß werden. Größer als der, den sie schon angerichtet haben? Grotesk.

Ein Mann jenseits der 50 schilderte der *akte*-Redaktion, wie er als Jugendlicher von einem Ordensgeistlichen missbraucht worden sei und seither täglich von der Erinnerung verfolgt werde. Schließlich fand er dessen aktuellen Aufenthaltsort heraus und konfrontierte den Täter von einst mit seinem Seelenleid. Was folgte, war eine sehr salbungsvolle Entschuldigung des Ordens – und das Angebot einer Zahlung von 5000 Euro, falls er damit nicht an die Öffentlichkeit ginge und den Fall auf sich beruhen lasse. Man kann sich vorstellen, was diese Reaktion bei dem Mann auslöste. Er fühlte sich erneut missbraucht und kalt abgeschoben. Fürchterlich. Andere Zuschauer berichteten, wie sie mit ihren Vorwürfen gar nicht erst durchdrangen, wie niemand von den Kirchen mit ihnen reden wollte, Schreiben wurden nicht beantwortet, auf den Wunsch nach Gesprächsterminen folgte nichts als Stille. Wieder andere wurden mit dubiosen Angeboten oder Unterlagen abgewimmelt oder stumm gemacht. Da hat die Kirche die jüngsten Botschaften ihrer eigenen Päpste nicht verstanden, die sich stundenlang mit Missbrauchsopfern zusammensetzten, welche danach tief bewegt vom Mitgefühl und dem offenen Ohr der Kirchenoberhäupter sowie von ihrem eigenen wiedergewonnenen Vertrauen berichteten.

Absonderlichkeiten finden auch im Bereich Kirche als Arbeitgeber statt. Das kirchliche Arbeitsrecht, das den großen Kirchen mit staatlichem Segen zugestanden wird, weicht erheblich ab von den Bestimmungen, die für alle anderen Arbeitnehmer gelten. Dabei sind die Kirchen mit ihren 1,3 Millionen Arbeitnehmern immerhin Deutschlands zweitgrößter Arbeitgeber! Mein Bruder etwa war Chefarzt einer katholischen Klinik, trotz seiner evangelischen Konfession. Doch als er nach der Scheidung mit seiner neuen Partnerin zwei Kinder bekam, wurde ihm schnell sehr klar gemacht: Vom Chefarzt erwarte man, dass er der kirchlichen Moralvorstellung besondere Beachtung schenke, deshalb sei eine zweite Ehe für ihn ausgeschlossen. Zitat: »An dem Tag, an dem wir auf Ihrer Lohnsteuerkarte sehen, dass Sie wieder geheiratet haben, können Sie sich Ihre Papiere holen.« Klagen ähnlich Betroffener vor dem Europäischen Gerichtshof für Menschenrechte haben erste Erfolge gezeigt – und jetzt endlich will die Kirche von einer automatischen Kündigung bei Wiederverheiratung absehen. Es scheint, als könnte die römische Synode 2014 durchaus so etwas wie frischen Wind bringen.

Vor allem wir in der Mitte Europas tun uns inzwischen schwer mit unseren Kirchen und unserem Glauben. Dabei hat eine weltweite Gallup-Umfrage gerade erst herausgefunden, dass Religion überall an Bedeutung gewinnt. In Deutschland aber messen rund 60 Prozent der Befragten Religion »keine oder gar eine negative Rolle in der Gesellschaft« zu, nur 40 Prozent sehen in Religion »etwas Gutes«. Nicht überraschend also, dass sich heute viele Großstädter ihren eigenen spirituellen Rahmen selbst zusammenbasteln. Ein bisschen Yoga und Naturheilkunde, eine Prise Buddhismus ist auch ganz schick, fernöstliche Sachen kommen immer gut. Das mag der saturierte Westler gerne, wenn er auf so alte Traditionen zurückgreifen kann, am besten ein paar Jahrtausende alt, also mindestens so alt wie die Werte und die Institutionen seiner westlichen Heimat, die er aber wiederum vehement ablehnt – ein Schelm, wer darin einen seltsamen Widerspruch sieht … Dieses Verhalten hat einerseits wohl mit den Verfehlungen der Kirche und ihrer Vertreter zu tun, ist aber andererseits manchmal wohl auch der Bequemlichkeit geschuldet: Die Menschen mögen es gerne einfach – einfache Lösungen, einfache Glaubenssätze, nur kein Stress bitte, denn gestresst sind wir alle andauernd und auf jeden Fall genug. Das ist der Reiz der *home made* Esoterik, so ein bisschen Spiritualität *to go*, einfach zu konsumieren, griffig, übersichtlich. Vielen reicht das anscheinend. Aber nicht allen. Denn der Verlust des alten Handlungsrahmens und der Gewinn an Freiheit hat bei einigen eine so große Leere erzeugt, emotional wie spirituell, dass gerade in diesen schwindelerregenden Zeiten doch wieder das Bedürfnis nach einer klaren Orientierung zu wachsen scheint. Nach echten Werten, nach wahren Werten.

So gesehen, haben die Kirchen in den vergangenen Jahren in einigen Teilbereichen sogar wieder Terrain gutgemacht. Obwohl ich selbst Protestant bin, stelle ich immer wieder erstaunt fest, wie sehr mich die innere Klarheit und Beständigkeit der katholischen Kirche fasziniert, die durch ihre Wertebeharrlichkeit ein viel größerer Garant für Halt und Kontinuität ist als der stets zu verkopfte Protestantismus. Es verwundert auch nicht wirklich, wenn die allgemeine Unsicherheit der Menschen zu einem neuen Interesse an den Institutionen der Amtskirchen führt, übrigens wiederum vor allem an denen der katholischen. Natürlich haben die meisten neo-bürgerlichen Eltern in den Großstädten nicht mehr unbedingt viel mit den Inhalten und Werten des Katholizismus am Hut, trotzdem versuchen sie immer öfter, ihre Kleinsten in den katholischen Kindergarten und die katholische Grundschule zu schicken. Instinktiv vertrauen sie genau diesen Einrichtungen, wenn es darum geht, über das reine Wissen hinaus noch etwas anderes fürs Leben zu vermitteln, was andernorts viel zu leicht unterzugehen droht.

Es geht um moralische Bindungskräfte jenseits der Marktmechanismen, um Mitmenschlichkeit in seiner einfachsten und reinsten Form, es geht um das tägliche Miteinander und generell um ein Koordinatensystem fernab des Materialismus. Die Stärke der Kirche: Das war und sind die tradierten Werte, die immer richtig waren und immer richtig sein werden – sprich: auf die man sich immer verlassen kann. Oder um es mit den Worten Heiner Geißlers (unter anderem einstiger CDU-Generalsekretär) zu sagen: »Konservativ ist nicht, was einmal war, sondern das, was immer ist!«

Angesichts einer überalternden Gesellschaft, in der wir alle unser Verhältnis zu den Millionen von Alten und den Demenzkranken, den Schwachen und den Verarmten neu überdenken müssen, wirken selbst jahrhundertealte Institutionen und Aktivitäten der Kirche plötzlich gar nicht mehr so falsch – die Inquisition und die machtpolitischen Spielchen mal ausgenommen. Schon heute würden in vielen Gemeinden die sozialen Systeme vollends zusammenbrechen, wenn nicht die kirchlichen Wohlfahrtsverbände Heime betrieben und wenn nicht zahllose Gläubige ehrenamtlich nicht nur bunte Nachmittage für die Alten organisieren würden, sondern auch den Kindergarten oder den Jugendclub, die Seniorenfreizeit, Hausbesuche und Ausflüge. Denn bei aller Kritik an den Amtskirchen – es gibt bislang keinerlei adäquaten Ersatz für dieses millionenfache Engagement der Gläubigen innerhalb des amtskirchlichen

Ordnungsrahmens aller Konfessionen. Dieses herzliche Zupacken, diese zutiefst menschliche Anteilnahme, das ist ein Teil des Fundaments, auf dem die ganze Zivilgesellschaft der Bundesrepublik ruht.

3. Was muss sich ändern?

Ich glaube, die Kirchen sind unabdingbar für die nachhaltige Unterfütterung der Werte, die unser Zusammenleben nach wie vor maßgeblich prägen sollten. Sie könnten erneut eine sehr wichtige Lotsen- und Leuchtturmfunktion innerhalb einer zunehmend zerfaserten, orientierungslosen und kalten Welt übernehmen.

Wir alle wollen eine warme, menschliche Gesellschaft, in der Mitmenschlichkeit, soziales Verhalten, Solidarität, höflicher Umgang, Respekt gegenüber den Alten, Schwachen und Hilfsbedürftigen zur Grundausstattung gehören. Aber immer mehr Menschen sind mit dieser Erziehungsaufgabe überfordert. Wir brauchen Institutionen und Einrichtungen, in denen vor allem junge Menschen diese Werte erleben, im täglichen Umgang erfahren und schließlich selbst leben und weitergeben können. Und das am besten in einer Umgebung, die nicht immer nur leistungsorientiert ist, also eben nicht nur in der Schule.

Unsere Amtskirchen und vor allem die Kultur, die sie geprägt haben, sind ein bedeutender Teil unserer abendländischen Identität. Tolerant aber kann nur derjenige sein, der auf einem festen Fundament steht, von wo aus er sich allem, was neu ist, öffnen kann. Wir sollten uns gegenüber unserer eigenen Kultur und unserer eigenen Identität neu öffnen und ihnen den Platz in unserer Mitte einräumen, der ihnen gebührt.

Die Attraktivität der Kirche liegt auch in ihrer Klarheit und ihrer Unbeirrbarkeit. Es braucht keine Kirche, die aktuellen Trends hinterherhechelt. Das nutzt niemandem. Aber eine Kirche, die ihre Heuchelei rund um das Zölibat nicht abstellt, kann nicht erwarten, ernst genommen zu werden. Nur *die* Kirche ist glaubhaft, die ihren eigenen Ansprüchen gerecht wird. Wer Missbrauch nicht schonungslos aufdecken und ahnden *will*, wer den Betroffenen nicht hilft, wie und wo es nur geht, der versündigt sich an diesen Opfern immer und immer wieder. Das ist nicht christlich, das ist ein schweres Vergehen gegen alles, wofür die Kirche stehen sollte – und künftig auch wieder stehen kann.

Politik: Von verehrten Staatsmännern und korrupten Edelmännern

1. War früher wirklich alles besser?

Politik war bei uns zu Hause ein Dauerthema. Meine Eltern waren begeisterte Anhänger der CDU, wobei mein Vater auf das christliche »C« keinen besonderen Wert legte, meine Mutter dagegen schon ein wenig mehr. Mein Vater unterstützte die CDU aufgrund ihrer wirtschaftlichen Vernunft, wie es immer hieß, und der wertkonservativen Ausrichtung, die ihm sehr wichtig war. Als junges Paar waren meine Eltern sehr aktive Mitglieder der Jungen Union in Köln und vor meiner Geburt im Rahmen dieser Organisation sogar ins Ausland gereist. Vor allem ein Besuch im schottischen Edinburgh hatte ihre Europa-Begeisterung entfacht. Mein Vater brachte es bis zum Schatzmeister auf Bezirksebene der Kölner JU. Besondere Highlights waren für ihn zwei Besuche beim damaligen Bundeskanzler Konrad Adenauer im benachbarten Rhöndorf, wo er um Geld für Veranstaltungen des Unions-Nachwuchses ersuchen wollte – und tatsächlich im Dienstzimmer des »Alten« empfangen wurde. Mein Vater verehrte Adenauer über alles und erzählte die Geschichten von ihrem Zusammentreffen noch lange Zeit und ziemlich oft. Zusammen mit meiner Mutter übernahm er zudem politische Kärrnerarbeit, also Wahlkampfunterstützung, Verteilung von Infomaterial, Haustürbesuche. Die beiden führten sehr eindrucksvoll und völlig selbstverständlich vor, wie Demokratie gelebt wird, wie man sich engagieren und einmischen kann und soll. Auf diese Weise sind mein Bruder und ich von klein auf zu demokratischen Pflichtmenschen erzogen worden:

Demokratie muss gelebt werden, man muss sich reinhängen, man muss da mitmachen und dieses Privileg, wählen zu können, mit Einsatz verteidigen.

Politik bedeutete bei uns zu Hause aber auch, dass man bestens informiert war. Und das wiederum hieß: intensive Zeitungslektüre. Das Rascheln von Zeitungspapier war eines der bestimmenden Geräusche meiner Kindheit. Mein Vater war ein Leser der ersten Stunde seiner geliebten FAZ, die er täglich in einer geradezu beispiellosen Intensität aufsog. Fernsehen wurde nie zu seinem Medium, das war und blieb immer seine Zeitung. Die FAZ spielte eine derart wichtige Rolle in seinem Leben und in meiner Erinnerung an ihn, dass ich diesen Umstand sogar in seiner Todesanzeige in der FAZ vermerkt habe. Um also überhaupt mitreden zu können, fingen mein Bruder und ich sehr früh an, es dem Vater gleichzutun, wobei wir uns meist schon mit der Betrachtung der wenigen Fotos zufriedengaben, denn die Lektüre der Artikel war doch sehr ermüdend.

Die unerhörten Ereignisse der Weltpolitik beeinflussten die Stimmung in unserem Haus auf dramatische Art und Weise. Ich weiß noch, wie nervös alle am 13. August 1961 waren, als im Radio vom Bau einer Mauer in Berlin berichtet wurde. Die ganze Familie war schwer erschüttert – ich war damals fünf – und fieberte den ersten Bildern von dieser bodenlosen Gemeinheit entgegen, die es aber, soweit ich mich erinnere, erst einen oder zwei Tage später bei uns zu sehen gab. Das Fernsehen war noch nicht so weitverbreitet, und so dauerte damals das alles noch ein bisschen länger.

Der Tod von John F. Kennedy war in Riesendrama. Meine Mutter hatte ihn geliebt, mein Vater war etwas skeptischer gewesen, aber die Ermordung wühlte uns alle immens auf. Wir lagen zu viert auf dem elterlichen Ehebett, die beiden Kinder zu Füßen der Eltern, und mein Vater las uns die Nachrichten zu dem schrecklichen Ereignis laut aus der Zeitung vor. Für den Abend hatten meine Eltern schon seit langer Zeit und mit intensivsten Vorbereitungen eine »Fete« im obligatorischen Partykeller geplant. Da sie die Erziehungsmaßnahmen von uns Kindern als ein einziges großes und allgemeingültiges Regelwerk inszeniert hatten, war ich sehr gespannt, welche Regel wohl im Falle der Ermordung einer solchen Persönlichkeit angewendet würde. Ich konnte mir beim besten Willen nicht vorstellen, dass angesichts solcher Umstände gefeiert werden sollte. Und so kam es denn auch. Meine Eltern sagten die Feier mit dem Hinweis auf die Todesschüsse von Dallas tief betroffen ab – was damals jeder sofort verstand und einsah. Mich hat diese Anteilnahme nachhaltig beeindruckt und beeinflusst. Als kleiner Junge fuhr ich von da an auf alles ab, wo JFK draufstand – und ich sauge bis heute jede noch so kleine Information über den ermordeten Präsidenten in mich auf.

Nur wenig später, die Zeit flog für einen kleinen Jungen ja nur so dahin, bog ich mit meinem grünen Fahrrad mit dem weißen Sattel um die Ecke unseres Hauses und hörte meine Mutter hinter dem offenen Küchenfenster herzzerreißend schluchzen. Ich überlegte kurz, war mir aber keiner Schuld bewusst – es musste also etwas anderes vorliegen als ein furchtbares Fehlverhalten meinerseits. Als meine Mutter nur schluchzend hervorstieß: »Kennedy ist tot!«, fand ich das sehr seltsam, weil der ja doch erst vor Kurzem erschossen worden war: »Schon wieder? Das kann doch gar nicht sein!« Daraufhin setzte sie mich ins Bild: Es hatte auch noch Robert Kennedy getroffen, den Bruder des toten Präsidenten. Sein Tod war auch deshalb ein die Welt schockierendes Drama, weil so viele Menschen große Hoffnungen in ihn gesetzt hatten: Er sollte die politischen Wunder wirken, zu denen sein Bruder nicht mehr gekommen war.

Nichts auf der Welt war so weit weg, dass meine Mutter nicht darauf reagiert hätte: Der Ausbruch des Sechs-Tage-Krieges zwischen Israel und seinen arabischen Nachbarn berührte uns auf eine für viele wahrscheinlich seltsam anmutende Weise. Ich bin mir sehr sicher: Kein Mensch hatte in jenen Tagen den Keller so voll wie wir mit Hülsenfrüchten,

Dauerwurst, Konserven und anderen haltbaren Lebensmitteln. Meine Mutter war wild entschlossen, sich von keiner Krise mehr oder gar größeren kriegerischen Auseinandersetzungen kalt erwischen zu lassen. Sollten die anderen doch milde lächeln, darunter auch ihr Ehemann und teilweise ihre beiden Söhne, *sie* war vorbereitet für den Notfall.

Meine Mutter war es auch, die mich zu einem sehr traurigen Staatsakt mitschleppte. Als Adenauer nach seinem Tod in Rhöndorf am 19. April 1967 im Kölner Dom aufgebahrt wurde, standen natürlich auch wir in der ewig langen Schlange vor der riesigen Kathedrale, um Abschied von diesem großen Mann zu nehmen. Ich fand die ganze Situation düster und niederdrückend, aber auch sehr würdevoll und angemessen. Und sah mich geradezu in der Nachfolge von JFKs Sohn, der an dessen Sarg salutiert hatte. So weit ging ich natürlich nicht – aber die Tatsache, dass ich von dem großen Staatsmann persönlich Abschied nehmen würde, wühlte mich so sehr auf, dass ich von mir selbst sehr gerührt war. Einmal drinnen, ging es dann überraschend schnell an ihm vorbei. In meine leise Enttäuschung mischte sich ein gewisser Stolz, sich all dem ausgesetzt und das durchgestanden zu haben. Andererseits war das natürlich eine Bürgerpflicht, wie es bei uns zu Hause hieß. Die »Bürgerpflicht« war eine wichtige Kategorie in der Gedankenwelt meiner Eltern und deshalb auch in meiner.

Für meine Eltern hatten die Symbole des Staates und der Staatsführung eine enorme Bedeutung, sie waren Teil der festen Ordnung, die dem Leben Halt und der Gemeinschaft einen Handlungsrahmen gaben. Beide Elternteile hatten die bittere Erfahrung gemacht, dass ihre ganze alte Welt zusammengebrochen war – und hatten am Wiederaufbau der neuen nach Kräften mitgearbeitet. Mein Vater, der Altsprachler, erklärte, dem »Kosmos« – der göttlichen Ordnung, die für viel Positives und Schönes stehe und bisweilen auch mit »Schmuck« übersetzt werde – stehe als Gegensatz das »Chaos« gegenüber, die Unordnung. Und aus Unordnung, das war die feste Überzeugung, kann nur Schlimmes erwachsen. Sie kann im äußersten Fall Menschen und Staaten vernichten, denn sie würde letztlich die Wehr- und Verteidigungsbereitschaft unterminieren – was angesichts der in seinen Augen drohenden Gefahr durch die aggressive Sowjetunion einem Verbrechen gleichkam. »Wenn die Jugend so verweichlicht und sich so benimmt, dann sind wir eines Tages dran, dann wird der Westen geschluckt« – das war der Standpunkt, von dem aus meine Eltern entsetzt und voller Unverständnis die aufmüpfigen Studenten und ihre vielfältigen Proteste beobachteten und beurteilten.

Als am 2. Juni 1967 Benno Ohnesorg von einem Berliner Polizisten erschossen wurde, herrschte bei uns zu Hause zwar auch Mitleid mit dem Toten (»der arme Junge«) – vor allem aber Wut über diese Demonstranten, die mit ihren Störmanövern gegen den Staatsbesuch des Schahs von Persien überhaupt erst für eine so chaotische und unübersichtliche Gemengelage gesorgt hatten. Dass Menschen die Gegenwart eines ausländischen Staatsmannes derart kaputt machen wollten, war meinen Eltern unbegreiflich. Wie stehe unser Staat denn da, was für ein Licht würde das auf Deutschland werfen? Sie hatten Deutschland am Boden gesehen und fühlten sich durch eine Staatsvisite wahrgenommen und persönlich geehrt – umso mehr war ihnen das, was auf den Straßen vor der Oper in West-Berlin geschah, ein Gräuel. Als Elfjähriger sah ich also eine Vielzahl von Verstößen gegen das Regelwerk, das meine Erziehung prägte, und fand das auch unglaublich, was sich diese Demonstranten da herausnahmen. So benahm man sich doch nicht! Man lief nicht auf die Straße und brüllte seine Gäste an! Wohin sollte das noch führen?

Zu einem großen Teil beruhte das Unverständnis meiner Eltern gegenüber der Revoluzzer-Jugend auf einer Art Missverständnis: Da meine Eltern mit uns stets ellenlange Diskussionen über ihre eigene Jugend und ihre Zeit im sogenannten Dritten Reich führten, konnten sie nicht verstehen, was jetzt plötzlich diese massiven Vergangenheitsbewältigungs-Erörterungen sollten – das hatten sie doch alles längst dargelegt.

Sie konnten sich einfach nicht vorstellen, dass in anderen Familien nicht ähnlich intensiv debattiert wurde. Deswegen sahen sie keinerlei Mehrwert in den für sie keineswegs neuen Fragen nach der Rolle der Elterngeneration unter den Nazis. Meinem Bruder und mir ging es ähnlich. Wenn wir unsere Mitschüler fragten, was haben denn eure Eltern im Krieg gemacht, blickten wir oft in erstaunte Gesichter: Was denn für ein Krieg? Wieso meine Eltern? Da ahnten wir schon ein bisschen, dass es bei uns zu Hause anscheinend doch etwas anders läuft. Am heimischen Esstisch redeten wir uns ständig die Köpfe heiß über den Zweiten Weltkrieg und die Naziherrschaft.

Mein Vater war bis 1949 in Kriegsgefangenschaft gewesen, die meiste Zeit in einem Lager für Offiziere weit weg in Sibirien. Ohne Aussicht auf den Weg nach Hause und ohne Nachrichten von dort. Dass seine Eltern beim alliierten Luftangriff auf Dresden umgekommen waren, erfuhr er erst Monate später. Bereits zu Beginn der Gefangenschaft war er in körperlich bedenklichem Zustand – Einzelhaft, Mangelernährung und Hoffnungslosigkeit taten ein Übriges. Er unterwarf sich selbst einem strengen Regime: tägliche Rasur, tadellose Kleidung, Ordnung, Sauberkeit – weil alles fast unmöglich war, trotzte er sich das jeden Tag ab. Wenn er sich gehen ließe, wäre das sein sicherer Tod, davon war er überzeugt. Und viele machten es wie er: Lateinische Konjugationen, so erzählte er später oft, hätten sie stundenlang aufgesagt, um nicht abzustumpfen. Und sie meldeten sich freiwillig in den endlosen Birkenwäldern zum Arbeitseinsatz, der für Offiziere nach dem Kriegsvölkerrecht nicht verpflichtend ist – nur um nicht irre zu werden. Später entdeckte er sein kaufmännisches Talent: Weil er inzwischen ganz ordentlich Russisch sprach, durfte er das Lager verlassen, um unter Bewachung in die nächste Kleinstadt zu fahren und dort für die anderen einzukaufen. Er besorgte alles, was sie zum Überleben brauchten, aber auch Instrumente für das Lagerorchester, Filme für den Lagerfotografen und Bücher, so viele er kriegen konnte.

Während viele Offiziere selbst in den Gefangenenlagern nicht nur versuchten, die militärische Ordnung praktisch aufrechtzuerhalten, sondern sich auch noch unverbrüchlich »der Sache« verbunden fühlten, sagte sich mein Vater in dieser Zeit von den Nazis los. Er schloss sich dem »Bund Deutscher Offiziere« an, weil er sich nicht nur von seinen militärischen Führern belogen fühlte. Dieser BDO war historisch lange umstritten: In der Heimat wurden seine Mitglieder als »Landesverräter« angesehen, später sprach der Westen von »Handlangern der sowjetischen Führung«, während das eigene Ziel darin bestand, in der Endphase des Krieges Einfluss darauf zu nehmen, was für ein Deutschland die Sowjetunion künftig zulassen würde. Erst spät, im Jahr 2000 hat Bundestagspräsident Wolfgang Thierse den BDO in seiner Rede an der Berliner »Gedenkstätte Deutscher Widerstand« unter die Widerstandsgruppen eingereiht.

Meinen Vater hat das seltsamerweise nicht wirklich erreicht, es hat ihm keine Genugtuung verschafft. Irgendetwas trieb ihn um. In der Nacht zu meinem 35. Geburtstag – er war damals 70 – hat er mir erstmals beschrieben, wie er 1944 auf der Krim als Offizier der Wehrmacht in sowjetische Gefangenschaft geriet. Trotz all unserer Diskussionen und Gespräche hatte er ausgerechnet diese Situation noch nie angesprochen. Jetzt erzählte er davon, und das Grauen holte ihn ein. Wie man ihm und seinen Kameraden nach verheerenden Rückzugskämpfen befohlen hatte, sich an der Küste einzufinden, die schweren Waffen zu vernichten und sich abholen zu lassen, wenn der Nebel sich morgens lichtete. Am nächsten Morgen standen sie da, der Nebel lichtete sich – und niemand holte sie ab, kein Schiff, kein Boot, kein Nachen. Der Feind rückte näher. Doch die schweren Waffen waren befehlsgemäß vernichtet, sodass sie keine Möglichkeit hatten, die heranrückenden Russen auf Distanz zu halten und Zeit zu gewinnen. In den folgenden Stunden müssen sich unfassbare Szenen abgespielt haben, die sich tief in die Seele meines Vaters eingebrannt haben. Er erzählte, wie überall Soldaten ihre

Dienstpistolen zogen, um sich zu erschießen, überwältigt vom Gefühl der Verlorenheit. Er selbst war so weit gelaufen und hatte so unendlich viel riskiert und ausgehalten für eine Sache, die ihm mit 17 oder 18 Jahren als eindeutig richtig erschienen war. Eine Sache, die sich bald als falsch und ungerecht, ja, kriminell herausgestellt hatte – und so ging er in Gefangenschaft.

Vieles aus der Gedankenwelt dieser Generation ist heute kaum mehr richtig nachvollziehbar, so weit weg scheint es zu sein. Begriffe wie Ehre oder Eid hatten damals noch eine andere, sehr viel intensivere Bedeutung. Meinen Vater hat etwa die Frage mit dem Eid, den ja auch er auf den sogenannten Führer geleistet hatte, sehr lange beschäftigt: Man könne nur *einen* Eid schwören, und wenn man den auf den Falschen leiste, sei das Leben verwirkt, man selbst verloren. Auch wenn man sich von einem lossage, den man als Verbrecher erkannt hat, mache man sich dadurch erneut schuldig, weil man eben gegen jenen heiligen Eid verstößt. Dieses Dilemma hatte er in der Gefangenschaft überwunden. Zum Ende seines Lebens hin aber kamen die alten Fragen wieder auf: Ist der Tyrannenmord legitim, wenn er einen Neuanfang ermöglicht? Oder kann es auch pflichtgemäß sein, den Tyrannen durch Bruch des Eides im Stich zu lassen und so dessen Ende zu befördern? Er machte es sich wirklich nicht leicht.

Im Lager hatte er sich durch eine wunderschöne Fantasie am Leben gehalten: Er würde, wenn er jemals dort herauskäme, eine Familie gründen, mit Frau, Kindern, Hund. Und mit Feiern zu Weihnachten und zu Ostern. Und seinen Kindern würde er alles erzählen, was er gesehen und begriffen hatte, und niemals dürfte es in seinem Haus eine Waffe geben. Und genauso kam es dann auch. Nach seiner Rückkehr aus Russland merkte er, was er schon alles verpasst hatte. Und wie total die Niederlage war: Er besuchte seine alte Heimat Dresden, sah die Zerstörungen, drehte sich um – und kehrte für über 40 Jahre nicht mehr zurück. Bei einer Zugfahrt von Osnabrück nach Melle lernte er dann meine Mutter kennen. Und verärgerte die schöne junge Dame schon beim Aussteigen mit seiner Feststellung, dass er sie heiraten werde. Der Rest ist sozusagen Geschichte.

Im Gegensatz zu vielen aus der 68er-Generation haben wir uns bei unseren Gesprächen und Auseinandersetzungen nie gegen unsere Eltern gewendet, wir sahen in ihnen keine Feinde und auch keine Schuldigen. Aus ihren detaillierten, anschaulichen Erzählungen hatten wir eher den Eindruck, dass unsere Eltern ganz erhebliche Opfer gebracht hatten. Man musste sich ja nur einmal die schieren Fakten vor Augen halten: Mein Vater ging in den Krieg, da war er 19, als er freikam, war er 29 – sein Krieg hatte zehn Jahre gedauert. Die waren weg, verschwendet, für nichts und wieder nichts. Wir konnten ihnen persönlich unmöglich Vorwürfe machen, wir wussten ja, was sie selbst in diesen Jahren gemacht und konkret durchgemacht hatten.

Mein Vater als Wehrmachtsoffizier hatte die SS als eine Truppe wahrgenommen, mit der kaum jemand etwas hatte zu tun haben wollen. Er berichtete uns, wie er durch Ortschaften gekommen sei, durch die zuvor die SS gezogen war, und wie er da furchtbare Dinge gesehen habe, die keinesfalls der Wehrmacht und seinem Bild von ihr entsprochen hätten. Doch selbst das Bewusstsein, Teil einer Maschinerie zu sein, die Dinge tat, die er niemals gutheißen konnte, hatte ihn nicht dazu veranlasst auszuscheren. Warum bist du nicht einfach nach Hause gegangen, fragte ich, als ich noch sehr klein war. Aber das ging natürlich nicht. Auch weil Widerstand und Aufbegehren in seinem Denken nicht einmal als theoretische Möglichkeit vorkamen. Das war – wie bereits an anderer Stelle erwähnt – mit ein Grund, warum ich mich als junger Mann ganz bewusst für die Bundeswehr entschied: Ich wollte sehen, was das System aus Befehl und Gehorsam mit einem macht – auch wenn die beiden Armeen natürlich nicht miteinander vergleichbar sind.

Was wir als kleine Kinder nie so recht verstanden haben, war: Wie konnten nur so viele Juden verschwinden und ermordet werden? Die

Kinder saßen ja neben meinen Eltern in den Schulklassen, deren Eltern wiederum nebenan wohnten. Vom Holocaust sprach damals niemand, das war ein in den USA üblicher Begriff, der erst Ende der 70er Jahre Allgemeingut wurde, als eine US-Miniserie im Fernsehen das Schicksal der jüdischen Familie Weiss so anschaulich und ergreifend darstellte, dass in ganz Deutschland eine neue Diskussionswelle aufbrandete. Jetzt war der Ton nicht mehr nur vorwurfsvoll, die ganze Diskussion nahm eine völlig neue Dimension an: Was war wo wirklich passiert? In den vielen Gemeinden, in denen so viele aktiv und passiv ihren Beitrag geleistet hatten beim großen Morden.

Die Mörder sind unter uns, hieß ein berühmter Film, den damals alle gesehen hatten. Später habe ich irgendwo die Zeitungsüberschrift gelesen: »Die Mörder leben nebenan«. Und so war es auch. Egal ob in unserem Kölner Vorort oder in Melle, der früheren Kreisstadt östlich von Osnabrück – überall passierten merkwürdige Dinge. Und so lernten wir, dass manches zwar ganz alltäglich ausschauen mag, dass sich dahinter aber wahre Abgründe verbergen können. Dass die Nazis keine Marsmenschen waren, sondern normale Deutsche aus normalen Städten und normalen Familien, sah man daran, was allein in einem Umkreis von wenigen Hundert Metern um das Haus meiner Meller Großmutter, also mitten in der deutschen Provinz, geschah: In einem der Häuser lebten Verwandte eines Mannes, der als Leiter des SS-Wirtschafts- und Verwaltungshauptamtes maßgeblich an der Durchführung des Holocaust beteiligt war und 1951 als Kriegsverbrecher dafür hingerichtet wurde. Wenn er während des Krieges anreiste, stand ganz Melle Kopf, wie meine Mutter sich stets erinnerte. Und in einem anderen Meller Haus lebte lange Zeit nach dem Krieg ein Mann, der zusammen mit zwei anderen im KZ Buchenwald angeblich den Chef der Kommunistischen Partei Deutschlands, Ernst Thälmann, ermordet hatte. Die Stasi, so hörte man, habe ihn aufgestöbert – aber er war frei, weil es hier im Westen zwar zu einer Anklage gekommen war, die aber mit Freispruch geendet hatte.

Und viele Jahre später stellte sich heraus, dass in unserem Kölner Vorort neben der Apotheke ein Mann wohnte, der mitverantwortlich war für die Deportation Zehntausender Juden aus Frankreich. Die Nazijägerin Beate Klarsfeld hatte ihn eines Tages aufgespürt. Das waren nicht mehr nur Erzählungen aus der Vergangenheit, denen wir gebannt folgten, diese Menschen lebten unter unseren Augen – auch wir Kinder haben beide Männer gekannt, jedenfalls vom Sehen. Ohne zu ahnen, wozu sie fähig waren. Und was sie getan hatten.

Ein heikler Punkt in den Familiendiskussionen war das Attentat auf Hitler vom 20. Juli 1944. Mein Bruder liebte allein schon den komplizierten Namen des Attentäters: Oberst Claus Graf Schenck von Stauffenberg. Wir wussten, dass er unter Lebensgefahr ein Attentat auf Hitler verübt hatte, das aber gescheitert war – genauso wie der ganze Putschversuch, an dem zusammen mit ihm Hunderte Verschwörer beteiligt gewesen waren, um den Krieg vorzeitig zu beenden und Deutschland den vollständigen Untergang zu ersparen. Mein Onkel, der als Luftwaffensoldat schwer verletzt worden war, verehrte Stauffenberg genauso wie wir. Mein Vater jedoch sah das ganz anders. Das Vorgehen von Stauffenberg und den Mitverschwörern war für ihn auch lange nach Ende des Zweiten Weltkrieges eindeutig Verrat. Für ihn war es unvorstellbar, dass deutsche Offiziere so etwas gegen ihren Eid initiieren und ausführen konnten. Das war der einzige richtige Bruch, den wir in diesen Fragen mit unserem Vater hatten. Seine damalige Haltung zu diesem Thema wirkt aus heutiger Sicht extrem verbohrt, ja, unerhört. Aber man darf nicht vergessen, dass in jenen Jahren noch Millionen Deutscher so dachten. Es war noch ein langer Weg bis zur Rede von Bundespräsident Richard von Weizsäcker im Jahr 1985, als er – zum Entsetzen nationalkonservativer Kreise! – den 8. Mai 1945, den Tag der Kapitulation und des Kriegsendes, erstmals als »Tag der Befreiung« für das deutsche Volk bezeichnete.

Wir haben uns die Köpfe heiß geredet, warum man einerseits die elementaren Regeln des menschlichen Zusammenlebens lernt: nicht töten, nichts zerstören, andererseits im Krieg dann aber plötzlich *alle* töten und *alle* zerstören, und das sogar dürfen und sollen! Meine Mutter hat vor allem die leichte Verführbarkeit der Menschen beschäftigt, wie sich selbst rationale Geister von geschickten Inszenierungen haben bewegen und mitreißen lassen, von Massenaufmärschen und imposanten Fackelzügen. Ihr Lern- und Wahlspruch, den man auch als Quintessenz aus der Nazizeit werten konnte, sollte uns das Nein-Sagen lehren: »Wenn alle anderen begeistert in den Rhein springen, machst du trotzdem nicht mit!« Denn: Wenn früher mehr Menschen »Nein« gesagt hätten, wären viele Sachen vielleicht deutlich anders gelaufen.

Auch wenn wir ganz bestimmt keine Revoluzzer waren: Im Laufe der Jahre wurden unsere Fragen natürlich weltumspannender, bohrender, und die anschließende Diskussion fiel umso heftiger aus – bis meine Mutter irgendwann zu unserem großen Leidwesen entschied: Am Tisch beim sonntäglichen Mittagessen ab sofort keine Politik mehr!

Als ihre geliebte Union die Regierungsbeteiligung verlor, brach für meine Eltern eine Welt zusammen. Die sozialliberale Koalition fanden viele andere sehr spannend, einfach, weil alles irgendwie total neu war, was sie anstellte und wie sie es tat. Aber meine Eltern blieben schwer erschüttert – die Ostverträge fand mein Vater sehr problematisch, Willy Brandts Kniefall in Warschau entsprach überhaupt nicht dem Auftreten, wie sich meine Eltern unsere Repräsentanten im Ausland vorstellten. Das hatte weniger mit der Haltung zur deutschen Vergangenheit zu tun, die der Kanzler dadurch ausdrückte, als vielmehr mit der neuen Selbstdarstellung des Staates. Generell waren »die Sozis«, wie sie SPD-Politiker grundsätzlich und immer nannten, die *anderen* – diejenigen, die keine Ahnung hatten, wie so ein Land zu lenken und zu entwickeln sei, die nicht mit Geld umgehen konnten und schlicht und ergreifend überhaupt nicht wussten, wie Regieren geht. Ich glaube, im ganzen Bekanntenkreis der Eltern gab es keinen einzigen SPD-Wähler, zumindest keine bekennenden. Das waren zwei sehr strikt und sehr klar voneinander getrennte politische Lager.

Damals gab es auch keine Wechselwähler, zumindest keine, die das groß hinausposaunten und für clever hielten. Als ich zum ersten Mal in meinem Leben mein Kreuz bei der SPD gemacht hatte, wagte ich nicht, das zu Hause zu offenbaren. Ich dachte, das wirst du nie erklären können – und deine Eltern werden es nicht überleben, also lass es lieber. Es hat wirklich lange gedauert, bis ich mich von diesen Schranken der Kindheit befreien konnte. Dieses harte, kompromisslose Lagerdenken ist nur mit der Größe und Bedeutung der Fragen zu erklären, um die es damals ging. Noch 1976 ging die Union mit dem Schlachtruf »Freiheit statt Sozialismus« in den Wahlkampf. Alles oder nichts. Sieg oder Untergang. Überleben oder Tod. Dieses Gefühl vermittelten die Parteistrategen gerne. Und die Leute empfanden auch genau so. Oft hatte man den Eindruck, der Krieg sei nicht schon mehr als ein Vierteljahrhundert vorbei.

Das Ansehen der Politiker war allgemein enorm hoch. Niemand zweifelte an ihrer Überzeugung, und selbst Skandälchen und Skandale konnten ihren Karriereweg nicht wirklich erschüttern. Journalisten wühlten selten im Privatleben der Amtsträger, alle schwiegen und hielten zusammen, wenn die Affären nicht die unmittelbare Amtsführung betrafen. Und selbst wenn, bedeutete das nicht automatisch das Aus. Franz Josef Strauß war als Verteidigungsminister in dubiose Waffendeals verwickelt und in diverse andere Skandale wie die berühmte *Spiegel*-Affäre, doch bis zum Ende seiner Karriere hat ihm das nicht wirklich geschadet. Der Generalsekretär der CSU, Friedrich »Old Schwurhand« Zimmermann, leistete 1960 einen Meineid, der ihm auch nicht zum Nachteil gereichte. Und sein Parteifreund Otto Wiesheu fuhr 1983 als damaliger Generalsekretär der CSU mit 1,75 Promille einen Rentner tot und wurde wegen grob fahrlässiger Tötung zu einer Bewährungsstrafe verurteilt, was allerdings auch nur zu einer kurzen Pause in seiner Politkarriere führte.

Politiker waren Bannerträger für Ideen – man hörte ihnen zu, man glaubte ihnen meistens, man unterstellte ihnen nicht in jedem Fall böse

Absichten. Es waren in gewisser Weise Ehrenmänner, die sich aus übergeordneten Beweggründen der *Res Publica* verpflichtet hatten, was man respektierte und honorierte. Man verzieh ihnen übrigens auch ihren teilweise rotzigen Umgangston und die autoritäre Sprache – das gehörte irgendwie, trotz gewisser Bedenken, zu den »politischen Urgesteinen« aller Parteien.

2. Willkommen in der Realität!

Politiker – da winken die Bundesbürger heute sofort genervt und leicht angewidert ab. Die machen sich nur die Taschen voll, Korruption ist Teil ihrer DNA, außer Karrieregeilheit hat kaum ein anderer Gedanke Platz in ihren geölten Köpfen, in denen der zweckoptimierte Opportunismus jeden Tag ein bisschen neu erfunden wird. So in etwa stellen sich nicht wenige Menschen heute »ihre« Politiker vor, und es sind nicht selten die Medien, die an diesem Zerrbild der Wirklichkeit kräftig mitbasteln. Der desillusionierte, gerne auch zynische oder sarkastische Medienmensch, dem nichts leichter fällt, als diese holzschnittartigen Klischees noch ein wenig kantiger zu zeichnen, ist Teil der Abstumpfungsmaschinerie, unter der unser demokratisches System erheblich zu leiden hat.

Für viele Bürger ist dieses Politikerbild auch ein Argument, sich politisch gar nicht mehr zu engagieren. Wenn Politik ein »schmutziges Geschäft« ist oder eine einzige öde Vetternwirtschaft, die in den Hinterzimmern verabredet wird, will man lieber nichts damit zu tun haben. Das Schimpfen über Politiker gehört deshalb in fast jedem sozialen Umfeld zum guten Ton – und ist immer mit einem gewissen Überlegenheitsgefühl verbunden. Alle wissen es besser, niemand nimmt den Aktiven ihr ehrliches Engagement ab. Es gibt keinen Respekt mehr vor der Entscheidung, sich für das Gemeinwohl einzusetzen, weil von vorneherein niemand mehr an diese gemeinnützige Absicht glaubt. Eine sehr bedenkliche Entwicklung, denn der formale Rahmen »Demokratie« wird nur dann mit Leben gefüllt, wenn sich viele Einzelne engagieren. Wir haben das Recht dazu – aber es gibt auch eine Pflicht, sich einzubringen. Wenn jedoch die Bindungskräfte des Systems schwinden, wenn die Achtung vor den eigenen Repräsentanten und den Ämtern, die sie in unserem Namen ausfüllen, schwindet, ist der ganze Apparat in Gefahr – oder die »Falschen« mischen sich verstärkt ein und führen die Politik in eine Richtung, die hinterher keiner gewollt haben will. Aber wie kam es zu so einem dramatischen Ansehensverlust der politischen Klasse?

Zweifelsohne haben einige frühere Politiker es vor aller Augen doch zu bunt getrieben und damit zu unverhohlen nach außen zu erkennen gegeben, wie sehr sie ihr Wahlvolk verachten. Ex-Minister Martin Bangemann war einer der Ersten, der gar nicht schnell genug in die Wirtschaft wechseln konnte und dessen Name plötzlich für verlotterte moralische Maßstäbe und Raffke-Mentalität stand. Da machte jemand sehr deutlich, wie er sein hohes Amt nur als Sprungbrett für weitere Schritte nutzte. Als Bangemann für viel Geld zur spanischen *Telefonica* ging, um dort die Früchte zu ernten, die er zuvor als EU-Wirtschaftskommissar gesät hatte, erreichte das Ansehen der Politikerkaste einen neuen Tiefpunkt. Typen wie er verkörperten den Abschied vom einstigen Ehrenmann, den man bis dahin trotz allem noch in den Politikern gesehen hatte.

Weitere ranghohe Würdenträger folgten seinem Beispiel und gingen in die Industrie, sogar ein ehemaliger Kanzler und sein Außenminister: Gerhard Schröder und Joschka Fischer. Das wirkte sehr bedenklich. In ihren früheren Ämtern hatten sie sich großen Respekt erworben, dann aber ging es ihnen – zusätzlich zur ansehnlichen Alterssicherung – offenbar nur noch um das große Geld obendrauf. Nur wenige Wochen nach dem Regierungswechsel 2005 wurde bekannt, dass Schröder zur Nord Stream AG wechselte, die der russischen Gazprom gehört. Ganz abgesehen davon, dass die Art, wie sich der ehemalige Basta-Kanzler mitten in der Ukraine-Krise Wladimir Putin an den Hals geworfen hat, nicht nur unwürdig, sondern auch politisch schädlich ist, nach außen wie nach innen. Für Fischer gilt das Gleiche wie für Schröder, wenn auch mit Abstrichen: Er war wenigstens elegant genug, noch eine Ehrenrunde an der Universität von Harvard einzulegen, bevor er bei BMW andockte und beratend die Hand aufhielt. Man fragt sich, wie diese eigentlich doch intelligenten Männer einfach auszublenden vermochten, wie sich ihr Tun auch auf die politische Moral auswirken könnte, auf die Sicht der Dinge von kritischen Bürgern? Ehre, Würde, Anstand – Fehlanzeige.

Früher haben sich einzelne Politiker, ja, sogar ausländische Prinzgemahle, hinter den Kulissen deutlich hemmungsloser bedient als heute – es wurde ihnen auch deutlich einfacher gemacht. Trotzdem entstand bei der breiten Masse nicht der Eindruck, es gehe *nur* um Geld. Man verzieh ihnen, weil man wusste oder glaubte, dass es ihnen grundsätzlich eben doch um den Zustand und die Entwicklung der Gesellschaft gehe. So sieht das Wahlvolk seine Entscheidungsträger schon lange nicht mehr.

Neben der Gier wird der aktuellen Politikergeneration auch oft zu wenig Haltung attestiert, was ihr Ansehen weiter sinken lässt. Es gebe kein »politisches Urgestein« mehr, heißt es, keine begnadeten Rhetoriker. Na ja, für einige galt ja Karl-Theodor zu Guttenberg als solcher, aber man kann nicht wirklich behaupten, Deutschland habe von seiner Amtsshow nachhaltig profitiert. Was mir in diesem Zusammenhang immer wieder auffällt: Wenn man rückblickend das rhetorische Talent und die Spritzigkeit der Redner der alten Bundesrepublik im Vergleich zu denen von heute besonders hervorhebt, sollte man sich einmal ein paar dieser Highlights tatsächlich zu Gemüte führen. Denn die Inhaltsstärke resultiert oft aus der alleinigen Tatsache, dass grundlegende Sachverhalte verhandelt werden mussten (Westanbindung – ja oder nein? Wiederbewaffnung – ja oder nein?). Den Umgangston, den viele so spannend und witzig finden, würde man heute teilweise kaum noch in einer Eckkneipe akzeptieren.

Das Leben und die Politik sind komplizierter geworden. Man kann als Außenstehender, von reiner Leidenschaft getrieben, nicht mehr einfach mal so zwischen Tür und Angel aus dem Stegreif mitdiskutieren, man muss sich eingehender informieren, sonst versteht man rein gar nichts mehr. Deshalb ist auch ein anderer Politikertypus vonnöten, einer mit mehr Kompetenz, um komplexere Probleme zu managen und Lösungen zu erkennen, um Debatten zu lenken – da hilft die autoritäre Basta-Attitüde von einst eben nur noch selten, auch wenn sich viele das so sehr wünschen.

Und weil die Politik so komplex und differenziert geworden ist, sehen viele kaum noch greifbare Unterschiede zwischen den Parteien. Woran die Parteien oft auch selbst schuld sind. Sie alle kämpfen um die große Mitte der Wahlbevölkerung, weil sie dort auf die meisten Stimmen hoffen. Um aber dieser Mitte zu gefallen und keinen abzuschrecken, verzichten sie auf kantigere Profile. Von außen sieht dann schnell alles gleich aus, selbst wenn sich die Parteien in filigranen Details oder im Grundsatzprogramm doch unterscheiden. Auch das Interesse an Wahlen ist gesunken, weil scheinbar kaum noch überlebenswichtige Dinge verhandelt werden. Es geht eben nicht mehr um die großen Fragen des Seins, sondern oft nur noch um die hoch komplizierten kleinen technischen Fragezeichen des täglichen Lebens. Das fesselt nicht, das lässt niemanden aufhorchen, das langweilt viele. Wobei diese Haltung natürlich schon reiner Luxus ist, eine Stufe der Dekadenz, könnte man sagen. Der Souverän ist halt manchmal auch eine launige Zicke: Einerseits wollen die braven Bundesbürger keinen Streit unter den Parteien, wie alle Umfragen zeigen. Wenn es aber keinen Streit gibt, beschweren sie sich, die Parteien seien alle zu gleich und zu ähnlich und stellten keine echten Alternativen dar. Das führt nicht selten zu einer »Ist doch eh alles dasselbe«-Stimmung, die sich in niedrigeren Wahlbeteiligungen ausdrückt und einer gefährlichen Offenheit gegenüber »Protestparteien« jedweder Art, die gerne mit populistischen Parolen die Illusion verbreiten, sie seien in der Lage, einfache Lösungen anzubieten.

Viele kümmern sich nur noch um sich selbst und ihr privates (ökonomisches) Glück. Was ihnen grundsätzlich niemand verdenken kann, erfordert das doch sehr oft ihre ganze Kraft und ihre ganze Zeit. In der Masse gesehen ist das aber eine bedenkliche Entwicklung, weil sie die Demokratie aushöhlt und verwundbar macht. Der egoistische Bürger, der sich nur noch dann engagiert, wenn es um seine eigenen kleinen Vorteile geht, hat in der jüngeren Vergangenheit sogar einen eigenen Namen erhalten: »Wutbürger« haben Journalisten ihn mit mehr als nur einem Hauch Ironie getauft. Wobei diese Haltung auch etwas zu arrogant erscheint, zumal von einer Berufsgruppe, von der sich einige Teile schon so sehr mit dem Objekt ihrer Berichterstattung, also den Politikern, identifizieren, dass sie das zivilgesellschaftliche Engagement der empörten Wähler gar nicht mehr als das zu würdigen wissen, was es am Ende eben doch auch ist: dringend notwendiges Engagement für unsere Demokratie.

3. Was muss sich ändern?

Demokratie hat auch etwas mit Würde und Respekt vor den Ämtern zu tun, die aus ihr heraus entstehen und die sie verkörpern. Um zu verhindern, dass einzelne Politiker durch ihr Verhalten dem Ansehen der von ihnen bekleideten Ämter schaden, und damit dem ganzen System und dem ganzen Land, brauchen wir dringend eine Selbstverpflichtung des Bundestags oder entsprechende Gesetze, die so etwas regeln: Zwischen dem letzten Amt und einer Tätigkeit in der Wirtschaft muss ein zeitlicher Abstand von mehreren Jahren liegen, so wie das Organisationen wie Transparency International und andere schon immer gefordert haben. Bei unseren höchsten Ämtern muss so etwas eventuell sogar grundsätzlich ausgeschlossen sein. Es ist völlig in Ordnung und sogar geboten, dass frühere Bundespräsidenten für immer im Dienste unseres Staates stehen und auch von diesem bezahlt werden. Das Gleiche sollte dringend auch für ehemalige Kanzler und Minister in Schlüsselpositionen gelten. Sie könnten auch nach ihrem Ausscheiden auf vielfältige Art und Weise ihre Erfahrungen in nationale oder internationale Prozesse zum Wohle der Bundesrepublik einbringen und dafür selbstverständlich weiter einen Ehrensold erhalten. Das sind Kosten, die sich unser Land wirklich leisten sollte – und auch leisten kann.

Generell brauchen wir mehr Achtung vor dem Beruf des Politikers, so seltsam sich das für viele anhören mag. Wir brauchen mehr Unterstützung derjenigen Menschen, die in die Politik gehen, weil sie dort etwas bewegen wollen. Wenn wir sie alle nur beschimpfen und mobben, brauchen wir uns hinterher nicht über die mangelnde Auswahl zu beschweren. Das ist auch nicht anders als früher bei der Klassensprecherwahl. Einer muss es machen. Ein Wahlvolk aus lauter maulenden Demokratie-Trollen, die in ihrer analogen Welt alles besser wissen und niemandem vertrauen, bringt dieses Land, uns und sich selbst auch nicht wirklich viel weiter.

Wir alle haben in einer Demokratie sehr viele Rechte und meist nur eine überschaubare Anzahl von Pflichten. Aber damit dieses fairste aller denkbaren Ordnungssysteme weiter bestehen und sich weiter entwickeln kann, hat jeder Einzelne die Pflicht, sich zu informieren und sich einzubringen, und sei es nur mit seiner Stimme. Es kann nicht sein, dass die Bequemlichkeit vieler das große Ganze aufs Spiel setzt! Wer nicht mehr mitmacht, schwächt die Demokratie und gefährdet sie – egal ob aus Desinteresse, aus Faulheit, aus Dummheit. Natürlich hat in einer Demokratie jeder das Recht, desinteressiert, faul oder dumm zu bleiben, aber die Allgemeinheit kann und sollte verlangen, dass sich jeder Wahlberechtigte mindestens zu den zur Abstimmung stehenden Prozessen äußert. Die völlige Verweigerung der Teilnahme darf keine

Option sein, weil sie auch im echten Leben keine ist. Jeder muss die Konsequenzen der politischen Entscheidungen tragen, ob er will oder nicht, deswegen sollte sich auch jeder dazu äußern müssen. Aus diesem Grund plädiere ich stark für die Abschaffung des Wahlrechts – und die Einführung einer Wahlpflicht. Sich einmal alle paar Jahre zu beteiligen, das kann man von den Mitgliedern dieser Gemeinschaft wirklich verlangen. Wer will, kann sich enthalten und gar kein Kreuz auf dem Wahlzettel machen, aber wenigstens hat er damit ein aktives Statement abgegeben und sich nicht von vornherein vom demokratischen Prozess der Wahl ausgeschlossen.

Im Gegensatz zur herrschenden Wahrnehmung gibt es nämlich reichlich Probleme, um die wir uns kümmern müssen – und wenn es auch nur darum geht, sie zu verhindern. So frage ich mich, warum der Steuerzahlerbund seit ewigen Zeiten in seinem jährlichen Schwarzbuch die Verschwendung von Milliarden Steuergeldern anprangert – und nichts geschieht. »Wir haben kein Einnahme-, sondern ein Ausgabenproblem«, wetterten die Autoren bei der Vorlage ihrer jüngsten Auflistung. Und trotzdem geht es einfach immer genauso weiter – weil es eben nicht *einzelne* Politiker sind, die auf skurrile Projekte setzen und sie mit Unmengen Kohle unsinnig und verlustreich befeuern, sondern es sind ganze Parlamente auf unterschiedlichen Ebenen unseres Gemeinwesens, die reihenweise versagen. Die sich in einer Art Größenwahn Denkmäler setzen wie Provinzflughäfen, die dann doch keiner braucht, oder sich in übertriebenem Gutmenschentum bautechnisch komplizierte Krötentunnel unter der Landstraße hindurch leisten.

Immer wieder aufs Neue sind sehr viele sehr grundsätzliche Dinge zu entscheiden, die unser aller Leben massiv beeinflussen. Dieses reiche, tolle Land namens Bundesrepublik Deutschland nutzt sein Potenzial bei Weitem nicht aus, nicht im Inland, nicht im Ausland. Dabei haben wir die Fähigkeit, das Wissen, das Kapital und die Ernsthaftigkeit, unseren zukünftigen Weg – immer in Abstimmung mit unseren Nachbarn und

Partnern und Freunden – selbst zu bestimmen, selbstbewusst voranzuschreiten und nicht immer nur zögerlich darauf zu warten, dass jemand anders doch bitte zuerst gehen möge.

Aber die Politik zögert – weil ihre Wähler zögern. »Ohne mich« – das war schon mal so eine Haltung in den 50ern, aber das kann es heute einfach nicht mehr sein. Wir müssen nach vorn denken, aktiv Weichen stellen: Wie möchten wir Politik gestaltet wissen? Wie definieren wir unsere Interessen für die Zukunft? Wo lügen wir uns jetzt schon in die Tasche? Wie sollen denn all die Millionen Menschen, die in 20 oder 30 Jahren alt sein werden, in Würde altern, von wem finanziert, von welcher Generation wie alimentiert? Wo bleibt die Einsetzung des »Generationenbeauftragten der Bundesregierung«, der schon jetzt bei jeder Entscheidung die zukünftigen Konsequenzen für die heute 30-, 40- oder 50-Jährigen aufzeigt?

Und: Wie wollen wir global unsere Interessen gewahrt wissen? Auch hier tun wir gerne so, als ob wir keine globalen Interessen hätten oder haben dürften, und warten darauf, dass andere die Probleme für uns lösen – politisch, ökonomisch, militärisch. Dabei haben wir mit unserer Sozialpartnerschaft, der sozialen Marktwirtschaft, und auch mit dem Gesundheitswesen durchaus Systeme geschaffen, die für viele Länder Vorbildcharakter haben und die viele gerne in Teilen oder ganz kopieren würden. Und wenn solche Systemexporte dann dazu führen, in einigen Ländern die wirtschaftlich motivierte Flucht zu verringern und vor Ort Wohlstand aufzubauen, der diese Menschen zum Bleiben und dem dereinstigen Kauf unserer Produkte anstiften könnte – was spräche dagegen? Man muss es aber diskutieren, als Interesse definieren, daran arbeiten, es gemeinsam wollen und zeitnah umsetzen.

Die Kosten für Gesundheit und private Bildung steigen seit Jahren stark an, bald werden wir auch die steigenden Kosten für unsere Sicherheit überall spüren. Vielleicht sogar für unsere persönliche Sicherheit. Vielleicht brauchen auch wir irgendwann einmal »Gated Communities«, also ein Leben hinter selbst errichteten Gittern, weil wir uns in unseren eigenen Städten bedroht fühlen. Vielleicht wird der Verteidigungshaushalt schon bald eine ganz andere Größe und Bedeutung in dieser zersplitterten, kriegerischen Welt bekommen, in der wir eben nicht mehr überall hinreisen können, weil man uns vielerorts als Feinde ansieht und bekämpft.

Wie wollen wir damit umgehen? Wofür wollen wir kämpfen und einige in unserem Namen in den Tod schicken? Und wofür lieber nicht? Das müssen *wir* entscheiden, *die Wähler* – denn die von uns ins Parlament geschickten Politiker werden keine Entscheidungen vorantreiben, mit denen sie bei uns nicht punkten können. So funktioniert Politik heute, und auch wenn das nicht unbedingt positiv ist, darf das nicht die Ausrede dafür sein, nicht mehr daran teilhaben zu wollen. Immer weniger Menschen scheinen sich für Politik zu interessieren, dabei tauschen sie sich über alle möglichen Medien intensiver über über alles und jedes aus als jemals zuvor. Warum nicht diesen Austausch in Engagement umsetzen? Denn wir brauchen mehr Engagement. Und in diesem Sinne auch die eben beschriebene Wahlpflicht, die nichts anderes sein sollte als die banale Aufforderung: Das ist euer Leben. Befasst euch damit. Übernehmt Verantwortung!

Nachwort

Ja, keine Frage, vieles liegt im Argen in unserem Land, wie wir gesehen haben. Aber wahrscheinlich gibt es kaum einen anderen Staat, der bessere Voraussetzungen mitbringt, um die aktuellen wie die kommenden Herausforderungen bravourös zu bewältigen.

Unsere Großeltern und Eltern haben nach dem Krieg aus den Trümmern ein neues, demokratisches und modernes Deutschland aufgebaut, das uns in einem bis dahin undenkbaren Ausmaß Sicherheit, Frieden und Wohlstand gebracht hat, wofür uns die ganze Welt beneidet und respektiert. Vor einem Vierteljahrhundert wurde die immer noch junge Bundesrepublik vor eine neue historische Aufgabe gestellt: die Wiedervereinigung. Und auch wenn die versprochenen »blühenden Landschaften« länger auf sich warten ließen als erhofft, zeugen nicht nur Vorzeigeunternehmen wie Porsche in Leipzig oder die ultramoderne gläserne Fabrik von Volkswagen in Dresden davon, dass diese gewaltige Aufgabe – trotz aller Fehler und Schwächen – erfolgreich gelöst wird. Und trotz dieser ungeheueren Anstrengungen ist Deutschland sogar noch deutlicher an die Spitze aller Industrienationen Europas aufgestiegen. Das alles sind beachtliche Erfolge, die von all den Potenzialen künden, die wir in unserer schönen Republik noch weiter aktivieren könnten – wenn wir denn nur wollen.

Doch viel zu oft hat man den Eindruck, dass sich eine neue Verzagtheit breitmacht, eine lähmende Unentschlossenheit, gepaart mit einem Schuss Selbstzweifel – was sich gelegentlich zu einer handfesten Identitätskrise mit massiver Antriebsschwäche auswächst. Was nicht unbedingt verwundern muss. Denn obwohl alles so fortschrittlich und auskömmlich, so sicher und wohlsituiert für ganz viele scheint, haben wir in den vergangenen Jahrzehnten technische, soziale und ökonomische Umstürze in so geballter Form mitmachen müssen, wie sie noch keine Generation vor uns in dieser Allgegenwärtigkeit und Komplexität jemals erlebt hat. Die Geschwindigkeit, mit der alles auf den Kopf gestellt wurde, verwirrt viele und verursacht nachhaltig ein Gefühl von Unsicherheit.

Aber es gibt keinen Grund zu verzagen, noch weniger: aufzustecken. Wir brauchen keine Angst vor der Zukunft oder vor uns selbst zu haben. Aber wir dürfen uns erst recht nicht der Selbstzufriedenheit überlassen. Auch wenn die Welt um uns herum immer komplizierter und komplexer zu werden scheint, unsere Ziele haben sich im Grunde nicht verändert: Wir wollen alle alt werden und dabei gesund bleiben, wir wollen in Würde leben und arbeiten, in einer Gesellschaft, die diesen Namen auch verdient. In der Rücksichtnahme und das solidarische Miteinander keine Floskeln bleiben, in der wir die Bedürfnisse der Alten und Schwachen genauso ernst nehmen wie die der fleißigen Mittelständler, Unternehmer, Arbeiter und Kreativen. Denn nur gemeinsam werden wir in der Lage sein, die Herausforderungen anzunehmen und zu bestehen. Wir müssen uns aber auf unsere Stärken und Fähigkeiten besinnen und mutig und entschlossen nach vorne schreiten.

Wir waren und sind immer noch ein Volk der Entdecker und der Erfinder, der Tüftler und der Perfektionisten, wir nennen uns »das Land der Ideen«, wir haben einen Qualitätsstandard geschaffen, der Weltruf genießt: *Made in Germany*. So weit, so gut. Aber der Kampf geht immer weiter, und wir wissen, dass unsere Bedingungen schlechter werden. Die Ressourcen schwinden – vor allem die Ressource Mensch. Deshalb wird unser Wohlstand geringer werden, unsere Bedeutung als Nation, als geeinter Kontinent wird zurückgehen. Solange wir alle – die 80 Millionen bei uns und die 500 Millionen in Europa – noch stark und selbstbestimmt handeln können, müssen wir dies tun. Der Weg ist anstrengend, aber wir müssen ihn schaffen – und wir können ihn meistern. Seien wir deshalb *jetzt* weitsichtig und nehmen *jetzt* den neuen Schwung, dann muss uns um die Zukunft nicht bange sein.

Das ist die Kernbotschaft dieses Buches: Wir sind ein großartiges Land mit tollen Menschen und einzigartigen Fähigkeiten, aber das alles können wir nur zu unser aller Vorteil einsetzen, wenn wir dabei unser Gemeinwesen nicht vergessen. Die Losung »Wenn jeder an sich denkt, ist an alle gedacht« wird uns nicht weit bringen. »Nur gemeinsam sind wir stark«, heißt die Siegerformel, die Wohlstand und Wohlgefühl zugleich garantiert. Und deswegen müssen wir alle mehr Anstand, mehr Herz und mehr Verantwortungsgefühl zeigen – am Arbeitsplatz und zu Hause, jeden Tag ein bisschen mehr.

Wir müssen uns einmischen und engagieren und nicht immer darauf hoffen, dass der Kelch doch bitteschön an uns vorbeiziehen möge. Nicht erst dann aktiv werden, wenn es fast schon zu spät ist, nicht erst dann Interesse zeigen, wenn es einen ganz persönlich trifft. Das gilt für uns als Land genauso wie für jeden Einzelnen im Beruf und im Privatleben. Weniger grübeln, mehr beherztes Anpacken, weniger Prinzip Hoffnung, mehr planvolles, vorausschauendes Handeln, im Kleinen wie im Großen:

Die ganze Welt begrüßte begeistert das »Freistoß-Spray« beim Fußball – wir Deutschen hörten nicht auf zu prüfen und zu zweifeln.

Wir wollten das Ebola-Virus in Afrika lieber ignorieren – und mussten uns dann doch engagieren, mit mehr Geld und mehr Ressourcen als vorher vermutet.

Wir haben die Terrortruppe ISIS machen lassen und heimlich darauf gehofft, dass sich das Problem irgendwie von selbst erledigt oder durch andere erledigt wird – und stehen jetzt ratlos vor einer der aggressivsten Bedrohungen unserer Welt und unserer Werte seit 300 Jahren. Auch in solchen Konflikten muss unser Land rechtzeitig und umfassend Verantwortung übernehmen, wie es von einem verlässlichen Partner unserer Größe erwartet werden kann und ohne Zweifel erwartet wird.

Verantwortung auf sich zu laden ist oft anstrengend und tut manchmal auch weh, aber die Anstrengungen und die Schmerzen, die es kostet, mangelndes Engagement im Nachhinein wieder auszugleichen, sind ungleich größer. Wer mit Anstand durchs Leben gehen will, muss Verantwortung übernehmen. Wer mit Überzeugung Herz zeigen will, muss Verantwortung übernehmen. Wer sein Leben selbst kontrollieren will, muss Verantwortung übernehmen.

In Abwandlung eines Zitats des legendären US-Präsidenten John F. Kennedy könnte man sagen: Frage nicht, was die anderen gerade tun oder für dich tun können, sondern was du tun kannst – für dich, für die anderen und für dein Land.

Danksagungen

Rudolf Sander, der Eindrücken aus 20 Jahren eine Struktur gegeben hat.

Nora M. Estevez, die die Zuschriften der Zuschauer und damit unser Publikum kennt wie keiner.

Monika von Wahl, die von Anbeginn über alles wacht.

Egon F. Freiheit, der Manager ist und Journalisten-Vater und Freund.

Georgia, der sowieso jeder Dank gebührt.